爱情向左
婚姻向右

解读两性恋爱婚姻关系心理学

初见◎著

台海出版社

图书在版编目（CIP）数据

爱情向左　婚姻向右：解读两性恋爱婚姻关系心理学 / 初见著 . -- 北京：台海出版社，2024. 8.

ISBN 978-7-5168-3902-7

Ⅰ . C913.1-49

中国国家版本馆 CIP 数据核字第 2024FX4665 号

爱情向左　婚姻向右——解读两性恋爱婚姻关系心理学

著　　者：初　见

责任编辑：曹任云　　　　　　　封面设计：周　飞

出版发行：台海出版社

地　　址：北京市东城区景山东街 20 号　　邮政编码：100009

电　　话：010-64041652（发行，邮购）

传　　真：010-84045799（总编室）

网　　址：www.taimeng.org.cn/thcbs/default.htm

E-mail：thcbs@126.com

经　　销：全国各地新华书店

印　　刷：永清县晔盛亚胶印有限公司

本书如有破损、缺页、装订错误，请与本社联系调换

开　　本：710 毫米 × 1000 毫米　　　1/16

字　　数：294 千字　　　　　　　　印　张：18

版　　次：2024 年 8 月第 1 版　　　　印　次：2024 年 8 月第 1 次印刷

书　　号：ISBN 978-7-5168-3902-7

定　　价：59.80 元

前　言

　　从恋爱到结婚，我们有很长的路要走，而且要走的路往往崎岖坎坷，遇见的人可能形形色色。有些人走着走着就散了，也有一些人最终进入婚姻。然而，不少人又将婚姻经营成了"坟墓"，心痛过后只剩失望。

　　这也说明了一个事实，大部分人在面对感情中的问题时，因为没有良好的引导，也因为没有自我意识上的觉醒，不知不觉地误读了爱情和婚姻，更可怕的是，破坏了原本美好的关系。

　　"我那么贤惠，又那么懂事，为什么他不知好歹？"

　　"女人都喜欢愿意为自己花钱的男人，多么虚荣啊。"

　　"我觉得平平淡淡才是真，她为什么偏偏爱浪漫？"

　　"他曾经对我百般呵护，现在为什么对我爱搭不理？"

　　……

　　这一切难道都只是宿命吗？当然不是。

　　如果把感情看作一枚硬币，一面是男人，另一面则是女人。谁也离不开谁，但谁都不能一眼看穿对方，于是就产生了令人困惑的种种问题，弄得双

方身心俱疲。

有些人恋爱时，自以为了解了对方；相处后才发现，之前的"了解"全是"误解"。

有些人结婚前，自以为看透了情爱；结婚后才惊觉，所谓的"看透"恰恰是因为"不懂"。

关于爱情，关于婚姻，我们已经误读了太多，在这里我唯一能做的，就是请你重新去思考那些我们曾经深信不疑却又让我们在两性关系中越来越困惑的问题。

如果你能对自己和对方的心理有全面深入的理解，如果你能看懂爱情的真相和婚姻的本质，你就能了解两个人是如何相互吸引，如何寻找爱情和维持婚姻的。你就能从打造美好印象俘获意中人的心，到实现彼此精神上情投意合，再到享受亲密关系带来的滋养，最终实现身心灵的完美融合，共度幸福一生。

当你抱怨爱情乏味或婚姻不幸时，其实和大多数人一样，都犯了同一个错误，那就是：尚未认识到一切问题的根源恰恰是你自己。

两性情感就是一场男人与女人的博弈，谁先掌握了两性关系中的心理学，谁就占得了爱的先机。

因此，无论什么时候都不能停止学习，重要的是要做到心智清醒，冷静下来慢慢思考，通过反思让自己一步步变得智慧、成熟起来，将可能出现的问题"扼杀在摇篮中"，有效地使彼此之间更加了解、更加信任。如此，你们的感情无论经历多大的风雨、多大的考验，也一定会十分坚定和牢固。

无论男人还是女人，愿意为了对方而学习，不断成长，不断进步，彼此成就，那就是爱的力量。

祝你在遇到的爱情和婚姻里，活出美好的样子！

目 录

CHAPTER 03 婚恋心理

CHAPTER 04 我心动了

CHAPTER 05 爱之体验

CHAPTER 06 爱情三十六计

CHAPTER 11 私密诊疗室

CHAPTER 01

爱情世界

—— 男人的爱情逻辑 vs 女人的爱情心理

在对感情的处理方式上，男人和女人有着诸多不同之处。如果你总是站在自己的角度看问题，对方的行为会让你百思不得其解。只有多换位思考，你才会豁然开朗，两人的关系也才会发展到新层面。

你可以很黏人，但也要给他私人空间

一段爱情会经历多个阶段，每个阶段男人的心态也都不同。在爱情的初阶段，彼此还不太熟悉，男人会迫切地想要了解女人的一切，会反复斟酌女人的话语，仔细观察女人的一举一动，以便将自己最完美的一面向女人展示。所以，爱情初阶段对男人来说，是朦胧而美好的，内心渴望女人能够主动靠近自己。

如果爱情在初阶段没有夭折，就会步入爱情的爆发阶段，也就是热恋期。在这个阶段，男人对女人有说不完的话，聊不完的天，恨不得24小时能够在一起。所以，热恋期的男人很享受女人的"黏"。

爱情是有保质期的，当爱情逐渐向亲情转变时，首先会进入爱情冷却期。在这个阶段，彼此已经很熟悉，会出现很多的争执，男人不再满心满眼都是女人，他们渴望有自己的私人空间。所以，这个时候女人过度的"黏"对男人来说是一种烦恼。

当度过了冷却期后，就会进入爱情的平稳期，男人会将女人当作自己的亲人，会与女人细水长流，不过这个阶段的男人仍然希望有自己的私人空间。

与男人不同，在爱情初阶段，女人不会那么黏男人，但是一旦进入了热恋期，那么后面的几个阶段都会黏着男人。

男人在爱情里是需要有私人空间的，当感觉自己被女人黏得喘不过气时，就会迫切地想要逃离。到了那个时候，爱情会变得脆弱，稍微有个导火索，就会令爱情破碎。

赵安和李艾是大学同学。那时候，李艾青春靓丽，很多男生都对她

有好感，赵安也不例外。赵安能够从众多的追求者中脱颖而出，成为李艾的男友，是因为他花了很多的时间和心思，而李艾也是被他的这一点所打动。

两人确定恋爱关系后，每一次李艾给赵安发短信，他都会立马回复，每一次李艾和他约会，他都会非常开心。李艾觉得，以赵安对她的珍视，他们一定会熬过"毕业季""分手季"，并携手步入婚姻的殿堂。

但是，现实很残酷，在两人恋情的第二年，即大四那年，李艾收到了赵安发来的一条"我们分手吧"的短信。更加令李艾无法忍受的是，赵安一和她分手，就将她的联系方式删除了，表现得十分决绝。

李艾既伤心又愤怒，她跑去质问赵安是不是移情别恋了，赵安很冷静，也很冷漠，说自己并没有移情别恋，就是单纯地想分手。但李艾就是不相信，歇斯底里地追问分手理由。

赵安被李艾缠得情绪快要崩溃，他冷漠地说："我和你分手，是因为你太黏人了，让我感觉窒息。就像昨天，我的发小大老远跑来学校看我，你为什么不让我尽地主之谊陪他？"说完，他就离开了。

李艾很伤心，她不禁回想自己究竟有多黏赵安。在和赵安确定恋情后，她要求赵安，不管在干什么，只要自己发短信，都必须在第一时间回她；她想要见赵安的时候，不管他是在学习，还是在和同学、朋友聚餐，都必须来见自己；她要求赵安每天向她汇报见了哪些人，说了哪些话；只要她没有课，她就会找赵安，让他陪着自己逛街购物……而在昨天，赵安的发小来看他，李艾让赵安撇下发小，过去陪她逛街、看电影。她看出了赵安脸色不太好看，但没想到会与自己分手。

李艾想不通，明明在刚开始恋爱的时候，赵安对她的黏人很享受，怎么才恋爱了不到两年，就反感起她的黏人了呢？其实，原因在于她和赵安的这段恋情步入了冷却期，而这个时期，作为男人的赵安对私人空间有着极大的渴求，而李艾却忽视了这一点。

从恋爱关系的牢靠性来说，男人愿意让女人黏，是因为他们觉得这段感情还不够牢靠，爱情对于他们还很新鲜。当他们觉得感情已经足够牢靠了，那么就不希望女人再过分地黏着他们，而是希望能得到一点私人空间。如果女人察觉不出男人心态上的变化，那么在爱情里就会产生诸多矛盾。

在爱情里，女人可以黏男人，但是要做到该黏人的时候黏人，不该黏人的时候不黏人。在察觉到男人释放出"我想要私人空间"这个信号时，就要控制住自己，给男人留出足够多的空间，足够新鲜的自由空气。

在爱情里，当男人有哪些表现时，女人就要给他们私人空间呢？

当男人主动交流的频率逐渐变低时，女人就需要给他们私人空间。在热恋期间，男人会很乐意与女人交流，也非常主动，哪怕彼此的聊天话题非常无聊。但是，如果男人主动交流的频率在逐渐变低，并主动恢复与好兄弟、好朋友交流的频率，那么女人就需要警惕，是不是你们彼此黏在一起的时间太长，让他有了疲惫感。如果确实是形影不离，那么最好分开一下，给对方一些私人空间。

当男人的目光开始放在女人的缺点上时，女人就需要给他们私人空间。这不单单是为了让男人紧绷的神经能得到放松，也是为了拉开距离产生美，让男人能够因为距离感再次对女人产生好感。

当男人的话语中含有"我需要私人空间"的意思时，女人就应该主动给予他们私人空间。在爱情里，尤其是当一个男人爱一个女人时，哪怕他很渴望私人空间，也只会用委婉的话语提醒女朋友，自己想要点私人空间。所以，当女人听到男朋友说"你周末要不要约朋友逛街""你那天是不是有事情要做"这类提议或提示时，就表明他需要一些私人空间。

当女人黏男人太紧，男人的脾气变得不太好时，说明他们迫切地想要私人空间了。所以，当发现男人的情绪变得不耐烦，或是时常沉默时，就要主动给对方私人空间，让对方呼吸一下自由的空气，调节自己的负面情绪。

有时爱情也需要"半糖主义"，在爱情里，你可以很"黏"，但也要懂得给男人私人空间。

男人满脑子恋爱，半脑子婚姻

"你会不会娶我？我们会结婚吗？"

几乎每一个恋爱中的女人都问过这个问题，而且昨天才问过今天又来问，一遍又一遍，只想知道一个确切的答案。

在男人眼里，一直重复答案未免幼稚，渐渐地，有时答得敷衍，有时答得怠慢——"会""会""会"。不管男人说的是不是真话，只要听到肯定的回答，女人就会幸福得像吃了蜜一样。一个简单的回应就有可能让女人付出全部，这不免让男人在心里偷偷发笑。

女人为何如此在乎婚姻？这是因为，女人总是把爱情当作赌注，赌一生的幸福和不幸福。青春有限，谁不想把最珍贵的年华付给那个愿意陪伴自己一生的男人？如果你只是想跟我谈一场风花雪月的恋爱，并没有打算娶我，或者还没有决定要和我生活一辈子，我为什么要和你一直耗下去呢？

对于不少女人来说，恋爱的目的很单纯，就是结婚。而在男人心里，恋爱和结婚往往是两回事。结婚不一定要以恋爱为基础，恋爱了也不一定要结婚。有些男人，婚前生活很自由主义，只有结婚以后才会收敛，开始认真地和身边的女人过日子。

在自己的个人直播中，二十八岁的萧晴哭到两眼发肿，因为她失恋了。相恋五年的男友居然无情地抛开了她，娶了一个大他三岁的女人。

"我们的感情一直很好。"萧晴一边哭泣一边追忆这段逝去的恋情，"我们是大学同学，然后一起考取研究生，一直都在一所大学之中。他对我真的很好，给我送饭，替我打水，还帮我洗衣服……有时候我发脾气，他就想方设法地哄我。在读研期间，只要一有假期，他就带着我一起外出旅游。"

"研究生毕业后，我觉得自己的年龄也不小了，便开始和他谈婚论嫁。但每次他总是支支吾吾地敷衍我，一直也没有给我正面的回复。"萧晴说道，"直到有一天，他告诉我，他要结婚了。我当时都傻掉了，新娘不是我。"这样的举动让她怎么也想不通，男友明明喜欢的是自己，为什么最终选择了别人？

对此，男友的解释是："你就像一个公主，需要细心地呵护。和你在一起很甜蜜，但和她在一起很踏实。她为人贤惠温柔，家务活什么都会做，尤其做饭很好吃。"

其实，萧晴男友的这种行为并不难理解。在感情问题上，男人是绝对理性的动物，或者说他们更懂得取舍，能够理性地选择婚姻。

经常会有女人说——有些男人，只适合恋爱，不适合结婚。

总结起来就是，恋爱是浪漫主义，婚姻是现实主义。

在男人看来，恋爱是一个享受的过程，最重要的是感觉。恋爱的对象越漂亮越好，越浪漫越来劲，结果并不是最重要的。为了把最美的一面展现给恋人，为了表现得像一个最优秀的男人，他们往往会把女人当公主一样宠着，女人想要什么他们就会给什么，只要女人开心就好，这会让他们很有成就感。

然而，在选择结婚对象时，男人首先想到的是，这个女人是不是勤俭持家。甚至，有些男人会为了事业的攀升或者为了地位的提升选择结婚对象，他们看中的是这个女人将来带给自己的实际意义，他们更希望妻子通情达理，绝对不能接受被妻子呼来唤去，做老实服帖的"妻管严"。

在男人眼中，恋爱和婚姻根本不是一回事儿。

两个人，相恋多年却没有结婚，原因大多出在男方身上。因为当女方愿意陪伴男方走过多年，那么她一定是深爱这个男人的，一定是想要一场婚礼的。

由此看来，在恋爱过程中，女人一定要为自己打算，一定要多多了解男人，这个男人到底是爱上了你的风情万种，还是踏踏实实地想要和你过日子？爱情中最重要的是坦诚和信任，不妨主动跟男人提到婚姻，提到你们之间的未来，看看男人到底是什么反应，如果他一直犹豫不决，和你恋爱不是为了结

婚，那么，你不妨也学得现实点儿，跟男人学学理智地对待爱情。

为什么男人和你只恋爱不结婚呢？除了男方的原因外也要反思一下自身的原因，很可能是你不太符合他心中妻子的标准。

不少恋爱中的女人往往过于依赖男人，遇到什么事情都希望男人来帮着解决，而忽略了男人内心最真实的想法。这是一种心智不成熟的表现，缺乏对等的沟通和付出，往往会导致对方太累，从而可能选择放弃，等到发现时，男人早狠心抛下自己，成了别人的丈夫了。

对于女人而言，最重要的还是人格魅力的提升，自我价值的实现等。当你足够好，接下来就轮到男人苦苦跟在身后追问了："嫁给我，好吗？"

爱情再美，也会衰退

"人生若只如初见，何事秋风悲画扇。"许多女子都会感慨男人的善变——爱着爱着就变了。

陈沫是一个非常漂亮的姑娘，当初追求她的男孩很多，其中韩永的表现最为突出。他每天都不会忘了说"早安""晚安"，有什么好玩的好吃的都会第一时间分享给陈沫，他会在陈沫生病时忙前忙后，他会记得每一个节日，时时刻刻给陈沫惊喜……即便陈沫做错了事，韩永也会带着宠溺的语气责怪。

终于，陈沫接受了韩永的追求。一开始，陈沫并不是很喜欢韩永，更多的是被他的好所感动。她习惯了他的嘘寒问暖，习惯了他的鞍前马后……等她反应过来，她已经不知不觉地爱上这个男人了，甚至把他当成了生命里最重要的那个人。

可是，韩永却不是这样。他对她还是很好，却没有以前好。不知道从哪天开始，他回消息慢了，他说自己忙，忘了看消息；当陈沫提到想吃的东西时，韩永会说喜欢就去买呀；在一起之后，就连七夕都没送过花了！陈沫开始闹小情绪："你是不是变心了？"韩永却说没事不要乱想，真是无理取闹。

"我想分手！"陈沫哭泣着说，可是她却是那么舍不得，"明明是你先靠近的，为什么最后舍不得的却是我。"

女人总有这样一种感觉，男人追求自己的时候，又热情，又勤快，说什么都是"好好好"，可一旦确定了恋爱关系，当自己在相处中越来越爱对方时，对方的热情却会消减下去，不但再也"指挥"不动，而且也没了好脸色。即使一开始爱得死去活来，到最后也会归于平淡。

为什么男人前后，态度相差这么远呢？

这是因为，女人的爱情是加法，而男人的爱情则是减法。

女人渴望在爱情里收获一份最终的幸福。一旦和某个男人确定了恋爱关系，女人就会把爱情当作生命的全部，把对方当作终身的依靠，然后把自己的一切都奉献出来。

而男人却不同，他们往往不会像女人那样为了爱情奋不顾身，更不会像女人那样将爱情当作终身的依靠，他们的爱情往往是为了暂时的愉悦而产生的一种冲动和热情。

男人的征服欲和占有欲是天生的，他们渴望能够征服一个女人，特别是自己喜欢的女人，这可以让他们获得无可比拟的满足感。为了这种满足感，男人的爱从一开始就很浓烈，而在征服之后，满足感就会渐渐地消退，感情自然就会慢慢变淡。

就像玩游戏一样，玩通关了就没激情了。这是某些男人的一种常见心理，爱情在他们看来，就是证明自身实力和魅力的方式，他们享受的是追求、征服的过程。他们可不会选择在爱情里孤注一掷，为了自己所认定的、可能的幸福而不惜一切，甚至付出自己的全部。

这种男人总是善于开展一段感情，却无心好好经营一段感情。遇上一个真心爱你的男人，这是一种幸运，但是请不要奢望这份爱能够持续一生一世，更

不要奢望男人能够始终对你如初。那些所谓的甜言蜜语、海誓山盟，听听就算了，又何必铭记于心，将它当作日后的"尚方宝剑"呢?

当发现男人态度冷淡时，不少女人会追着问"你为什么变了""我哪里做错了"，殊不知，这些话会让你在感情里面变得很卑微，会让这个男人更加瞧不起你。很多时候，并不是你做得不够好，只是对方对你的新鲜感消失了。也就是说，此时的你对他已经缺少足够的吸引力来燃起一种热烈的情感。

爱情递减是一种正常现象，做一个聪明的女人吧，不要把自己的喜怒哀乐维系于男人身上，不要对爱情像飞蛾扑火般坚决。感情和做事一样，都需要适度，一旦超过一定限度，会过犹不及。你爱得越多，他负担越重，让爱情完全丧失了乐趣，他自然就逃之夭夭。

感情的注入要细水长流，要记住，哪怕你真的很爱很爱这个男人，也不要付出自己的全部。爱一个人，最多爱到七分，剩下的三分要好好爱自己。如此，他反而会觉得你很珍贵，很有魅力，于是珍惜你、重视你。

你轻易付出，男人也许就不珍惜了

法国作家罗曼·罗兰说:"有才华的女人可以吸引男人，善良的女人可以鼓励男人，美丽的女人可以迷惑男人，有心眼的女人可以抓住男人。"

这样说来，女人似乎只要充分发挥自身的魅力，就能将男人吸引过来。但现实是，女人若不主动出击，一不小心就可能错过自己想要的爱情。当然，主动出击是要讲技巧的，千万不要把自己"打包"送上门去，这样，男人或许不会珍惜你。

菁姑娘是一个比较挑剔的人，许多男人都入不了她的"法眼"。这一次，她终于遇到了自己心中的"男神"。对方就在楼下的公司上班，不仅长得帅，而且能力突出，据说还留过学。菁姑娘很是激动，她认为：作为现代女性，喜欢了就应该去追，她也从来不觉得主动表白是件丢人的事情，不表白，万一错过"男神"岂不要后悔？

在这种心态的驱使下，菁姑娘鼓起勇气在微信上对"男神"说："我喜欢你，对你一见钟情，你能给我个机会，让我做你的女朋友吗？"

菁姑娘各方面其实都很不错，但"男神"没有立刻答应，也没有拒绝，只是说可以相互了解。

"我要用满满的诚意打动他，迟早他会是我的人。"菁姑娘信誓旦旦地说。

也有朋友劝过，别这样主动对一个男人示好，他不会珍惜的。菁姑娘不信，她每天早上早早起床，照着网络上的美食视频，变着法地给"男神"做各种爱心便当；每天晚上主动联系"男神"，从天气变化到吃饭睡觉，面面俱到地提醒，有时候"男神"会回复，但更多的是不理。

一天，菁姑娘去给"男神"送精心制作的水果沙拉，一出电梯，就看到楼梯口，两个男人正背对着她抽烟。她满心欢喜，因为此刻"男神"就在眼前。

"听说你和楼上的那位正谈恋爱？"对方问。

"怎么可能！""男神"不屑地说道，"其实我对她的印象还不错，可是她一见到我就那么主动，一看就是很随便的女人，我只是跟她玩玩而已。"

一瞬间，菁姑娘的眼泪肆意奔流。

在感情的世界里，你一定听过这样一句话——谁先主动谁先输，尤其是对女人而言。

在爱情里，男人是天生的猎人，喜欢追逐、挑战。他们只会珍惜来之不易的东西，太容易得到的东西反而觉得廉价。所以，如果女人在爱情中太过主动，甚至一厢情愿地投怀送抱，男人反倒觉得女人不自重、很随便，或者水性杨花。一旦给男人留下这样的印象，女人所有的付出都将变得一文不值。

人往往有这样一种心理，越是花费了很大力气得到的东西，越会去珍惜。

不仅因为其中有一段难忘的回忆，而且也是对自我能力的一种检验，对自我的一种肯定。喜欢扮演"征服者"的男人，享受的就是这种征服的快乐。

所以，女人即使再迷恋一个男人，也应该和他保持适当的距离，而不要让自己表现得迫不及待。对于爱，女人决不能随便接受，也决不能盲目投入。

"我可以请你吃饭吗？"

"对不起，我还有事。"

"那下次可以吗？"

……

"你能答应做我女朋友吗？"

"不好意思，我还没有想好。"

"好的，我可以等。"

……

太容易得到的东西，往往不珍惜，而总也得不到的东西，却常常被认为是最好的，这是人的普遍心理，男人更是如此。女人一定要有自尊和傲气，要让男人对你感兴趣，或许可以凭借智慧，或许可以凭借美貌，但不管是因为什么，都胜过你主动去靠近一个男人来得安全。

当然，这不是让女人守株待兔，只能等着被男人追求。女人既要主动出击，又不能表现明显，很多时候你只要给男人一个"诱饵"，他们自己慢慢就会"上钩来"。

还记得童话故事《灰姑娘》中的情节吗？正当王子与灰姑娘跳舞十分高兴的时候，午夜十二点的钟声敲响了，灰姑娘什么都没有说就逃走了。她叫什么名字？她从哪里来？她为什么要逃走？这种种神秘吊足了王子的胃口，结果灰姑娘也就成了王子朝思暮想的"梦中情人"。

你也可以学学灰姑娘，不要把自己的事情明明白白地告诉男人，留三分让男人有揣摩与想象的空间。在他兴致勃勃，说完一段话又没有完全说完时，适时找一个借口和他说再见，他必然会对下一次的相会充满期待，这也是很多人认为复杂一点的女人比单纯的女孩更有魅力的原因。

因为无法掌握，所以魅力无边。

这种向往与不舍，令人回味无穷。

恋爱时"你是女神"，结婚后"你真烦人"

现在不少女人只谈恋爱不想结婚，原因很简单，就是害怕婚后男人对自己不好，担心原本美满的爱情走向婚姻的"坟墓"。

这种担心不无道理，"男人婚前哈巴狗，婚后变成大狼狗"，这是多年前就已经流传的、戏谑男人婚恋不同时期的变化的一句话。诸多事实也验证了，不少男人谈恋爱时对女人百般讨好、尽显温柔，而一旦结婚，他们就露出了自私、霸道的真面目。

这段时间，徐薇不止一次和好姐妹哭诉："我嫁错人了。"

蜜月刚刚度完，为什么会这样呢？徐薇的理由是：他变了。

徐薇说，现在这个男人跟当初追求她的那个男人完全是两个样。婚前的他，对自己百般体贴，24小时随传随到，整天担心自己心情不好，担心会不会和他分手。还经常这样跟她说："你就是我心目中的完美女神，你让我向东我不往西，你让我撵猪我不敢杀鸡，以后做什么我都听你的！"

徐薇选择的蜜月旅游地是三亚，为了早早看到海上日出，凌晨三点多钟，她就会叫醒熟睡中的老公。为了多看一些美丽风景，徐薇总会催促着老公快一点，嫌他走路磨磨蹭蹭，嫌他吃饭慢条斯理。蜜月还没过完，对方就爆发了："你以为你是谁啊？不要老是一副高高在上的样子，说风就来风，说雨就来雨……"

徐薇惊呆了，这哪里还是那个乖乖听话的好老公？她一脸无辜地说："婚前，我们不是都说好了吗？以后你会听我的……"

徐薇满腹委屈，哭得一塌糊涂，但老公没有说一句软话。后来回到小

窝，老公更加让她失望了：一回到家就躺在沙发上打游戏，家务不帮忙，还时不时地喊着："我昨天脱下的脏衣服，你洗了吗？""怎么还没有饭吃？你想饿死我吗？""你别叨叨了，有完没完，烦人。"……

从此，两人的关系再没有好过，动不动就吵架。"如果不是那张结婚证，我还以为自己是女仆呢。"徐薇越说越伤心，扬言要马上离婚。

男人婚前婚后两个样，在不少人的婚姻里皆是如此。为什么会这样呢？

原因在于，男人在婚恋中普遍属于进攻型的人格。当他们喜欢一个女人时，会用尽各种方法去赢取女人的芳心，甚至伪装成女人喜欢的模样。即便他们心里不满，也会选择忍一时风平浪静。一旦达到了"目的"，心态就会随之转变，当初那些激昂的斗志和激情逐渐消失，露出自己的本来面目。

所以对于很多男人来说，得不到的永远是最好的。

同时，有些男人的占有欲很强。将女人追到手，结了婚之后，他们会认定女人是属于他们的"囊中之物"。因为你是他的，他再也不用像之前恋爱时一样百般宠着你、让着你、惯着你了。他的衣服，你要帮忙洗；他的生活，你要照顾……婚后他要的是稳定的生活和温柔的妻子，此刻你的脾气就会变成无理取闹。

与此同时，每个女人的骨子里都是浪漫的，即便进入了婚姻，也很难一下子从浪漫的恋爱中回过神来，感性多于理性。对照柴米油盐的现实生活，还有各种婚姻杂事的纠缠，肯定是要产生心理落差的，会对现实生活和丈夫产生不满。如果丈夫再不懂"风情"，那就更会加重女人的失落感。

冷静思考就会发现，婚后变的不只是男人。

这世界上，男人和女人是平等的，需要维持一种平衡的状态。婚姻意味着信任、尊重、包容、关爱和支持，以及共同承担生活的责任。如果男女之间的地位和待遇不平等，那么两个人的关系就不会平衡，长此以往，受不了的一方肯定会爆发。

从当初的两个陌生人，到最后变成一家人，并且要牵手走一辈子，只有爱情是远远不够的。爱情总有一天会变得不再像以前那样有激情，那样浪漫。请让自己的心平静下来，别抱着爱情永恒的观念去体验婚姻，模糊理想和现实生活的界线，那注定得不到幸福。

你忽略了她的需要，就没有了存在的必要

恋爱中的女人，为什么动不动就提分手？

这恐怕是令许多男人战战兢兢，又百思不得其解的难题。

不少男人感叹，女人真是世界上最捉摸不透的生物。自己每天都在为两个人的未来努力打拼，女人不理解不说，为什么还老拿分手来说事？从他们的言辞来看好像他们没有什么错，女人都喜欢无理取闹。但倘若从侧面了解一下，就会发现女人的内心包含了许多难以言说的疾苦。

叶蔓最终还是和谈了长达十年"马拉松恋爱"的孙盛分手了。这些年，她说了无数次的"分手"，这一次是彻彻底底地断了。

他们的相识，源自大学时的一场聚会。男才女貌，一切顺理成章。

一开始，叶蔓觉得能够认识孙盛是生命的幸运，他那么优秀，学习成绩是全班最好的，更是打了一手好篮球。但仅仅相处了两个月时间，叶蔓就提出了分手。

那时候，叶蔓在校外找了一份家教的兼职，经常晚上九点才下班。每次叶蔓回学校的时候总是很害怕，可是孙盛从来没有接过她一次，那时候他通常会懒散地躺在温暖的床上，玩着手机游戏。有时，叶蔓给他打电话，他会淡定地说"有什么可害怕的"，然后继续玩他的游戏。

当叶蔓提出分手时，孙盛答应以后没事的时候，就会去接叶蔓下班。但刚接了一两次，就听闻发生了女学生失联事件，叶蔓心里害怕，便不再出校兼职了。

叶蔓的身体从小不大好，只要稍微一变天就很容易感冒生病。可是每

次她生病的时候，孙盛要不就是上课，要不就是有别的事，从来没有给她买过药，只会在电话里说多喝热水……

出去逛街的时候，叶蔓的钱包被小偷丢了。她站在街头哭着给孙盛打电话，孙盛却说自己现在有事走不开："你赶紧找警察，警察比我管用。"

林林总总的事情多了，叶蔓每一次都会提分手，然后在孙盛的安慰下破涕为笑。

毕业后，因为孙盛选择出国留学，很长一段时间，两个人相隔好几片海洋。起初叶蔓觉得自己是可以坚持的，不管怎么说，他的为人自己是知道的。那些年，两个人时常视频聊天、电话交流，或是书信来往，但叶蔓总觉得似乎少了点什么。

事情的转折发生在那年国庆前夕，叶蔓的妈妈病逝了。尽管两人尚未结婚，但已经是公认的一对。妈妈临终前想着女儿的终身大事，非常想再见见孙盛。但叶蔓给孙盛打电话，希望他回国看一看时，孙盛却说那边的事情太多了，他实在离不开。

看着妈妈热切的眼神，叶蔓心里满是愧疚，最终无奈拨通了一个一直对自己有好感的男同事的电话。因为那个男同事跟孙盛个头差不多，当时妈妈的视力已经出现问题，而且也确实没有见过孙盛几面，所以她央求那位男同事假扮一下自己的男朋友，跟妈妈承诺今后一定会对自己好，以此来满足妈妈最后一个心愿。

男同事答应了叶蔓的请求，并很快赶到医院，非常恳切地满足了老人家最后一个心愿。

事情过去以后，虽然孙盛也表达了自己的关心和惋惜，但叶蔓总觉得一切都没有什么意义了。相反她对帮助自己的这位男同事深怀感激，之后两人经常接触，对方也对她照顾有加，无论是在工作还是生活上都给予了叶蔓莫大的帮助和支持。最终，对方勇敢地对叶蔓说出了心里话："那天我是挺认真去说的，我许下的承诺一定会算数，现在只看你愿不愿意给我一个机会了。"

起初叶蔓很纠结，总觉得这样做是有问题的，毕竟跟孙盛谈了那么长时间，并且对方也没有做什么对不起自己的事情。后来叶蔓觉得自己再也不能忍受这么长时间以来一个人奔波的艰辛了，何况在自己最痛苦的时候，陪在自己身边的人也不是孙盛。看着这位男同事期待的眼神，叶蔓最终下定决心和孙盛分了手。

多年后，叶蔓说出了这样一段耐人寻味的话："我承认孙盛并没有什么不对，但他却不知道我的疾苦。这些年，每当我需要他的时候，他都不在我的身边。尽管在这个世界上生存，谁也躲不开、逃不了要为生计奔忙，但我有时候只希望他能抽出点时间陪我说说话、吃顿饭，在大街上漫无目的地走走。可惜，就这么一点点小要求他都做不到，我自己一个人支撑得太累，我根本找不到归属感。"

曾经有一个女人发出这样一句感叹："有时候觉得，女人需要一个男人就好比是在飞机失事前需要一个降落伞包，如果此时他不在，那以后他也不必在了。"

即便一个男人条件再优秀，再有智慧和才华，倘若在自己最需要的时候他不在身边，女人的内心也会激起诸多失望。倘若在那个关键时刻，出现了另外一个男人的身影，女人会很自然地在感情上发生转变，对起初的选择是否正确产生疑问。

这听起来像是女人的蛮不讲理，女人的见异思迁，但女人在恋爱中是非常需要安全感的，能给女人安全感的是什么？是责任，是担当，是呵护，是陪伴。

可能你平时工作忙，疏忽了对她的照顾和陪伴；可能你平时喜欢和哥们喝酒、玩游戏，没有照顾到女朋友的情绪；等等。种种的原因，会导致女人在你身上感受不到男朋友该有的"爱"，最终跟你提分手。

所以，如果你真的爱一个女人，如果你想好好珍惜一份感情，即便再忙碌，也一定要抽时间陪陪她。尤其是当女人遇到困难、伤心无助的时候，内心最是脆弱，最渴望的还是一个可以宽慰自己，为自己抵挡风浪的男人。在那一刻，一个坚实的臂膀比一个遥遥无期的许诺要实在得多。

曾经在一场话剧里看到一个女孩儿有段台词，大概意思是这样的："上学

的时候我不爱说话，班里很多同学都欺负我，他们往我衣服上贴小王八贴纸，把我自行车轮胎的气放掉。我每天都很不开心，直到我看到了这样一个又高又帅的男孩儿，是他帮我把贴在衣服上的'小王八'摘掉，帮我给瘪了的自行车轮胎打气，那时候我觉得心里暖暖的……"

女人常会觉得自己孤身一人很无助，需要有个人关心自己。她们每每在自己需要帮助的时候，渴望的就是有个男人出现，就好比小时候看的童话故事中，在公主面临灾难的时候，总会有那么一个骑着白马的王子出现来拯救她。

你呢？会是那个王子吗？

女人的爱情里，需要不定时的小惊喜

有一个特别神奇的现象，不知你是否已经发现。那就是，大小节日通常是情侣吵架特别多发的时段！为什么？大多时候是因为礼物。

"恋爱一周年了，为什么你不送我礼物？"

"别人都收到花了，就我没有，你什么意思？"

……

为什么女人那么喜欢礼物？这是男人常见的抱怨，他们常将此归咎于女人的浅薄，女人的虚荣。真是这样吗？仔细想想，女人看重的真是礼物本身吗？

当然不是，女人在乎礼物其实是想要验证男人对自己的爱和付出！

每个女人都喜欢被爱的人喜欢，迷恋浪漫更是女人的天性，而礼物恰好带给了她们这样的惊喜。在每一个特殊的日子里，她们都盼望着收到心仪的礼物，这不仅仅是物质上的收获，其实更多的是觉得自己还被人在乎着。那些礼物，轻轻地告诉女人——你值得拥有这些美好，你依旧美丽动人。

"一个男人爱不爱你，过个生日就能看出来。""爱你的男人一定会记住每一个纪念日。"……如果一个男人舍不得花钱、花时间、花精力去挑选礼物，甚至忽略那些比较重要的节日，女人就会觉得"不舍得就是不爱"。女人是这么想的，并理所应当地觉得这就是事实。

有些男人觉得不该被各种节日绑架，觉得平时对女人好就行了，没必要在节日里用礼物来表达爱。但别忘了，有些女人有时过于敏感，感性中又带着点神经质。如果你做得好，她可以通过一件很小的事就把你爱得死去活来，但也会因为很小的一件事，把你从此恨到骨子里。

送礼物虽然形式上比较俗，看似是虚情假意的交换，但不可否认，当收到心上人送的礼物时，女人常常又惊又喜，一边赞叹一边对着你含情脉脉地笑，那份无法掩饰的幸福甜蜜，难道不是你想看到的吗？看似毫无用处的礼物却维持了烦琐生活中的甜蜜，不是吗？

男人不喜欢送礼物，最关键的问题是男人根本不懂礼物在女人心中的含义和地位。当女人渴望礼物的时候，不要再以为她很肤浅、内心虚荣，或是故意刁难，其实只是你最近对她的关注少了，她需要一份礼物来验证自己在你心中的分量罢了。

那么，究竟送女人什么礼物才好呢？

我们不得不承认，有些女人会以礼物的价值来衡量一个男人的真心，也会依靠男人的礼物来累积个人的收益。但在大多数女人的眼里，礼物这东西说白了就是一份心意的表达。能够体会到一个男人对自己的真心实意，能够感受到对方挖空心思制造出来的小浪漫就是一件相当快乐的事情。

一枝突如其来的娇艳鲜花，一顿摇曳烛光下的美餐，一个别出心裁的生日礼物……其实这些看似平淡无奇的礼物才是她最想要的。你知道吗？无论礼物轻重，只要你在共同相处的生活中做一个有心人，生活中任何一个小惊喜都可以是浪漫。哪个女人能拒绝这样的爱意，不心生暖意呢？

妍妍长得漂亮，家境不错，在银行上班。平日里，她最喜欢追偶像剧，剧中男主角手捧玫瑰花在雨中等女主角；男主角坐了一天一夜火车，只为了给女主角过个生日……那种浪漫的情愫一直萦绕着她。再看看自己的男朋友，虽然对自己关怀备至，但为人木讷，久而久之，她便感到了沉闷与压抑。

"我们分手吧！"

男友深爱妍妍，顿时愣住了，疑惑地问："为什么？"

妍妍不假思索地回答："别人的男朋友都是那样浪漫，那样有情调，你呢？今天仿佛是昨天的翻版，明天又像是今天的翻版，这生活过得如死水般，我都麻木了……"

男友说："我知道你喜欢一款包包，因为贵一直舍不得买，我送你。"

妍妍想了想，摇摇头。

男友追问："那你说，我要怎么做，你才能改变主意？"

妍妍说："假如我非常喜欢一朵花，但是它长在悬崖上，如果你去摘，一定会掉下去摔得粉身碎骨，你还会为了我去摘吗？"

男友没有说话，他沉默了一会儿，拿出一张白纸，在上面开始写字："我不会！"

妍妍的心一下子沉了下去，但……

"你不高兴时总是一个人生闷气，我要留着嘴巴逗你开心。

你每月那几天都会疼痛难忍，我要留着手给你暖肚子。

你出去逛街的时候容易脚累，我要留着腿脚好背你回家。

……

因此，在确定你身边没有比我更爱你的人之前，我不想去摘那朵花……"

顿时，妍妍扑在男友怀里放声大哭，她不再需要那朵花了！

女人是不是非常奇怪？男人送她们再贵的东西她们也不稀罕，但假如男人能把事情做到家，送她们一张纸，她们都会感动得泪流满面。

为什么会出现这种怪现象？原因在于女人内心对于幸福感的理解。在她们看来，物质需求固然重要，但男人爱自己才是最重要的。

所以，你还要在送女人礼物这件事情上纠结吗？

与其挖空心思琢磨送女人什么礼物，不如好好想想女人真正需要的是什么，在平时把真心亮给她们看。打一把遮风避雨的伞，沏一杯飘满香气的茶，一个安慰的拥抱，一句发自内心的"我爱你"……谁能说这不是另一种意义上的礼物呢？至少在大部分女人眼中，这种小惊喜的浪漫，往往胜过物质上的大礼物。这样的你即便身无分文，在女人的眼中，也比世界首富更有魅力。毕竟，两个人在精神理念上合拍才能真正走得长远，而跟一个真心爱自己的男人过一辈子，必然要比跟一个贵重的礼物过一辈子"划算"得多。

CHAPTER 02

择偶想法

——男人青睐什么样的女人，女人喜欢什么样的男人

很多时候，你会和一个相爱的人恋爱，但你们不一定能走到最后。为什么明明相爱的人却走不进婚姻？因为爱情和婚姻是截然不同的，男女的择偶心理也是多种多样的。

男人希望女人有美貌，更希望女人有美德

人们对长得好看的女人总是宽容的，因为很多人都喜欢以貌取人。比如，具有同等能力的两个人，往往是长得更好看的那个人被优先录取。但也并不是所有情况下，长得好看都可以成为优先考虑的对象，比如谈婚论嫁。美貌并不是决定因素，也并不是所有男人都会娶美女回家。

男人到底在想些什么？一些漂亮的大龄女生总也搞不懂，为什么男人总是喜欢找一些看起来貌不出众的女孩为妻，而像自己这样无论是身材样貌、学历文凭还是收入水平都明显高人一截的女人，反倒"不受欢迎"。

"我长得比雯雯好看多了，你为什么选她不选我？"林莉追问。

"你确实是很美，但不是我想要的。"陈弦只是这么淡淡地回答。

雯雯和林莉是同一单位的同事，她们的关系一直很好，直到遇到了这个叫陈弦的男孩。他爱说爱笑，阳光帅气，对事业也充满了上进心。

"终于等到你。"林莉对陈弦一见钟情，为了让对方喜欢上自己，她每天都把自己打扮得光鲜亮丽。林莉很在意自己的外表，而且她一直是那种在人堆里都能被一眼认出来的女人。她有高挑的身材、白皙的皮肤和精致的五官。但由于从小养尊处优惯了，她有些"娇小姐"脾气，做事时总是嫌苦怕累。上班时间她经常懒散地看时尚杂志，看各大美妆博主的护肤推荐，研究口红色号。

相对于林莉来说，雯雯就显得有点不起眼了。无论身材还是样貌，她都是那种普普通通的女孩。她最大的特点是勤快，她的勤快体现在哪里呢？雯雯除了把自己的工作做好之外，还会帮同事做一些力所能及的

事，而且对所有同事都是笑脸相迎。在她们公司，雯雯是出了名的好人缘。

见到陈弦时，雯雯其实也心动了，但得知林莉也有这样的心思时，她就不再抱什么希望了。因为她觉得男人都会喜欢林莉那种美艳性感的女人。

出乎意料的是，陈弦却选择了没有那么好看的雯雯。一开始，无论陈弦怎么追求自己，雯雯就是不肯答应，她觉得这个男人根本就不可能喜欢自己。雯雯有自己的考虑。公司里美女如云，自己如此不起眼，陈弦还那么优秀，怎么可能看上自己？如果说能看上她，那多半有其他的目的。

见雯雯对自己很冷淡，陈弦鼓足勇气，问雯雯究竟在担心些什么。雯雯袒露了自己的心声，告诉他自己的想法。陈弦当即就笑了，他告诉雯雯，他对女人有不一样的审美，他喜欢的不是雯雯的外表，而是雯雯内在的品质。在他眼中，雯雯是一个勤快、温柔、大度的女人，而且做事能力也很强。

"我是选和自己一起过日子的，而不是来选美的。"陈弦解释道。

如果你是陈弦，你会选择哪个呢？

男人爱美女，这是肯定的。但是要谈婚论嫁的话，男人往往更看重女孩的本质，宁愿选择一位相貌平平但性格很好的女人做自己的伴侣。这符合逻辑吗？当然符合。

在婚姻中，男人都是很实在的。如果一个女人能给自己带来心灵深处的美好感受，甚至能凭借自己身上散发出来的优秀品质吸引人，那么她的美丽已无关乎外貌。相反，如果一个女人很漂亮，但是蛮横无理、好吃懒做，娶她回家虽然很"养眼"，但是夫妻关系能融洽吗？家庭会和睦吗？

"娶妻娶德不娶色"，这句俗语告诫人们娶妻一定要擦亮眼睛，应该更看重其德行而不是长相。其实长相是先天注定的，我们无法做出非常大的改变，而选择如何去生活，才是我们能决定的。你想过什么样的生活，就选择什么样的伴侣。

如果注意观察，相信你也会发现，那些彼此成就的夫妻，妻子大多是宽容、仁慈、善良、温柔、聪慧的。难怪人们常说，每个成功男人背后必定有一个了不起的女人。反之那些长得好看却不够贤惠，甚至自私自利、刁蛮任性的女人，往往会愁嫁，就算成功结婚，大多也是以离婚收场。

男人爱美人，也爱美德。男人评价女人，永远有着不同的标准，而唯一不变的是，他们希望自己的妻子能同时满足自己的这两种需要。

邓坚是当地小有名气的企业家。由于一直忙于事业，这些年感情没有着落。相亲相了无数次，也没有满意的，直到遇见了郑颖。

郑颖年轻漂亮，是很多人公认的美女。同时她又出身于一个家教很严格的家庭，性格内敛保守，做人做事不张扬，成熟又稳重。邓坚经营着一个广告公司，他要的是在外能够给他挣面子，在内能让他没有后顾之忧的女人。因此，对邓坚而言，郑颖恰好就是符合他要求的女人。

郑颖平时很注意自己的穿衣打扮，形象非常得体；除了做好日常工作外，她还将家里收拾得干干净净，其余时间则大多学习茶艺、插花、瑜伽等。这让她整个人的气质显得温婉大方，不会失礼于人前。

在邓坚看来，郑颖不仅是一个知书达理的妻子，同时也是一个情趣高雅的知己，能够与自己紧密契合在一起，这是他无论如何都不会舍弃的。

在爱情里，无论男女都需要具备一定的魅力和内涵，否则无法长久地吸引对方。并非每个女人都是天生的美女，但若是你能在后天的性格上多加修炼，源源不断地增强自己的内在美，必然能让男人长久地对自己着迷。

精明让男人害怕，智慧让男人青睐有加

"那个女人很精明。"

听到这句话，你认为说话者想表达什么意思？

夸奖？肯定不是，如果是夸奖，他们会用"聪明""智慧"这样的字眼。而对于一个精明的女人，特别是在爱情上，大多数男人会选择避而远之。

朱迪是某名牌大学的高才生，多次荣获"优异生"称号。她在事业上也很成功，是一家传媒公司的营销总监。她的脑子总是转得很快，即使有难处也能漂亮地应对，是一个常受夸奖的人。但在感情上，她却是一个不折不扣的失败者，竟被同事们列为公司最不敢娶回家的女人。

其实，之前也有人追求过朱迪，但相处一段时间后，便会逃之天天。因为朱迪为人强势，有着令人生畏的咄咄气势。在她面前，你别想耍花样，因为"冰雪聪明"的她定会看穿你的想法，并且令你非常窘迫。

男人不喜欢精明的女人，大概是出于以下两个原因：

一是男人的虚荣心理。男人可以不嫉妒比自己强的同类，但常会特别嫉妒比自己强的老婆。精明的女人大多犀利通透、洞察一切，把一个男人看得清清楚楚，这会显得男人没有能力，没有威信。再没有比被老婆看扁更让男人无地自容的事情了。

二是传统舆论的压力。男人天生好强，喜欢主导一切。当两个人在一起恋爱和生活时，需要面临很多的事情。在这些事情中，男人希望自己是主导者和核心决策者，以显示自己的男性气质和尊严。女人太精明，大小事情都自己做主，男人当不了家做不了主，事事都听女人的安排，会被他人说得一无是处，什么"软骨头""无能""草包""饭桶"等，男人会因此抬不起头，这就是舆论的力量。

难怪有情感专家感叹："女人，就算你天生有一双火眼金睛，世事洞明，到头来还是会连累婚姻……"

其实，女人头脑精明没什么不好，但即使你再精明，眼光锐利，洞悉一切，也要学会适当地装装傻。不必追究那些无伤大雅的小事，给别人一点回旋的余地，尤其是在爱的男人面前，这会给他一种安全感，会令对方对你更着迷，让你离幸福也就更近。

阿军和景甜是一对恋人，阿军温文儒雅，景甜善解人意，两人即将步入婚姻。这段时间，细心的景甜发现阿军有些闷闷不乐，看自己时眼神也躲躲闪闪，她意识到自己的恋情出现了问题。

一天下班后，景甜去阿军的单位找他，准备晚餐时一起聊聊。结果，她看到阿军和一个女孩站在一起，那个女孩一边哭哭啼啼，一边述说着："我很后悔当初和你分手，这几年我根本无法爱上别人，你在我心中的地位，没有人可以取代，现在我觉得两人距离再远也没有问题，为什么你不理我？"

这个女孩究竟是谁？景甜忽然想起来了。阿军曾经说过，他在大学时期有过一段刻骨铭心的恋情，但毕业后他跟女友没在同一个城市工作，最后对方主动提出了分手。

"我们明明就要结婚了，他们居然还有联系？"

景甜心中涌起悲愤。要去责骂阿军吗？可是她明明看到了阿军的矛盾和挣扎。该去骂那个女孩吗？她爱了阿军这么久，一直未嫁也挺感人的。或许，她根本不知道自己的存在。

再三思虑后，景甜没有吵，也没有闹，她平静地走了过去，假装没有听到刚刚的那番话："阿军，你是在这里等我吗？你怎么知道我要来？这位是你的同事吧？你好，我是阿军的女友，我们马上就要结婚了，到时一定要来喝喜酒呀。"

女孩神色有些黯然，景甜继续说道："阿军，如果你们有其他事情的话，我就先走了。"

望着景甜微笑的面容，想着她平日的种种优点，阿军和女孩说："过去的事情就过去了，人都要向前看的，祝你幸福，再见。"

当找到餐厅坐下后，景甜问阿军："你那个女同事怎么了？"

阿军有些忐忑不安地回答："没什么，没什么，她一直没忘记以前的男朋友，但人家都要结婚了，我就是宽慰宽慰她。"说这些话时，他的脸色发红。他一撒谎就会脸红。

景甜笑了笑，没有揭穿："很多事情错过了就是错过了，没有谁对不起谁。那个女孩看起来不错，相信她以后一定会找到一个合适的人。"

阿军将景甜一把搂在怀里："我们不说她了，说说婚礼的事吧！"

面对阿军昔日的恋人，景甜没有刻意地去揭穿他们，更没有胡乱地埋怨和指责，而是不露声色地旁敲侧击，结果不但没有使他们的关系受到任何影响，反而让阿军进一步认识了她，更感激她，恋爱关系进一步得到升华。这真是一个有智慧的女人。

看到了吧，揣着明白装糊涂比你一语道破男人的小把戏与小伎俩效果要好得多，相信他一定会心存感激，幸福的婚姻唾手可得。

想要真正抓住一个男人的心，把他的心留住，靠的不是精明，而是智慧。

水至清则无鱼，人至察则无徒。

你不必把什么都看穿，安静地听别人说什么、做什么，并且思考其中的道理，举一反三，默默地累积自己的智慧，终有一天，你会在人群中闪光，而男人对你的尊重、信任、爱护，也会发乎内心，毫不勉强。

男人最想娶的，往往是自己的"铁杆迷妹"

"哎呀，你到底行不行？"

"我真是服了，你快笨死了。"

"看看，你做的都是什么事？"

诸如此类的话语是感情的"杀手"，会令恋人心中愈发苦闷，对你的好感度日趋下降，从而严重影响婚恋关系。毕竟，面对一个总是打击自己的人，谁高兴得起来呢？

不少女人认为，男人就应该比自己更坚强、更勇敢，为自己包揽一切，永远挡在自己的前面。可是不要忘记了，男人虽然大部分时间可以顶天立地、威风凛凛，但他们也有脆弱、幼稚的一面，心底总藏着需要人疼爱的欲望，需要回归到孩童时代那种有人保护和抚慰的状态中。

当男人辛苦了一天，拖着疲惫的身躯回到家的时候，迎接他的却是妻子皱着眉头的脸和不停的唠叨与埋怨："隔壁大哥都升职了，你什么时候能有点出息……"当男人遇到事业上的挫折，内心苦苦挣扎的时候，妻子却变本加厉地冷落他、讥讽他："你就是能力不行，怎么折腾都没有用。"

当女人不再感激男人的付出，甚至有些鄙视他的付出时，男人还会渴望回家，还会觉得家是温暖的港湾吗？不难想象，其后果是严重的。

齐昊是一名工程师，后来因为企业内部调整，他被转为销售人员。回到家后，他向妻子阿梅说起这事，谁知，阿梅听完勃然大怒："工程师虽然赚得没有销售多，但压力小，而且现在市场几乎饱和，销售多难做！我们还计划着要生二胎，在这种关键时候，你却同意调动工作，傻不傻？"

整整一个晚上，阿梅都在数落齐昊的不是。愤怒之余，她还把手机砸碎了。

看着妻子这个样子，齐昊一句话也没有说，只是默默地坐着。一连几天，齐昊都不怎么和阿梅说话，家里的气氛十分压抑。阿梅明显感觉到，齐昊不像过去那么快乐了，对自己的态度也冷淡了。如果一直这么下去，那么她和丈夫的距离一定会越来越远。她想改变，可是却找不到解决的办法。

对此，齐昊也颇感无奈："我觉得我已经很努力了，但是无论我做什么，她都不认可。我再怎么努力，她都不满意，在她面前，我感觉很累，因为我付出了很多，却得不到一点肯定。或许，我们的婚姻长不了了。"

然而就在一个星期后，突然发生的一件事，让阿梅明白自己究竟该怎么说话，才能让丈夫振作起来，重新焕发对自己的爱。

那是一个周末，阿梅因心中苦闷病倒了。午饭时，齐昊亲自下厨做了几道菜。以前阿梅不会让齐昊下厨，还会指责他帮倒忙，一是他手艺不行；二是他做完饭后，厨房总是一片狼藉，收拾都要好半天。但现在看到丈夫在厨房忙前忙后，阿梅动情地说："你的手艺有长进了。"

令阿梅没有想到的是，当她说完这句话后，齐昊居然冲她笑了，还主动夹菜给她吃，甚至还哼起歌，几天的愁眉苦脸彻底烟消云散。

看着齐昊这个样子，阿梅突然想到："咦？为什么我夸他一句，他就变得这么高兴？难道我过去的方法用错了？是不是我应该学着多认同他，多崇拜他？你看，像今天这样多好！这样的丈夫，才是我想要的！"

为什么齐昊得到了妻子的称赞后，他会立刻表现出对妻子的爱呢？这是因为，每个人的自我价值既需要自我肯定，也需要他人的肯定。配偶是相守时间最长，最了解、最爱且最依赖自己的人，来自配偶的赞美会使人的自我价值得到最充分的肯定，从而增加对生活和工作的信心。这一点在男人身上体现得最为明显，男人总是将女人的崇拜和爱情连在一起。女人的崇拜，能够激发出男人的爱火。男人无论得意或失意，都需要有个女人始终如一地称赞他。有一个这样的女人，男人自然会付出更多的爱，使两人关系更加亲密。

基于这点，男人最想娶的女人，一定是自己的"铁杆迷妹"。

很多时候，当一个女人能令一个男人自认为更聪明、更能干、更强壮、更有魅力时，这个男人很快就会落入这个女人编织的甜蜜情网中。

所谓好男人，都是夸出来的。一些聪明的女人早就懂得这一点，她们会不时地肯定和夸奖爱的人，称赞对方英俊、伟岸、睿智与能干，即使对方有这样那样的缺点，她们也能发现对方身上的优点和长处，并相信对方是世界上最棒的！无疑，这样的女人将得到更多的青睐，激励男人往更好的方面发展。

"谢谢你帮我倒水，你真体贴。""亲爱的，你真能干！""你那个方法真是不错，我很佩服。"每一句夸奖都是对男人的理解和尊重，还有深深的爱和浓浓的情。试想，哪个男人能拒绝这番柔情蜜意呢？有这样的女人整天哄着、夸着、爱着，又有哪个男人能铁石心肠，忍心伤害呢？

不善于称赞老公的女人，时间一长，会失去老公的疼爱。善于称赞老公的女人，会把老公捧上天，在你的赞美声中，老公会美得轻飘飘的，当然会对你疼爱有加。

尤其是当老公刚刚经历了挫败或正在艰苦的环境中挣扎的时候，他更需要有一个忠实的"信徒"来支持他、鼓励他。你要学会转变自己的角色，及时用鼓励的语言安慰他、开导他，这是他的"救命稻草"。

想让他成为什么样的人，你先要告诉他，他就是那样的人。当然，你所说的话一定要真诚、发自内心。你若无根无据、虚情假意地夸奖男人，效果就适得其反了。比如，他自知自己的球技差得不能再差，你却违心地夸他球技好，那他会以为你不是在夸奖他，而是在嘲笑他，这是自讨没趣。

女人自强自立不是错，但在有些男人看来是"罪过"

女人要独立，这是当代许多人强调的一个观点。女人只有做到生活和经济上的独立，才会遇到更好的自己和更好的他。

在这一观点的影响下，不少女人与男人一样在事业上打拼，她们很独立，很能干，事业上丝毫不输男人，不仅薪水不菲，而且身居高职。但尴尬的是，尽管许多男人很佩服这种女人，但是很少有男人愿意找这样的女人做伴侣。

亚男是一个独立女性，她一直不喜欢自己的名字，在她看来，女人和男人一样有能力，不输男人一丝一毫。为了证明自己的能力，这些年大小事情她都亲力亲为。她会熟练地修马桶、换电灯泡，还会粉刷墙壁、换汽车轮胎。出差时，也是自己一个人提着行李箱，在多个城市辗转。

亚男有一个男朋友，但是她说对方从来不懂得心疼她。下雨了，他从没接过自己下班；出差时，他连一个问候的电话都没有。

对此，男友的解释是："我很相信她的能力，相信她可以照顾好自己。"

事实上，亚男的确把自己照顾得很好。每次下雨她都打车回家，也不管是不是塞车，不管车费多贵。她说，她有钱，自己的工资足够让她坐在的士上等雨停。她用自己的钱买自己喜欢的东西，从不用男友付款。

亚男觉得自己如此能干，根本不用别人为自己操心，将来男友娶了自己肯定知足得很、幸福得很。可是突然有一天，男友竟然提出分手。始料未及的亚男问为什么，男友长长地叹了一口气："你什么事情都能自己搞定，我觉得自己很多余，完全没有存在感。"

独立，或许有助于事业上的成功，但对女孩来讲在感情里未必是加分项，因为太独立的女人往往很难得到男人的保护和爱护。

这听上去很残酷，但却是事实。

这是因为，男人都习惯把自己当作强者，把女人当作弱者，他们渴望被女人需要，成为女人心中的英雄，乐于展示自身的担当和力量。如果女人什么事情都能自己完成，就无法满足男人的这种成就感和虚荣心，男女之间缺少那种需要和被需要的感觉，男人自然会失落、会沮丧、会离开。

通常来说，那些优秀独立的女性，往往能力更出色，对另一半的要求也更高。对于一些普通男人来说，确实有挑战性，所以他们往往会知难而退。

男人虽然嘴上不说，却都喜欢那些在自己面前示弱的女人。面对这样的女人，他们会情不自禁地从内心生出一种保护欲，会体贴，会照顾，对女生又暖又温柔。所以，即使你是女强人，能力、地位都出色，在爱的男人面前，也要适时地放低姿态，仰视他的"高大"，给他优越感。

温晶在一家外企担任部门主管，收入颇高。可她的老公王柯却是一个普通的公司小职员，工资不到她的五分之一，连购房款首付大部分都是温晶付的。让好多人美慕的是，他们的婚姻生活很是幸福，王柯对温晶百般宠爱，就像公主一样把她捧在手心里，给予她无微不至的关怀。

原因很简单，工作和能力出色的温晶在老公面前，就是一个可爱的女人，家中大事都是老公做主，遇到问题她总是温柔地问老公："亲爱的，你说该怎么办啊？"

一些人不理解，认为以温晶的聪明智慧，有些事情完全可以自己做主，不需要参考老公的意见，但温晶不这么认为，她说："他是我老公，应该和他商量一下。""他爱我，我也爱他，我并不觉得自己比他优秀多少。"

一次，一位好友来温晶家里做客。好友刚坐下，王柯就给对方倒了杯

水，温晶娇嗔道："给我也倒杯水吧，人家上班都累死了，也不知道怜香惜玉！"

王柯笑答："你又不是客人！自己倒！"

温晶不干了，嘟着小嘴说道："好啦好啦，我就想喝喝你亲手倒的茶，拜托了。"

结果王柯乐呵呵地去倒水。

吃完晚饭后，温晶柔声地和王珂说："亲爱的，你去把碗洗一下，好不好？不然，明天晚上的酸菜鱼可没有了哦，那可是我的拿手菜。"

王珂高高兴兴地去洗碗了，温晶则和好友悠闲地坐在沙发上聊天。

好友终于知道温晶幸福的秘诀了，那就是放低自己的姿态，仰视老公的高大。这样的女人犹如春风化雨，即便心肠再硬、再彪悍粗犷的男人，见了她们也会垂下高傲的头。

做个独立的"女汉子"没有错，但是不要过分独立和要强，不要不肯向男人低头、拒绝男人的照顾等，应学会在不同角色之间进行转换。

下班回到家里的时候，何必还摆出一副高姿态让人那么累呢？依偎在你爱人的身边，做个小女人又有谁会笑话你呢？也让你的爱人感受一下可以被依靠，可以保护你的大男人的心理，不是很好吗？即使有少许"耍赖"的成分在里面，男人也会获得高度的心理满足，心甘情愿地听从你的差遣。

没有哪个女人会喜欢"铁公鸡"

以前，人们总说，"男人豪气，一掷千金"，但现下，节能环保成为时代潮流，人们越来越节约了，出手不再像以前大方。当然，节约不是小气。日剧《女人四十》中的男主角常挂在嘴边的一句话就是："是节约，不是小气。"

节约是一种科学的生活态度，但有一些"小气男"冠冕堂皇地打着节约的旗号浑水摸鱼，不但小气而且抠门至极，丝毫不愿意多付出一点，"什么都吃，就是不吃亏""有便宜就一定要占"，甚至锱铢必较。金钱对于他们来说就是他们的命，要他们花点钱就像割他们的肉。

这样的男人，即使各方面的条件都很优秀，也会被女人果断地排除在择偶范围之外。因为，没有哪个女人会喜欢"铁公鸡"。

"唉，闫露和我分手了……"耀辉一见到朋友们就抱怨。

耀辉很帅、很有能力，月收入不低，家境也不错。这样优秀的条件，符合闫露的男友标准。但是，两人即将谈婚论嫁时，闫露却主动提出了分手。

"她的分手理由是我太小气，我总是想着能省就省，这有什么不对吗？"耀辉抱怨说。

对此，闫露也满腹怨言："谈恋爱三年了，我们两个人平时出去吃饭，他都是只付自己的。OK，没问题，我也喜欢AA制。可是我生病了，让他帮我买一些药，几块钱，他还要跟我要回去。后来他向我求婚，居然提出拍婚纱照的钱要双方共付，而且婚后的生活费也要AA制。"

"刚开始的时候，我还可以忍受，慢慢地就接受不了了。我们是恋人啊！做什么事情都AA制，多一点的钱都不愿意花，这种做法让我们之间很有距离感，根本就不像在谈恋爱，更像是两个陌生人在一起拼盘过活。"闫露坦言道，"后来，我终于想明白了，相对于我来说，他其实更爱自己的钱。"

不少男人不明白，女人明明自己有钱，为什么还要花男人的钱？

别抱怨女人总想用男人的钱。与金钱相比，女人更在乎情感的付出。更准确一点说，女人缺的不是钱，即使女人再有钱，她们还是愿意用男人的钱，那是一种有点邀宠、有些欢喜在里面的感觉。"他爱我，才会愿意为我花钱。"花多少钱，关系着感情的长久，女人都很在乎。

在男女关系中，男人越吝啬，女人就越有抵触心理；男人越不给女人花钱，女人就越想要。相反，如果男人总是给女人买这买那，当女人感觉到自己在对方心中的重要地位时，反而会想办法帮男人守住钱包。

男人也不要觉得自己没有钱就不会有女人爱，要知道花钱只是表达心意的一个途径。女人很容易满足，哪怕男人送给她们的只是一两块钱的东西，只要能让她们看到男人付出的真心，一样会让她们感动。因为女人不在乎男人有没有钱，只是想明白男人是否真的爱她们。

在女人眼里，判断男人抠门与否的标准并非绝对的，而是相对的。如果你用钱的额度相对于你的财富来说是较大的一部分，就说明你大方，反之就是抠门；你为她花的钱比为自己花的多或者相等，就说明你大方，反之就是抠门。

也许，你可以理解这样的感受：男友月薪两三千元，但他舍得花五百元给你买一件保暖的羽绒服，那么，即便两人约会吃路边摊，也会让你很高兴。但如果一个月薪上万的男友给你买个一百元的包包都嫌贵，不愿意在你身上花一分钱，那这无疑就是抠门之极了，你的脸色肯定不好看。

"我相信，一个深爱女人的男子，是必定舍得给女人花钱的。他有一百块，肯为你花九十块，这就是好男人。如果他有一百万元，舍不得给你花一万元，这样的男子不能要。"这段话代表了很多女人的心声。

身为男性，必须早有心理准备。在自身的能力范围之内，适当地为心爱的女人花花钱。身为女性，当你发现身边那个提倡"节俭主义"的男人，爱钱胜过一切时，那么就勇敢地绕过这一个犹如虚设的港湾，继续寻找吧。因为真心追求你的男人，一定会舍得为你花钱。

女人心里的理想男人，必须有责任有担当

到底什么样的男人最靠谱？假如你有机会采访身边的女人，问到这个问题，相信其中百分之八九十的女人都会谈到责任心。

"他不必貌比潘安，也不要富比马云，但一定要有责任感。"

"嫁给有责任感的男人，心里会很有安全感。"

"有责任感的男人知道上进，日子不会过得太差。"

……

对于一个女人来说，她可以容忍一个男人一时犯下的错误，却很难容忍一个男人推卸自己应当负起的责任。纵使对方才貌双全、风流倜傥，倘若不能彰显自己的责任感，不愿意承担属于自己的那份责任，那么这个人也是不值得自己托付终身的。

静香经过朋友介绍认识了石岩，起初俩人聊得挺好。石岩这人能书会写，颇有一股静香喜欢的书卷气。交往一段时间以后，静香试探着问及买房子的问题。

"两个人如果结婚的话，最好得有一个自己的小窝，你想过吗？"静香问。

石岩摇摇头说："我哥哥今年结婚，我这一两年是买不起房子了。"

这引起了静香极大的好奇，追问："买房子跟你哥哥结婚有什么关系？"

"我哥哥结婚买房都需要钱，到我这里，父母就拿不出来多少了！"石岩无奈地回答，"我要是一个'富二代'就好了。"

"买房主要还是靠自己。"静香开导道。

石岩撇撇嘴说："靠自己？我工资也不高，肯定得靠父母帮衬着。"

"你还不如自己现在多多努力，比如兼个职，还能多些收入。"静香建议道。

"兼职？"石岩把头摇得像拨浪鼓，"我现在的工作已经很累了，哪还有精力兼职？"

静香听了很不高兴："那你什么时候能买房？又什么时候想结婚呢？"

石岩沉默了一会儿，才回答："其实我都有点害怕结婚，一个人生活压力就大，到时再加上老婆孩子，生活方方面面都是开支，想想就头大。"

听了这话，静香觉得心里非常不舒服："既然你都不想承担家庭的责任，那还跟我谈什么？难不成除了靠父母，就是想靠我一个女人吗？太不可理喻了。"尽管静香心里这么想，但她没有表现出来，而是勉强赔着笑脸，随后逐渐疏远了石岩，并与其断绝了来往。

恋爱的时候，女人往往考虑一个男生是否对自己好。结婚的时候，女人则会看重一个男人是否愿意承担起对家的责任。

女人为何如此看重男人的责任感？在"男主外，女主内"的观念下，很多家庭把男人视为一家之主。一家之主要做什么？要维持一家人的生计。男人身为丈夫、父亲，理应挑起或分担养家糊口的重任。

同时，一个有责任心的男人会对家人付出更多的爱心，他知道家庭的真正意义所在，所以他会很珍惜这份感情，不会拈花惹草，做有损家庭和睦的事情，更不会让妻子有太多的顾虑和苦恼。这样的男人在女人眼中是正直的、可以信赖的，因此女人心中也会很有安全感。

某杂志做过调查，问女人，如果把丈夫比喻成一种物品，她们最希望自己的丈夫成为什么？选项有大海、太阳、大树、雨伞、房子、车等等。六成以上的妻子选择的是——大树。

她们的理由惊人地相似：大树不仅可以遮风挡雨，还能放心地倚靠。它根深叶茂，挺拔地站着，有力量也有风度，永远守候在那里，不用担心它会突然间消失。

看来，女人都希望丈夫成为自己生命中的倚靠。在情绪低落、心情不好时，在困难和压力面前，有个能让自己放心去倚靠的丈夫，对妻子而言，就是莫大的幸福了。

如果一个男人没有责任心，不知道立身、养家，不知道照顾和关爱家人，反而整日游手好闲，那这样的男人，就会在女人的眼中形成一个一无是处的印象，从而成为被女人抛弃的对象。

负责任是地基，其他的条件无非是添砖加瓦；负责任是1，其他条件都是后面的0。

"他是农村出来的，条件也不好，你为什么偏偏看上他？"

听着父母的责怪声，阿鸿心里有些失落，但是她并不后悔爱上琛军。在她看来，一个男人最深刻的爱，不是宠着你，不是有很多钱给你花，是他对你，对整个家庭高度的责任感。

琛军的家庭条件的确不好，父母都是农民，家里还有一个未成年的弟弟。这些年，他凭借勤奋和努力，一直靠拿奖学金念完中学、大学。

大学毕业后，琛军被分配到一所县级学校当教师，好不容易有了收入，却又担起了照顾弟弟的重任："我是长子，也是哥哥，我有责任让这个家变得越来越好，有责任照顾好弟弟。"

五年间，琛军每月只留一部分生活费，其他工资全部寄回老家，当作弟弟的生活费和学费。最终，弟弟如愿考上一流大学。

两人的婚礼很简朴，琛军知道阿鸿跟了自己有些委屈，所以工作之余，只要有时间，老是抢着做各种家务活，家里有好吃的，他总是先给阿鸿吃。日子虽然过得有些清贫，但家里的欢声笑语总是不断。

三十七岁时，琛军成为学校的校长。有领导光环加持，加上待遇渐好，他的身边开始出现"蜂蝶花草"，对此，琛军总是选择无视。去任何地方应酬，他都把阿鸿带在身边。他们的感情几十年如一日，坚如磐石。

阿鸿问："你这一辈子累吗？"

琛军说："我是长子。"

"你面对诱惑不动心吗？"

"我是丈夫。"琛军答。

顿时，两人相视而笑，温情相拥。

不论是对于自己的工作，还是对于自己的家人，一个有责任心的男人绝对不会推卸自己的责任，他会心甘情愿地照顾家庭，呵护妻子，教育孩子，懂得克制自己的欲望，理性地对待情感生活，并且愿意为了两人的未来做出努力。假如有一个男人这样对你，你幸福吗？那是自然的！

其实女人对男人责任心的要求并不是特别高，很多事情只要男人自己想做，就一定可以做得很好。

比如，当感情进行到一定阶段时，介绍女方给自己的亲朋好友认识。公开地承认女友，这是负责任的重要开端。如果你不愿意和对方公开地开始一段恋情，甚至还想靠"伪单身"身份增加个人魅力，"负责任"三个字又从何谈起呢？

比如，多花一些时间陪伴家人。物质条件固然重要，有的男人为了生活舒适和富裕，拼命赚钱，长时间在外头应酬，可是对于女人而言，她更希望获得的是你的呵护、关爱、体贴。花些时间陪她逛街，陪她做饭，甚至只是说说话，都能让女人体会到你的真心。

可见，女人需要的是一种精神上和情感上的依靠。

对此，一篇文章这样写道："在我需要的时候，你随时出现在我身边，伸出你有力的手；在我失望的时候，让我在你的眸子中看到生活的希望；在我流泪的时候，不必我做出任何示意，你就能紧紧地抱紧我；在我痛苦的时候，用你的也许不太雄健，但一定十分坚定的臂膀为我顶住那向我压下的满天乌云……"

不管怎样，男人都应该履行作为男人的责任和义务，倘若让女人感到你是一个容易推卸责任的人，想得到她的芳心就难上加难了。

遇到愚孝的男人，宁愿单身也不嫁

孝顺父母，这是每个做子女的都应当具有的品质。我们祖祖辈辈都奉行孝文化，在一般人的认知里，孝顺的男人多半有情有义。但是，有朝一日我们遇到了一个孝顺的男人必定是一件好事情吗？

未必！孝顺本是好事，但如果没有原则，一味地去孝顺，变成"愚孝"，那就不是什么可喜可贺的事情了。

小雯的男友王佑，父母在他年幼时便离异，他从小和妈妈生活在一起。有妈妈精心的照顾和培养，王佑在生活、工作上的表现都不差，甚至是很优秀。当初，小雯除了看上王佑的优秀外，还有一点是王佑很孝顺。小雯想："孝顺的男孩懂得心疼人、理解人，再坏也坏不到哪儿去吧。"

王佑为人温文尔雅，对小雯呵护有加，对母亲关怀备至。但是令人没有想到的是，两人相处了一段时间后，小雯居然和王佑分手了。

"王佑这么好的人你都不喜欢，你到底想要什么样的男人？"朋友不解地问道。

小雯回答道："王佑人是挺好的，但我不想嫁。"

小雯还记得，两人第一次一起过情人节，小雯陪男友挑戒指，正心花怒放，满怀期待时，男友却问："你觉得我妈戴哪个戒指好看？"两人约会时，当王佑的妈妈突然打电话说自己胃痛或者头晕了，他立刻就会飞奔回家，全然忘记了被丢在熙攘闹市里的小雯。更让小雯感到委屈的是，自己送给王佑一件白色的T恤，他却一脸为难地说："我妈妈说我穿白颜色的衣服不好看。"

逐渐地，小雯发现王佑的口头禅是"我妈说……"。比如："我妈说不要太晚回家，早点回家陪她。""我妈说我不能吃辣的。""我妈说女孩子短发不好看，你要慢慢留长点。""我妈说你裙子穿得短，下次穿长点。"……别人羡慕自己有个孝顺的男友，小雯却感觉不到幸福，反而觉得累。这样的恋爱谈得索然无味，那还谈它干什么呢？

小雯的选择对吗？相信大多数女人都会支持，因为孝顺不等于"愚孝"，太过于顺从父母心意的男人是不适合做老公的。

对于孝顺的男人，其实不少女人一开始会心生好感，也会将孝顺当作一个加分项。孝顺是优秀品质，难道要找一个把父母丢在脑后的白眼狼吗？

但如果你找的是一个过于孝顺，甚至"愚孝"的男人，随着恋爱的深入，你就会发现，虽然是你们的二人世界，但他的父母无处不在，而且他也允许并且乐意让他的父母"无处不在"。这样一来，爱情很可能不再是两个人的事情，而是一场家庭伦理剧。如果要结婚，他父母看上你或看不上你都是"致命"的。

在这场战争中，你不要幻想和期待男人会为你挺身而出，他最多是不说话，默默地看着这一切，或是私底下叫你不要想太多，说"我妈就是这样，她也是为了我好"一类的话。当问题处理不好时，最终受伤的只会是你。因为"愚孝"的男人是不会反对自己的父母的，他认为那样做真的很不孝顺。

有一部电视剧，叫《我们俩的婚姻》。剧中男主角秦岩是某市博物馆的工作人员，对独自一人养大他的寡母非常孝顺。每一次婆媳闹矛盾时，他只会偏袒、安慰自己的母亲，对爱人夏小宁则总是说："妈妈养大我不容易，你要多体谅她。做儿女的要孝顺，不能跟老人计较。"

秦岩爱夏小宁，但他已经习惯了站在妈妈的立场上想问题。一些已为人母的，或许会羡慕秦母培养了一个如此孝顺的儿子。但是，许多女性在评价秦岩时说：秦岩真是一个窝囊的男人，老妈说的话就是圣旨，既不分辨是非，也不懂得顾及妻子的感受，和这种男人结婚就等着受冤枉气吧。

所以，婚前一定要睁大眼睛，不要把男人的"愚孝"当作孝顺，否则后患无穷。

"我和你妈同时掉进水里，你会先救谁？"

这被男人视为万年难题，不少男人纳闷，女人为什么喜欢和我妈妈一较高下，你们两个都是我最爱的女人啊。

这个问题，你说先救谁都不合适。一头是孝道，一头是爱情。不管先救谁，都一定会有争议。其实，女人又何尝不懂这个道理？说到底，她们想要的不是明确的答案，而是男人是否在乎自己。女人这辈子所求的也不过是一个对自己知冷知热、贴心的人。你可以孝顺父母，但请不要委屈你的女人。

孝顺父母不是评价男人好坏的法则，真正的好男人除了孝顺外，还要负责任、敢承担、有主见等等。所以，请在她需要你的时候，勇敢地站在她的身边，在安抚老人情绪的同时，也要让她知道你是值得依靠的。如果此时你不但无动于衷，反而责难于她，等到她的心被伤透了，她就会头也不回地离开你。

爱惹事的男人，在女人心里不会得高分

我们的身边，好像都有那么一个"大哥"。

他天不怕地不怕，根本不知道"忍让"两个字怎么写。他和人一言不合就吵架，动不动就龇牙咧嘴，吵不过就打，打不过大不了被别人打，从不会用自己的头脑来分析和解决问题，一冲动什么事情都干得出来。

阿力天性爱自由，是个不受管教的叛逆男孩。在学校不听老师的话，老师让干啥不干啥。在家不听父母的话，父母让往东他偏偏往西，可谓一个"混世魔王"。

阿力喜欢上一个女孩，是学校的"校花"，但对方一直对他不理不睬。

在毕业晚会上，阿力准备向"校花"再次告白，却得知同班同学阿维也一直暗恋对方。阿力不干了，直接冲到对方面前吼道："你有什么资格和我争？"

阿维知道阿力在说什么，他并不理睬对方的挑衅，只是淡淡一笑。

这一下子就激怒了阿力。为了在众人面前显示自己的"实力"，他将袖子挽起来，露出强壮的肩膀。

"块头大怎么了？有头无脑。"

为了维护自己的面子，阿力将拳头重重地挥向桌子，桌子顿时应声倒了，惹来大家的注目。自己心爱的女孩在场，他必须证明自己是个王者。

结果，"校花"露出鄙夷的模样，觉得阿力是一个很没素质的人。

血气方刚的年纪，不少男人喜欢动手，并将之视为男人力量的彰显。

这一半是性格使然，一半是虚荣心作祟，是为了在别人面前树立一个强势、仗义的形象。

但女人一般都不喜欢这种男人，由于对方太冲动易怒，太爱惹事，所以女人总是会跟着提心吊胆，为他们担心这、担心那。

试想一下，倘若一个女人今天接电话说自己的男人跟谁在外面打架，明天接电话说他被警察拘留了，她将会如何纠结痛苦呢？任何女人的内心都是渴望安全感的，找男人是想"背靠大树好乘凉"，过上更踏实稳定的生活，倘若还没靠，这棵树自己先歪了，那又有什么意思呢？

倘若摊上一个爱闯祸的男人，女人恐怕一生都没有幸福可言。

现实中不少女人痴迷于"霸道总裁"，觉得这样的男人满足了女人对盖世英雄的想象。但这里的"霸道"不是惹事，而是"七分侠情，三分柔情"。你不能无事时招惹是非，一定要行得端站得正，底气十足，如果真遇到事情，你要懂得奋起反击，正气凛然，让惹事的人乖乖退散。

唐末是一个比较柔弱的男生，站在人堆里毫不起眼。他很少表现自己，也不喜欢主动跟人讲话，以致别人觉得他胆子小，他害怕说错话、做错事，害怕得罪人。

但就是这样一个男生，却打败了诸多的追求者，获得了大美女乔乔的青睐。

"他手无缚鸡之力，和他在一起，好像没有安全感。"有人评价说。

乔乔却笑着摇摇头，说道："他值得托付终身。"

是这样的，唐末虽然不善于表达，也不喜欢掺和跟自己无关的事，很多事情能忍就忍过去了，但这不是因为他怕事，而是源自他的性格比较沉稳。而且，在关键时刻他总是十分靠谱，总是能够挺身而出，甚至是保护别人。

那天，唐末和乔乔乘坐地铁。过安检时，大家排队排得好好的，一个人高马大的中年男人却来插队，唐末和乔乔差点被挤出队伍。

这个中年男子当然是故意的，唐末也不想多说，牵着乔乔站稳了脚步，继续跟着前面的人，一步步往前挪。

也许是看唐末没有作声，又长得比较屏弱，那个中年男子继续挤，嘴里还骂骂咧咧。

唐末侧过身子，义正词严地说："大哥，插队这件事，不是我一个人说了算的，后面几十个人都排着队呢，我有什么资格代表后面几十个人答应你插队。而且，到底谁先到，谁后到，你自己心里清楚，一直拼命地插队，素质去哪里了？看你的年龄也不小了，应该当父亲了吧，你就是这样为孩子做榜样的吗？"

唐末把话一口气说完，那个男人听了目瞪口呆。

乔乔躲在唐末身后，问："他膀大腰圆的，你不怕吗？"

唐末笑着说："这个世界讲的是理，不是讲力气。咱们不惹事，但也不要怕。"

不惹事，是因为为人处世比较老练，性格和脾气都修炼到了一定的程度。

不怕事，是因为自己有保护自己的能力，绝不能让别人欺负到自己头上。

对于一个女人而言，倘若她认准对方是一个不惹事也不怕事的男人，必然会有安全感，即便跟着他可能要吃不少苦也会心甘情愿。

女人在男人身上看到希望，才会真心托付终身

现在很多男人只要分手就会抱怨女人太追求物质享受、太现实。

"你为什么要分手？你不就是嫌我穷吗！"

"我要是个'富二代'的话，你早就和我结婚了吧？"

"你不就是看上他有钱吗，你们女人怎么都这么拜金！"

……

毋庸置疑，每个女人都希望自己可以过上衣食无忧的好日子。尤其是当女人走向成熟，已经开始知道生活的艰辛之后，她们更是希望自己的男人有一定的经济基础，只有这样她们的内心才会获得安全感，才有自信向身边的人证明自己的选择是正确的。

这是一个很现实的问题。

然而，事情总是有例外的时候。

"我要很多很多的爱，如果没有，那就要很多很多的钱。"

很多女孩谈了几次恋爱，受了几次伤后，喜欢把这句话当作座右铭，以为多念几遍就可以理智地去爱，其实这是自欺欺人。人是有感情的，女人特别感性，她们会期待很多的爱，很多女人认为钱是身外之物，有钱更好，没有也不会太伤心。遇到心仪的对象，不管对方有钱没钱，她们依然爱得特别用心。

那么，如果不是因为钱，女人为什么还是离开了？

其实这个问题很好回答，之所以困扰了那么多男人，主要原因就是他们没有搞清楚女人真正想要的东西是什么。一个男人如果没有办法给予女人内心真正想要的东西，这个女人最终必然会选择离开。

　　小瑾和阿福是同一单位不同部门的同事，经过一段时间的相处，两个人从同事关系转变为恋爱关系。起初，两个人都是职场中的"小白"，但一年过去了，小瑾因为自身的勤奋和努力，业绩突出，总是被领导提名表扬。而阿福还是在原地踏步，各方面的能力和刚入公司时没多大区别。

　　每次看到小瑾被表扬的时候，阿福就会说："女孩子那么努力干吗？没必要累着自己，你和我结婚后，我肯定不会让你这么累的。"

　　一开始听到阿福这样说，小瑾心里还是甜蜜蜜的；但后来她发现，阿福半点上进的心思也没有，工作上整日懒懒散散，抱着个手机一天就过去了，事后，还有些得意地说，自己偷懒居然没有被领导发现，真是运气好。

　　后来，再听到阿福这样说，小瑾心里就很窝火。在小瑾的心里，不管是男人还是女人，都应该有自己的事业，男人更应该为以后的婚姻和家庭努力拼搏，给自己心爱的人创造一个更好的生活条件。看到阿福不思进取的样子，她很着急，每次都会催促他努力一点，不然一辈子真的就这样了。

　　阿福不但不听，还觉得小瑾故意和自己过不去，瞧不上自己。过节的时候，看到别的女同事有各种礼物收，小瑾满是羡慕，阿福却不以为然地说："没想到，你是这么虚荣的女人。送那些花里胡哨的东西有什么用？纯粹浪费钱。我就是一个穷小子，根本不会跟那种风，也不屑于跟，所以你别惦记了。"

　　最后小瑾终于想通了，这样的男人实在是太"穷"了。思想的贫瘠真的让人无法挽救。

　　在小瑾说出"分手"两个字的时候，阿福十分气愤："你和我分手，不就是因为我穷吗？"

　　小瑾也忍无可忍："对啊，就是因为你穷！以前我还盼望着和你一起奋斗，攒点钱，买个小房子，过着温馨的小日子。第一年我愿意信你，第三年我也愿意等你，但我等了你五年，也没等到你的成长。我怕的是一辈子能看到头的穷，我怕的是没有希望的等待。终究，我们只能走到这里了。"

看到了吧，其实女人突然跟你分手，并不是因为你穷。如果真的因为你穷，或许当初就不会跟你在一起。人穷志短，这才是最让人难以接受的。

一个男人可以一时穷困，但不能穷得理所当然，穷得丧失斗志。

很多时候，你觉得女人注重物质享受，嫌弃自己穷，看不起自己，想要奢华的生活而自己满足不了，因此走了。不，不是的，其实背后的原因很可能是你不肯努力，她付出了最好的青春，却没等来你的成长。大多数女人不是非得要男人大富大贵，也不是不能吃苦，而是需要一个齐心协力共同努力的伴侣。

那么女人内心真正想要的东西是什么呢？在女人看来，只要这个男人具备一些少有人拥有的优秀特质，就算当时什么也没有，也会死心塌地跟他在一起。因为只要她们认准这个男人有发展前途，以及有坚韧不拔的意志，也就根本不会发愁自己会永远一无所有。所以，那些"潜力股"男人总是最受欢迎的。

这段时间，有两个男人，小白和小强，正在同时追求萧红。父母的意见是选择小白，因为小白家境好，工作也稳定，而小强各方面都不算优秀，但萧红偏偏选了小强，而且不顾家人的反对也要跟这个男人结婚生子。莫非她真的忍心舍弃现在富足的生活，和一个穷小子一起吃糠咽菜吗？

"小白看上去是一个好的选择，但他太安于现状，从未想过今后要有什么样的改变，这样一成不变的生活只会让我感到窒息。"萧红解释道，"但是小强绝对有理想，积极上进。我并不指望他能赚得怎样丰厚的资产，只是想看到一个可以给我希望、给我梦想，让我觉得未来是有奔头的男人。"

事实证明，小强充满了活力和力量，思维逻辑清晰，而且规划能力很强，对于自己的目标有着坚决落实到底的决心。和这个男人在一起，萧红信心十足，觉得明天一定会很美好，会充满希望。

很多女人看重的是希望，男人只有让她们看到希望，才可能让她们愿意托付终身，因为这样她们才会有安全感，才会有归属感。

所以，女人离开了你，不要把责任推到对方身上，要怪就怪自己，既不能创造她想要的生活，又不能给她带来希望，又凭什么让她永远陪伴在你身边呢？

好好努力，才是你真正该做的事。

CHAPTER 03

婚恋心理

——大龄单身男女"愁婚"的秘密

"我的模样不错、性格也不错，怎么就没人追？""我有房有车，工作也不错，偏偏却没人爱？"……男人、女人不是生来就被"剩下"的，你知道自己是怎么被"剩下"的吗？从心理的根上找原因，才能跳出"被剩"的困境。

一朝被蛇咬，十年怕井绳

爱情是美好的，当一个人全身心地爱上另一个人时，情绪会随着爱的人的情绪而变化。当心爱的人伤心了，你会跟着伤心；当心爱的人开心时，你也会跟着开心。

在一段爱情里受到了极大的伤害，如果没有一颗强大的内心，伤害就会造成心理阴影。为了避免再体验到同样的伤害，许多人的内心就会本能地抗拒新的感情。一朝被蛇咬，十年怕井绳。在这种心理影响下，不知不觉就成了大龄单身男女。

陈安是一个性格很温和的男人，他在大学毕业后，经人介绍，认识了一个女孩。在看到女孩的第一眼时，他就怦然心动了，觉得眼前的女孩就是自己的"真命天女"。他花了很多的心思才让女孩成了他的女朋友。

这是陈安的初恋，也因为对女孩的喜欢，他格外珍视这段感情。他对女孩特别用心，会每天接送女孩上下班；在每一个重要的节日，他都会送女孩礼物；女孩对他提出的每一个要求，他都会尽力满足；对女孩的家人，他也掏心掏肺地对待。

就在陈安暗暗筹划着向女孩求婚时，女孩忽然对他提出了分手。陈安心里难受极了，他问女孩分手的理由是什么。女孩说自己对他没有心动的感觉。陈安质问女孩，既然对他没有感觉，为什么还要和他在一起？女孩说她觉得感情都是培养出来的，并认为和他在一起相处一段时间说不定就能产生感情，只是没有想到，她对他一直不"来电"。

　　陈安爱女孩有多深，受到的伤害就有多大。这次失败的感情经历，令他迟迟不愿意再面对新的感情。眼见他的年纪越来越大，亲朋好友帮他张罗起相亲。但是陈安很倔强，他每次都要问相亲的女孩对他有没有感觉，当得到的是"没有"或模棱两可的回答时，哪怕他对相亲的女孩有好感，也会狠心地拒绝对方提出的相处一段时间看看的建议。

　　就这样，一晃很多年过去了，二十多岁的小伙子已经成了近四十岁的大龄男青年。而他的感情，却一直没有着落。

　　在大龄单身男女中，有不少人都曾遭受过感情创伤。如果仅仅是因为性格不合而分手，在当时可能会很难过，但是随着时间的推移，心理承受能力尚可的人，是能够逐渐走出来的。如果遭受的是背叛、欺骗等性质恶劣的伤害，尤其是对那些心理承受能力较差的人来说，心头无疑会长久地笼罩着一团乌云。

　　从心理学上来说，越是严重的感情创伤，越会令人对感情失去憧憬，从而无法对未来的伴侣产生信任感。在感情创伤的影响下，有些人会觉得自己再也没有爱别人的勇气和力气了。

　　但是，每一个人都需要明白，谈恋爱是为了找到适合自己，并能携手走一辈子的人，如果分手了，那只能说明，对方是不适合自己的。此外，人与人是不同的，我们不能因为在某个人身上遭受过感情伤害，就固执地认为此后的每一个人都会伤害自己。这种杯弓蛇影的想法，是没有必要的。

　　爱情往往不是一帆风顺的，很多人都会经历一次或多次的感情挫折，在兜兜转转之后，才能找到对的那个人。

　　李甜的第一段恋情发生在大学时期，她计划着大学毕业后和男朋友在一个城市工作，工作几年就结婚。不过，计划赶不上变化，在她毕业这年，男朋友出国留学深造了。李甜说自己会等他，但是对方跟她说他归期不定，让她不要等。而"不要等"的另外一层含义，其实就是分手。

　　李甜的第二段恋情发生在她工作的第二年，李甜和这一任男朋友谈了三年恋爱，带他见过了自己的父母和亲朋好友。当所有人都认为他们会一直走下去时，李甜却主动和男友分手了。这是因为，李甜发现她的这一任男友是个不婚族。

李甜的第三段恋情是经人介绍而成的。这一段恋情延续的时间并不长，但是李甜也付出了真心，认真对待。因为，她是奔着结婚而和对方谈恋爱的。后来，双方长辈在谈婚事时，闹了一些矛盾，这也导致她和这一任男友缘尽于此。

每一段恋情，李甜都很用心，但收获的却是伤痛。而让人意外的是，她每一次都能快速地走出感情创伤的阴影。曾经有朋友问她为什么能快速走出阴影并接受新的恋情，李甜回答说："我的第一任男朋友有了好的前程，我能理解他的做法；我的第二段恋情是我提出来的分手，因为早分手早解脱；第三段恋情，只能说我和对方之间存在着很多矛盾，与其在婚姻内爆发，不如在婚前爆发。虽然这三段恋情的结局不太好，但是过程中有许多美好的回忆。所以，我不会对爱情失去信心，我也坚信我会碰到那个能和我一同拥有美好结局的人。"

一段令人刻骨铭心的爱情，是在告诉人们爱情是美好的，如果它给了你不好的结局，只是想让你尝一尝人生中的酸甜苦辣。大龄单身男女们，其实你们的心灵并没有那么脆弱，勇敢走出阴影，去面对新恋情吧，幸福会在未来等着你们！

不是合适的人不出现，是你被挑剔迷了眼

不是不想爱，也不是没人爱，只是你总觉得每个人都不够完美，不是这不随你的心，就是那不如你的意。若身为男人，贤惠的女人你觉得古板，热辣的

女人你又觉得太媚；若身为女人，有钱不得闲的男人你怨他天天忙着挣钱，没空陪自己，没钱有闲的男人你又觉得他窝囊，天天围着自己转……那又怎么遇得到适合的那个人呢？

为什么你还是一个人？是没有合适的对象，还是没有完美的对象？当然是你的完美主义害了你喽！每个人心中都有一个完美爱人，期待对方能满足自己对于一个异性的所有幻想——成熟、幽默、善良等等。寻找完美本身是没有错的，但你想过吗，完美的人存在吗？"金无足赤，人无完人"，就是说这世上没有完美的人。可见，完美主义是一种自我强求，是对一种不可能达到的境界的强求。

你若非完美不可，最后只能是失望。

赵大妈在婚介所干了一辈子，退休之后就义务帮助小区里的大龄男女解决婚姻问题，是小区有名的"红娘"。

前几天，赵大妈的老姐妹托她给自家大侄子介绍对象。要说老姐妹这大侄子，条件那是真好，长得人高马大，特别精神，据说还是某个大房地产公司的地区经理，月薪不低，有车有房。按理来说，这样的条件拿出去，想找个对象也不是难事，可偏偏小伙子已经三十出头了，也没相中个合心意的。

赵大妈向来认真负责，接受了老姐妹的委托之后，立马就和小伙子见了一面，了解了一下他对另一半的期许，然后把小区里那些个条件不错的单身女青年都给挑了出来，安排他们见面相亲。

本来吧，这男方条件挺不错，赵大妈给介绍的女青年条件也很好，不说一拍即合，但也不至于都成不了。可偏偏，赵大妈一连介绍了几个，这小伙子居然都没相中。性格好的，他嫌人家工作不好；工作好的，他嫌人家长得矮；身材高挑的，他嫌人家长得不够漂亮；长得漂亮的，他嫌人家太"败家"；勤俭节约的，他又嫌人家不会穿衣打扮……

这几次下来，赵大妈算是明白了，明明一个条件不错的小伙子，为什么找不着对象。思来想去，赵大妈把小区里一个同样也特别难找对象的姑娘介绍了过去，并言明，这是最后一次给介绍了。

别说，这姑娘条件确实好，人长得漂亮，自己有本事，家里条件也不差。小伙子见了，心里倒是挺满意，刚想说"不然就接触接触"，可谁知人家姑娘不乐意了，又是挑剔他学历低，又是嫌他吃相差，一顿饭还没吃完呢，两人险些就吵了起来。

后来，这事被小区里的人当笑话议论，传到赵大妈耳朵里，赵大妈嗑着瓜子，乐呵呵地笑道："瞧瞧，这俩人，多般配啊，都是'挑剔专业户'，凑到一块互相挑吧，省得祸害别人！"

在爱情中，宁缺毋滥是值得提倡的，但过分挑剔却只会把你的爱情阻挡在门外。谁都希望自己能够拥有一个优秀的恋人，希望对方处处都合自己的心意，但别忘了，你在挑剔别人的时候，对方同样也在挑剔你。当你希望对方"完美"的时候，又可曾想过，你自己足够"完美"吗？

一个人，如果事事都试图达到完美境界，那么这个人获得成功的机会必然会很小。爱情也是一样。恋情刚萌芽，他们就在担心选错了对象，或选择的对象不够完美。在这恼人的矛盾的折磨下，完美主义者不可避免地陷入了极端的紧张和焦虑之中，这就妨碍了他们全力以赴去投入恋爱。

一旦寻不到完美恋人，愿望与现实脱节，完美主义者的安全感就受到了损害，这种损害会让人容易发怒和激动。无须仔细观测就可以发现，太追求完美的"剩男"或"剩女"碰几次壁后，心中就会万分沮丧，或哀怨，或讽刺，或委屈，或攻击，有时一点不顺心的小事，也足以引发其负面情绪。可是，很多时候，其实并不是合适的人不出现，而是你被挑剔迷了眼。

追求完美是一种病态心理，不利于爱情发展，也不利于身心健康。

那么，如何从完美心理中摆脱出来呢？

告诉你吧，只要你稍稍让一步，局面也许会是另一个样子。你知道妥协心理吗？妥协心理是通过自我的调整，来适应某种特定环境的应激性的心理反应。没有瑕疵的事物是不存在的，总是对别人要求很高，只能以失落和失望收场。其实你不妨放低标准，降低要求，那样效果反而或许很好。

看看身边的人，她也许不漂亮，也许不温柔，但她在乎你，信任你，她就值得你去爱；他也许不解风情，也许不会浪漫，但他呵护你，尊重你，她就值得你去等。不想辜负大好的青春，你就放心大胆地爱吧！

说白了，爱情就是一场心理暗战，是不断向自己妥协的过程。

什么是完美，真实才会完美！一个人有优点有缺点，这才是一个真实的人，才是一个有血有肉的人。理性地妥协一下，抓住眼前的人，使自己摆脱沉重的失落、难解的怨气、无名的惆怅，关键是可以轻轻松松地告别单身，谈一场真真实实的恋爱，这难道不是一个最佳的选择吗？

所以，放下你的完美心理吧！

爱他在心口难开，你究竟在怕什么

"我爱你"这三个字，有些人像吃饭睡觉一样容易说出口，但有些人就不行了。明明很喜欢一个人，心中爱意深切，可就是不敢表白，生怕一个秘密被泄露似的。这看似与每个人的脾性有关，实际上有着一定的心理原因。

说直白一点，这是为了不让自己的情感受伤，从而控制自己的潜意识，约束自己言行的一种心理。回想一下，你有没有过这样的时候？喜欢一个人，摸不清对方是否喜欢自己，感到可能性不大，所以不敢表白？或总是感到自卑，认为自己配不上对方，所以不敢表白？这都是自我防卫心理的表现，你怕被拒绝，怕被嘲笑，丢了面子，于是潜意识中保护自己，干脆不去表白。

瞧，人心，有时就是这么脆弱。

王浩，人称"钻石王老五"，是有名的黄金单身汉，已经迈过了三十五岁大关，踏上奔四的道路，却仍旧是"万花丛中过，片叶不沾身"。不熟悉他的人都羡慕他活得风流又潇洒，但和他亲近的人都知道，这么些年来，他心里头一直装着一抹"白月光"。

王浩的"白月光"叫屠晓萧，和他青梅竹马。按理说，早该上演一出两小无猜的戏码才对，可偏偏这王浩开窍太晚，愣是在打打闹闹中和屠晓萧建立起了纯洁无瑕的"兄弟情"。

等上了大学以后，王浩的榆木脑袋总算是开窍了，除了揪屠晓萧的马尾辫之外，也终于开始了偷偷摸摸的脸红心跳。也不是没想过表白，可王浩胆小，生怕一个"喜欢"说出口，到时候连"兄弟"都没得做了，平添几分尴尬。而就在王浩纠结的时候，屠晓萧答应了同班学霸李成的追求，成了学霸的女朋友。这样一来，哪怕为着朋友义气，王浩也就更不可能将心中的感情说出口了。

毕业后，曾经亲密无间的朋友都开始为了前程各奔东西，屠晓萧也成了王浩心头的"朱砂痣"，回忆里的"白月光"。

在多年后的同学聚会上，王浩和当初的情敌——学霸李成再聚首，此时的李成已经是两个孩子的父亲了，只不过他孩子的母亲并不是屠晓萧。两人聊起了学生时代的记忆，李成突然感叹："当初好多人都以为你会和屠晓萧在一起，毕竟她那么喜欢你……"

王浩顿时一愣："你说什么？屠晓萧喜欢我？她喜欢的不是你吗？你们那会儿还在一起来着……"

李成乐呵呵地说："我那时倒是很喜欢她，追了她好长时间。好多人都知道她暗恋你，不过你好像对她没意思，我表白了三次，她才答应同我试试。不过毕业之后，离得远，也就分开了……你们现在还联系吗？这次聚会她怎么没来啊？"

听到这里，王浩已经有些恍惚了，呆愣了半天才喃喃地回答："……偶尔联系，她现在定居国外呢，不常回来……她老公和孩子都在那边……"

人生最难释怀的，往往不是犯过的错，而是错过的人。如果当初能够再勇

敢一些，那么是不是遗憾就会少一些？如果当初再向前一步，那么是不是结局就会完全不一样？然而，许多的事情，错过便只能成为遗憾。

诚然，说"我爱你"不是一件容易的事情，这需要勇气，需要胆量。但谁也不是别人肚子里的蛔虫，你再喜欢对方，你不说，对方又怎么会知道呢？你们哪会有进一步发展的可能呢？假如有一天，对方和别人在一起了，你就只有被"剩下"的份，到那个时候，再后悔又有什么用呢？

所以，面对心仪的对象时，自我防卫心理还是少一点的好，爱对方就大胆地表白吧，"我爱你""我就是爱你"。大多数人，尤其女人是会喜欢这种直率自然、不容置疑的表白的，虽然她们会对此感到有点不好意思，但却会觉得这样的男人充满了魅力，这样的表白很真诚，而且难以拒绝。

如果你觉得面对面表白会紧张，会尴尬，不好开口，那不妨用其他方式来表白。写一封信，或者发短信、发邮件等，这些都是表白的好方法。你也可以在平时的生活中多关心对方，夸夸对方，让对方觉得你很体贴、很欣赏他，既能表达你的心意，又能引发对方对你的好感，一举两得。

如果你最初的表白被拒绝了，也不必气馁、一蹶不振。别以为只有你有自我防卫心理。对方也有！有时拒绝不代表对方对你没有意思，对方或许是担心你的心意不够真，爱不够浓，为了刺探你的诚意，所以要考验考验你；或许是在隐藏自己欲望，不想被你看清，维护自己的面子。

反过来说，当有人明明很喜欢你，却又吞吞吐吐、欲言又止时，如果你恰巧也喜欢对方，那就多暗示对方几次，让对方知道你的心意；给对方一点时间，让对方积蓄勇气吧。如果你是一个男人，就更要主动一点了，这样你才能成功告别单身。

你再继续观望，黄花菜都凉了

　　仪表堂堂、收入丰厚、身居要职，生活中不少男女看起来风光无限，可还是"单身一族"。是他们身边没有人追，没有人爱吗？不！有，还不少。是他们不想恋爱吗？不！他们渴望爱情。对此，他们给出的解释是："世上那么多的人，为什么我要选择他，而不是别人呢？我要再等一等。"

　　你是否也是这样呢？在人海中苦苦寻觅，非常执着，又非常困惑。小心，这是一种不健康的爱情心理——观望心理。

　　俗话说"女怕嫁错郎"，其实男也怕娶错妻。因此，在情感问题上，表现得很谨慎，这本是无可厚非的，但反复斟酌，不停观望，这就是贻误良机了。因为在很多情况下，缘分是稍纵即逝的，并没有留下足够的时间让我们去反复思考、仔细斟酌。

　　理想的男朋友应该是什么样的？高大帅气，幽默风趣，温柔体贴，还不能少了一掷千金的豪气——这就是婷婷对未来另一半的完美构想。可惜，她的两个追求者都没能达到她的"理想男友"的标准。

　　追求者一号名叫杨楠，高大帅气，幽默风趣，就是性格大大咧咧，不够温柔体贴，而且家境一般，工作也比较一般，是一家健身房的教练。

　　追求者二号名叫杜斌，为人和气，温柔体贴，家境不错，自己也是个有本事的人，年纪轻轻就开创了属于自己的公司。只是外形稍微欠缺了一些，身材不高，年纪轻轻就挺起了"将军肚"。

　　对于婷婷来说，无论是杨楠还是杜斌，都有她喜欢的优点，也有她

不喜欢的地方，她曾不止一次地幻想过，要是两人能综合一下，那该有多好啊！杨楠的高大帅气和幽默风趣，加上杜斌的温柔体贴和多金，简直完美！可惜，幻想只是幻想，成不了现实。

为了追求婷婷，杨楠和杜斌都使尽了浑身解数。婷婷呢，今天和这个吃饭，明天和那个健身，两个都不是很满意，却又两个都不太舍得放弃，左右摇摆，就是拿不定主意。这一来二去的，杨楠和杜斌心里也都不乐意了，总感觉婷婷是在吊着自己耍呢！

后来，杨楠干脆答应了健身房一个女同事的表白，和她处了对象。

杜斌呢，眼见追求婷婷许久无果，也同意了家里的相亲安排，想多给自己一个机会，没承想，还真就相中了一个各方面都挺合自己心意的姑娘，两人很快就订了婚。

至于婷婷，心里头还没能分出个优劣胜负呢，一转头就发现，两个追求者早就已经"叛变"了！

爱情经不起太长的等待。毕竟在这个世界上，哪有那么多的矢志不渝、非你不可呀！

你为什么还是一个人？好好想一想，是不是观望的心理害了你？就像婷婷，原本有两个优秀的追求者，却因为摇摆不定而最终让两个人都离开了。当然，婷婷以后或许还能遇到更好的人，杨楠和杜斌也未必就一定是适合婷婷的良伴，但或许，她还会因为不断的犹豫和观望而一次次错失自己的缘分。

感情是一种很玄妙的东西，没有一个可以明确参考的标准。所以，在人海茫茫之中，我们总是会忍不住地去猜测，谁才是"最唯一"的真爱呢？谁才是最佳的人选呢？人越多，我们就越难甄别。选哪个都怕选错了，不停地观望，东想西想，犹豫不决，结果"越挑越眼花"，到头来成为"大龄单身一族"。可见，观望心理是要不得的，我们应该适时选择自己的另一半。

诺贝尔文学奖得主萧伯纳曾说过一句话："此时此刻在地球上约有两万个人适合当你的人生伴侣，就看你先遇到哪一个。"也就是说，我们其实不必去思考到底谁才是最好的那个人，不必比来比去，迟迟不肯做出选择，只要和对方有缘分，有感觉，就完全可以放心大胆地选择。

处理感情不要太纠结，有时候更需要果断。别担心选错了，要相信自己的第一感觉。人的心理是很奇妙的，喜不喜欢一个人，有没有在一起的可能，有时仅仅需要一秒，就能做出判断。而心理学上说，在0.5秒以内做出的决定，正确率可以达到95%；超过1秒的思考时间，正确率只有70%。

弱水三千，只取一瓢，这才是对待爱情的正确态度。

忘不了前任的身影，得不到美满的爱情

很多人在经历过一次失败的恋爱后，在面对新恋情的时候，会不自觉地将现任和前任做比较，这种比较会产生两种负面的影响。

第一种，当发现现任比不上前任时，会产生巨大的心理落差，这种心理会导致他们看现任时觉得哪哪都不好，最终结束这段恋情，而"我一定要找个比前任优秀的恋人"这个念头会更加根深蒂固。

其次，当现任发现自己的对象将自己和其前任比较时，常常会产生不愉快的情绪。随着时间的推移，这种不愉快的情绪会越来越强烈，从而引发矛盾，当矛盾不可调和时，最终会导致分手。

在一段恋情中，将现任与前任做比较，是不明智的，因为它带来的结局是不美好的。与此同时，这种对比也是种恶性循环，会让人每发展一段新恋情，就会将现任和历任做对比。然而，没有人是十全十美的，同时每个人身上也都有各自的闪光点，现任再美好，在某些地方也会比不上前任。

因此，寻找"完美恋人"这条路是一条看不见尽头的路，应当及时悬崖勒马。

李科大学毕业后，谈了一个女朋友。很多人都很羡慕他，因为他的女朋友不仅高挑漂亮，还多才多艺，会舞蹈、钢琴、书法等多种才艺。李科坚信自己会和女朋友结婚。

但是，这段恋情并没有维持多久，不到一年，李科的女朋友就向他提出了分手。女孩对李科说："你还记得我答应和你谈恋爱之前说的话吗？我当时跟你说，我可以答应你的追求，但是你必须答应我一件事，就是当我向你提出你的缺点时，你必须积极改正。我跟你说，你不能再乱花钱，不要和狐朋狗友出去玩，要改掉不讲卫生、抽烟喝酒的坏习惯……但是，我要求你做的每一件事，你都没有做到。在结婚之前你都不将我的话放在心上，结婚之后，我想你连我说的话都不想听吧！这样的你，无法让我托付一生。"

李科听完女孩的话后，既羞愧又愤怒。他没有试着挽回女孩，而是发誓一定要再找一个比这个女孩好千倍万倍的女朋友。

这个念头，使李科每谈一次恋爱，都会将现任和前任做比较，当发现现任的性格没有前任温柔贤惠时，他会选择分手；当发现现任没有前任多才多艺时，他也会选择分手。就这样，兜兜转转，在经历了数段感情之后，他成了一名大龄单身男青年。

为什么有些人会将现任和前任做对比呢？

譬如故事中的李科，他是因为前任在分手时对他说的一番话，觉得自尊心受到了伤害，自尊心促使他争强好胜，一定要找一个比前任好的才罢休。所以，他将现任与前任做比较，是无关爱情的，完全是赌气。当然，有些人也会因为太爱前任，不自觉地将现任和前任做比较。这种比较是出于补偿心理，希望自己的现任并不比前任差，让自己能够得到一个安慰。

但是，不管将前任和现任比较的初衷是什么，这种比较对现任来说都是不公平的。因为，每个人都是独一无二的，都是有独立人格的，将现任拿来和前任做比较，就是对现任的一种不尊重。不管比较之后的结果是满意还是不满意，反正被比较的人都会不满意。而这样的爱情，永远都不会开花结果。

那么，如何才能改掉爱将现任和前任做比较的习惯呢？我们不妨换位思考。

在面对一段新恋情时，如果发现自己总是不自觉地将现任和前任做比较，那么可以站在现任的角度，换位思考一番当自己被拿来和爱人的前任比较时，会有怎样的心理。如果现任很爱自己，那么你感受到的心理会是委屈和心酸；如果现任还没有深深爱上自己，那么你感受到的心理会是愤怒。只有当体验到被比较的人的心理感受，才会终止将现任和前任做比较的行为。

当然，当懂得用尊重的目光看待现任时，也不会将其与前任做比较。因为当尊重一个人时，你的心里眼里只有眼前的人。

每一段失败的感情都是一段经历，经历能够让人明白自己的缺点，明白要找的伴侣究竟是个怎样的人。前任并不是阴影，前任是让自己变得更好的动力。所以，大龄"愁婚"男女们，请走出前任的阴影，这样爱情才会开花结果。

如此优秀的我，为什么至今没有着落

有一个现象令人困惑——条件太好了，反而愁婚。这种现象在女人身上表现得尤其明显。有些女人明明条件不差，拥有足以自傲的相貌和学历，一份稳定的工作和收入，一些人还有着几样才情技艺，可她们却找不到对象，嫁不出去。这是为什么？

别费解了，面对美丽、聪明、多金的优秀女人，男人肯定会动心。不过，男人择偶时往往会有一种俯视心理。这是男人自尊心的一种表现，男人对女人的爱，是建立在自己足够强大、足够有优势的基础上的。这种强大和优势，既体现在年龄、身高、体能上，更体现在权势、金钱和心理上。而且有些男人受

"男尊女卑"落后观念的影响，渴望从女人身上找到一种优越感和绝对的控制力，最好是年龄得比他们小，个子得比他们矮，学历得比他们低，收入得比他们少……这种人找女友大多遵循"男强女弱"这一原则，有一个公式很形象：A类男找B类女，B类男找C类女，C类男找D类女……

当身边的女人胜己一筹时，这种人的自我价值感往往会降低，感到自己的尊严受到了侵犯，心理上会产生压力。当压力太大时，他们就会敬而远之，甚至拍拍屁股走人。所以，你为什么没人爱？很有可能是你太优秀了，你的优秀吓跑了男人，这可真是"高处不胜寒"。

在大家的眼中，赵婧和罗天的婚姻是典型的"女强男弱"组合。赵婧是公司老总，有名的"商场铁娘子"，众人眼中的"女霸总"；罗天呢，只是个普普通通的高中教师。

虽然大家当面没说什么，但是在大家的想象中，罗天的家庭地位应当是比较低的，毕竟有这么个强势霸道的老婆，这"夫威"怕也是振不起来的。直到有一次，罗天请同事到家里吃饭，当看到围着围裙在厨房忙进忙出、张罗出一桌丰盛饭菜的赵婧时，大伙都惊呆了，完全不敢相信眼前这个笑意盈盈、温柔可人的美女就是罗天娶的"女霸总"！

大伙纷纷感慨罗天的好运气，在此之前，不少人可都以为他的婚姻生活是一片水深火热呢！面对众人或美慕或嫉妒的"酸话"，罗天倒是一派坦然，乐呵呵地道："我也觉得我运气超好，当初我去追我老婆的时候，本来也没抱什么希望，毕竟她这么优秀，我这么平凡。可谁能想到，我居然成功了！说起来，还是这个世界上没眼光的男人太多，才会让我老婆一直没人追，就等着落到我头上啦！"

听了罗天的话，众人面面相觑，说到底，倒不是这世上的男人没眼光，只不过是赵婧实在太优秀、太耀眼，优秀得让人不敢追罢了！毕竟，可没多少男人像罗天这样"愣头愣脑"，也不掂量掂量自己的"实力"，就敢往"大BOSS"身边凑的！

优秀的人令人欣赏，但同时也容易让人自惭形秽。就像聪明、美丽、多金的"女霸总"赵婧。她比同龄的大多数女人都要优秀，但也正因如此，大多数男士在她面前难免有些自惭形秽，即便欣赏也只敢远远看着。就像悬崖上的花，开得再美丽，也让人望而却步。幸而还有像罗天这样的人，有着温柔而强大的内心，彻底摆脱了"男尊女卑"观念的影响，最终摘得这朵"高山之花"。

有趣的是，与男人的俯视择偶观相反，大多数女人在择偶时会有一种仰视的心理，即希望找一个比自己强大的伴侣，退一步说，起码也要不比自己差。比如在生活中，就常常会听到一些优秀女人这样说：我这么漂亮，得找一个长得帅的；我这么有才华，得找个智商般配的；我这么多才多艺，得找个懂得欣赏的……可这样一来，这些人的择偶范围就会狭窄很多，选择机会也会少很多，结果高不成低不就。

那么，优秀的女人该如何改变单身状态呢？

第一，检讨自己的言行，是不是仗着自己的优秀而自傲，无意中伤了男人的自尊？放下你的架子吧，表现得柔弱一点，呈现一个需要被呵护的你，一个并不那么强势的你，给予男人理解和关爱，并适当地给予一定的认可和崇拜。用一句话概括就是：淡化所谓"女强人"的气质，强化"小女人"的味道。你若能如此满足男人的自尊需求，多数男人会乐得找不着北，哪里还会逃之夭夭呢？

第二，只要两人真心相爱，自然不会计较谁强过谁。扩宽一下择偶范围吧，不必非找比自己强的人。如果他有上进心、很努力、有潜力，就算现在不比你好，那又有什么不可呢？更何况，身边有一个女强人，任何有自尊的男人都不会服输，这有利于激发男人的斗志。如果他真正地爱你，是会努力让自己变得越来越优秀的，对吧？

再奉劝男人一句，在真爱面前，没有孰强孰弱，女人强一点又如何？一旦女人经济或政治地位强于自己，就生抗拒之心，有不平之意，怕别人说自己"吃软饭""无能"等，说到底无非是自卑心理在作祟，是你的心理太脆弱了。当然，优秀的女人往往也看不上你这样的男人。

低声下气为了爱，换来一只"大备胎"

有人说，爱让一个人低声下气，爱让一个人失去自我。

很多人把爱情看作公平的买卖，想着付出一分真情就能换来一分真心，于是爱一个人时放低了自己，一心一意地讨好对方，累了，给对方揉腰捶背；渴了，给对方端茶倒水。哪天对方不高兴了，就赔着笑脸百般讨好。

可结果呢？你拼命对一个人好，对方却当你不存在！你越是爱对方，对方就越是不讲理，伤害你越深。低声下气为何换来的却是伤害呢？

心理学上有一种理论称为破窗心理，说的是当一扇窗户完好无损的时候，没有人会去破坏它，但是一旦有一处破了，就会给人造成一种错乱无序的感觉，如果没有人及时去修补这扇窗户，过不了多久，人们就会毫不犹疑地继续打破这扇窗，丝毫不觉得羞愧。

把破窗心理运用到爱情中去，也会有同样的后果。当你万般讨好一个人，为了对方连自尊都没有，甚至作践自己时，你就如同破了的窗户一般，别人又怎会给你尊重或顾忌你的想法呢？若是连你自己都不在乎自己了，谁还会考虑你的感受呢？

在面对丈夫陈宇的时候，刘盼盼心中总是免不了有几分自卑。陈宇是山窝窝里飞出的"金凤凰"，而刘盼盼则是标准的"土妞"，并排一站，便难免气短。

当初，陈宇家是村子里有名的贫户，而刘盼盼则是村主任的闺女。那时候，陈宇脑子好、会读书，可家里供不起他上学，村主任有远见，借钱给陈家供孩子上学。

陈宇考上大学那一年，离开村子去上学，青梅竹马的刘盼盼也去了同一座城市打工兼陪读。

刘盼盼知道其实陈宇有些看不上自己，但她对陈宇是真心喜欢的，而且总觉得只要自己真心待他，总有一天他会明白自己的心意。

刘盼盼也确实是这么做的。陈宇上大学的那四年，刘盼盼拼了命地打工，自己省吃俭用，赚到的钱几乎全都贴补给了陈宇，每天还帮陈宇洗衣刷鞋，做饭煮汤，简直就像个倒贴工资的保姆。

对于刘盼盼的付出，一开始陈宇心中还是抱有些许感动的，时间一长，感动渐渐成了愧疚，愧疚又在逐日习以为常中消失不见。

大学毕业后，陈宇顺利进入一家大企业工作，有了稳定的收入和体面的工作，已经不再是当初山沟沟里的贫苦少年了。刘盼盼还是继续扮演着"保姆"的角色，期盼着苦尽甘来的一天。

可惜，她最后等来的，是一沓红艳艳的钞票和一句"好聚好散"。陈宇"还"了村主任家对他的"资助"，口口声声把刘盼盼称作是自己的"亲妹子"，然后拉着所谓真爱的手潇洒离去。

多年的付出并未能成就刘盼盼的爱情，而已经习惯把自己摆在"低人一等"位置的她，就连被辜负了都只会责怪自己，是自己配不上学历高、工作体面的陈宇。至于旁人，既然连当事人自己都已经"嫌弃"了自己，还有什么可说的呢！

为爱付出本不是什么错，但如果你只一味将自己摆在付出的位置，甚至毫无尊严、低声下气地去讨好对方，那么最终你也只会被对方看轻。毕竟每个人对爱情的追求和理解都不同，你给的一切并不一定是他想要的，你给错了，就是徒劳，就是多余。那些你自以为感天动地的付出，在对方眼里，可能根本就不值一提。

爱情其实就像是玩跷跷板：一个人高的时候，另一个人就低；一个人低的时候，另一个就高。而跷跷板的乐趣恰恰就在于相互交替的一上一下，若总是一个在高处，一个在低处保持不动，那么玩跷跷板又有什么乐趣呢？在爱情中，我们要付出，却也要索取，有来有往，感情才能长久。

那么，具体来说，我们该怎么办呢？

第一，学着培养自尊心。自尊心是一种尊重自己、维护自己的人格尊严，不容许别人侮辱和歧视的心理状态。拥有自尊心的人，懂得尊重自己、爱护自己。这样的人就像一块光洁明亮的玻璃，那么美，对方怎会忍心破坏？只会捧在手里怕碎了，含在嘴里怕化了，会好好私藏起来。

第二，既然你想对一个人好，那么就要了解对方真正需要什么，然后想办法满足。投其所好，才能真正打动人心。但切记，要有自己的原则底线——不要付出太多，更不要纠缠对方、讨好对方。对对方好一点，但如果对方不领情，或者真心不喜欢你，你就不必再付出了。没那个必要，也没什么意义。天涯何处无芳草，何必单恋一枝花？只要你自爱，别人的心自然会被吸引过来！

她说我太没诚意，我看是她太纠结了

从她眼里你明明看到了爱意，可她对你总是若即若离。

你鼓足勇气发出邀请，她心里乐开了花，却又拒你于千里之外。

你短信发过去三四条，她回不了一条，电话有时也不接。

"她不爱我吧。"你无奈地转身离开，她却掩面哭泣道："你不爱我。"

……

这些令人百思不得其解的场景，似乎是很多男人都经历过的。她明明是喜欢我的呀？没错，可女人就是这样，明明心里想说"是"，嘴上说的却是"不"。也许，你会说女人太矜持、太做作、太爱摆架子，有点虚伪。可你知道吗？她这样做是有原因的。

女人的这一奇特心理，实际上是一种潜在的自我保护心理。女人的力气多比男人弱小，加上世俗观念逼迫女人自认为比男人弱，这使得女人没有安全感，为了保护自己，她们通常不像男人那样情感外露，而是用矜持来保护自己。面对自己有好感的男人，不管自己愿望有多强烈，也总会抗拒、扭捏、娇羞。只可惜，很多男人都不懂女人心，结果白白错失了大好的缘分。

可可和王磊的初遇就像是爱情小说的开头：抱着一大摞书，穿着白色连衣裙的美丽女子，在转角处撞上了抱着篮球，笑得如阳光般灿烂的青春小伙。

如果这真的是一本爱情小说，那么接下来，男女主角想必就该展开一场或相互暗恋，或欢喜冤家的戏码了。只可惜，现实与小说之间，还是有相当大的差距的。事实上，刚开始的时候，可可的心确实为王磊动了那么一下，只是在之后的相处中，这点心动一点点归于平静，乃至烟消云散了。倒不是说王磊不好，事实上，王磊是个非常优秀的男孩子，性格好，成绩好，但可惜，就是不懂女人心。

就说当初那一撞吧，王磊在一连串的道歉后，主动表示要帮可可把书抱去教室，出于女孩子的矜持，当然也是礼节上的客套，可可连忙推拒，表示自己完全可以把书搬过去。于是，王磊潇洒一笑，再次道歉后，抱着篮球走了……

后来因为种种机缘巧合，两人逐渐熟悉了起来，王磊似乎对可可也挺有好感，便在周末主动邀请她去看电影。电影散场后，再次出于女孩子的矜持和礼节上的客套，可可表示自己可以打车回去，不用王磊同行。于是，王磊潇洒一笑，挥手再见……

再后来，某次两人相约听讲座，就一个观点展开了争论，结果争论慢慢变成了争执，又升级成了争吵。可可愤怒不已，对着王磊吼了一句："走走走，我现在暂时不想见到你，见到你就生气！"于是，王磊叹了口气，善解人意地留下一句："那你先冷静一下。"然后，再次潇洒

离去……

就这样，在可可一次次的口是心非，和王磊一次次的不解风情下，那点心动彻底湮灭了。可可也终于发现，想要和王磊这样的人谈恋爱，你得有足够坦荡的胸怀，自己这种摆脱不了"小娇情"的小女子，就还是算了吧！

看到了吧，女人的矜持不是故意为之的，她其实也很矛盾，一方面渴望你的爱，另一方面又怕受伤害，她在和自己斗争。别抱怨她了，她只是没有认定你，你倒该再接再厉才是。如果你珍惜她、爱护她，给她关怀体贴，让她相信你不会伤害她，她有了安全感，又怎会抗拒你呢？

当然，矜持也有可能是女人的一个"手段"。许多心理学图书这样告诉女人：第一次约会一定要让男生约，一定要先拒绝两次再答应，电话不要马上接，就算闲得发慌，也要假装我很忙、有很多人约，因为这样男生才会追你、才会约你、才会珍惜你……

谁说女人的心似海底针？女人故作矜持，其实还不是为了留住男人的心。越轻易得到，越不知道珍惜。如果一个女人主动投怀送抱，男人一定看不起她，甚至落荒而逃。相反，那些"众里寻他千百度"追到的女人，男人会当宝贝一样抱着、捧着。你反感女人的故作矜持，可你是否问过自己，你爱女人的方式又是怎样的呢？

因为矜持，女人明明很在乎你，却装出一副漠不关心的样子；因为矜持，女人明明很想赴你的约，却说"对不起，我没有时间"；因为矜持，女人说"你走吧"语气斩钉截铁，可是心里却是万分不舍，特别希望你能留下。如果你把女人的每句话都当了真，那可真会伤了她的心。

很多男人之所以追不到心仪的对象，就是因为没有读懂女人的心理。所以，面对女人的矜持表现，你没必要为此沮丧，为此失落，也不必怀疑自己的魅力，选择全身而退，请多一点真心和耐心，包容她、呵护她。很多时候，女人就受你这一套。反过来说，如果身边哪个女人经常对你冷嘲热讽、若即若离，你可别以为她是不喜欢你，很可能她对你动了心呢！

　　当然，女人也要注意，遇到喜欢的人不要太过矜持，要懂得把握度。人家给你一个台阶下，你就下吧，适当回应一下，别让他等得太累、追得太苦。迟迟得不到回应，心理得不到满足，谁都会厌倦的。而且，给喜欢的人一个机会来喜欢自己，这也没什么，他还会更积极地响应你，何乐而不为呢？

CHAPTER 04

我心动了

——他们说的"来电"，究竟是怎样一种体验

男女之间萌生出情愫时，那种感觉很微妙，就像是一朵花开在了心头。仿佛彼此间通了电，仿佛时间静止。那么，如何判断自己已经心动？先分辨自己的感情，如果确定心动了，不要怕，勇敢去爱吧。

只是不经意的一眼，便彻底"沦陷"

　　这世界上恐怕没有比"一见钟情"更美的词了。他似乎天生具有魔力，只看了一眼你就心动不已，太有感觉了，时间仿佛停止了。可能在以后的一些日子里，你都会时常想起那一面，碰面那一刻那种美丽的感觉会萦绕心头。难怪有首歌里唱："只是因为在人群中多看了你一眼……"

　　这是怎么了？连你自己都觉得不可思议，不是吗？

　　那么，这种令人神魂颠倒、如痴如醉的情感从何而来呢？

　　有一句话阐释得非常有趣："你天天照镜子看自己，慢慢就会爱上自己，突然某一天看到一个熟悉的面孔，肯定会产生很不一般的感觉。"心理学上把这叫作移情表现。所谓移情，就是把感情转移的意思，是把对一事物的感情转移到另一事物上的过程。是的，没有人不爱自己，所以当一个人长得和我们很相像时，我们自然就会对对方产生亲近感，于是就一见钟情了！

　　仔细瞧瞧那些情侣或夫妻，你会发现，他们真的很相像，也就是所谓有"夫妻相"。国外一位科学家还就此做了一项综合性调研，出人意料的是，关系融洽的夫妇，身体部位的比例大多很相似，例如头部和耳朵大小、胳膊长短、两只眼睛之间的间隔宽度、中指的长短等。

　　不过，一见钟情还与对异性的渴慕心理有关。由于性的萌动，对异性的渴慕是一种本能的感觉，我们在成长过程中会把所梦想的对象的特征储存于大脑中，如男人高大帅气、女人温柔大方，男人充满英雄气概、女人善解人意，然后我们只需等待这样的人的出现。不是一见钟情，而是我们早已钟情，只待一见。

　　当梦想中的他出现时，多年的愿望终于实现，谁不激动？谁不兴奋？于

是，就会出现心跳加快、手心出汗、颜面发红等一系列反应，心中激情涌动，即"一见钟情"。

一见钟情，不仅神奇微妙，还很有意思吧？

但心动之后你会做什么？上前搭讪，还是看看就算了？

一见钟情的感觉是那么美妙，很容易让我们动心又动情，认为一瞬间找到了这辈子最适合自己的人，很想和对方在一起，很想和对方过一辈子！但你有没有想过呢？第一次见面一切都是直观的，你很难判断对方的思想、性格、习惯、人格，以及生活条件，这样的爱是真正的爱情吗？靠得住吗？

中国有句老话"知人知面不知心"，长得好看的人未必拥有一颗美好的心，同理，长得平庸的人也未必没有一颗玲珑心，而一见钟情则往往是基于外貌因素的。

贝蕾生在富裕家庭，从小被家里娇宠着长大，已经二十七岁了，却还像个天真不知事的姑娘。

有段时间，贝蕾的妈妈迷上了养花，便打算在家里的花园内建一个小花房，龙健就是来给贝蕾家建花房的工人之一。

龙健很年轻，二十出头，长得也非常帅气，就连一身迷彩工作服也能穿出一种帅帅的气质。那时候，正在流行"坏小子"配"乖女孩"的爱情小说，不少青年男女都带着对爱情的憧憬沉浸在小说的世界中，贝蕾也不例外。

第一次见到龙健的时候，贝蕾就体会到了什么叫怦然心动。龙健微微垂着头，偏过头看到贝蕾的时候，嘴角一勾，露出个坏坏的笑容，那一刻，按照文艺一点的说法，贝蕾觉得自己"听到了花开的声音"。

年轻人的爱情总是美好而又盲目的，总以为对方就是自己的全世界，贝蕾也不例外。所以，当龙健告诉贝蕾，自己决定南下去外省打工的时候，贝蕾居然冲动地做出了一个决定：她要辞职和龙健一起，去为他们的未来打拼。

贝蕾当然知道，父母一定不会同意自己的决定——虽然她从小就备受宠爱，但父母对她的管教向来也是非常严格的。于是，带着对未来的美好憧憬，贝蕾只偷偷留下一封信，就拿着自己这些年来攒下的积蓄和龙健私奔了。

可想而知，两个身无长物的年轻人在全然陌生的城市会有怎样的际遇。离家时有多憧憬，此刻就有多失望。在褪去爱情盲目的光环之后，贝蕾发现，"坏小子"似乎也不像自己想象中的那么帅——他初中没上完就辍学了，文化水平比较低，根本不懂欣赏贝蕾那颗充满文艺的心；他沉迷于网络游戏，常常一打就是一个通宵，小小的出租屋里总是弥漫着难闻的气味；他脾气不好，在外打工受了气，回到家就骂骂咧咧，有时候喝了酒甚至还会砸东西……

最终，不到三个月，贝蕾的爱情之花就枯萎了，她悄悄离开了狭小的出租屋，在陌生的街头哭着给家里打了电话……

所谓一见钟情，是指男女之间初次见面就"来电"。一见钟情的爱就像是烟花，绽放的时候绚烂无比，维持的时间却是非常短暂的。贝蕾对龙健的"一见钟情"，不过就是那一瞬间的惊艳契合了贝蕾心中勾勒出的爱情幻想罢了，等褪去虚假的光环之后，余下的便只有冷酷的现实。更何况，世界这么大，相似的人那么多，优秀的人也那么多，若我们"逮"着一个就爱一个，误以为是爱情来临了，单纯跟着感觉走，如此盲目幼稚，是很容易爱错人、走错路的。

在一见钟情面前，我们不必激动，不必惊慌，更不能丧失理智。我们得明确这里的"情"，它不是感情，而是感觉。爱需要感觉，但我们不能迷信感觉，要多一些理智和清醒。一见钟情后，还需要深入地了解和沟通，了解对方到底是不是自己该找的人，是不是对的那个人。

父母激烈反对，我却爱你无悔

你和另一半很相爱，本想带给父母看看，谁知他们却不满意，反对你们的恋爱。你遇到过这种问题吗？假设你遇到了这种问题，一边是亲情，一边是爱情，你是怎样处理的呢？选择与另一半分手吗？相信很多人不会。不仅不会选择分手，与恋人的感情反而会得到加强，爱得更深。

莎士比亚笔下的罗密欧与朱丽叶，他们偶然邂逅，一见钟情，但由于双方家族的宿怨，他们的恋情遭到了父母的反对和阻挠。然而，他们的感情并未因此有丝毫减弱，反而在经历了生死离别后变得更深，直至双双殉情。可说到底，他们二人之间的感情真的就深到了这个地步吗？假如没有那些艰难险阻，没有那些生离死别，他们的爱情又会走多远呢？

丁玲一直觉得，她和李文安就像是现代的"罗密欧与朱丽叶"，明明相爱却因为两家老一辈的恩怨而不能在一起。

丁玲这个人，从小性子就倔，特别有主意。李文安呢，性子比较绵软，没什么主见，跟丁玲在一起之后，很多事就听丁玲的了。大学毕业后，因两家人都千方百计地拆散这对小情侣，丁玲干脆怂恿李文安从家里偷了户口本，先斩后奏地把结婚证给领了。

丁家虽然不喜欢李家，但女儿都嫁了，还能怎么办呢？丁家夫妇只得妥协，想着以后尽量减少和李家的来往也就罢了。

至于李家，李父一个大男人，即便和丁父不对付，也不可能把气撒在儿媳妇身上。但李母就不同了，她本来就不喜欢丁母，如今自然是"恨屋及乌"，没事就给丁玲"添个堵"。

在这样的情况下，丁玲的婚姻生活可以说是过得相当憋屈。婆婆不好相处，老公又没主见，天天只会"和稀泥"。偶尔丁玲也会觉得懊悔，自己当初怎么就那么想不开，偏要往这火坑里跳呢！

奇怪了，越是棒打鸳鸯，就越成全鸳鸯！这是什么心理呢？

逆反心理，你听过吗？心理学上是这样描述的：人人都有一种自主的需要，都希望自己能够独立自主，而不愿意被人控制，一旦别人越俎代庖，代替自己做出选择，并将这种选择强加于自己时，人就会感到自己的"主权"受到了威胁，从而产生一种心理抗拒，而对对方的要求采取相反的态度和言行。

说到底，丁玲对爱情的"坚定不移"，很大程度上其实就是受逆反心理的影响。她对李文安或许确实是喜欢的，但这种喜欢未必足以支撑她去对抗两个不和睦的家庭。然而，偏偏又是这种来自家庭的反对，刺激了她的逆反心理。到后来，她和李文安的婚姻，其实已经很难说清到底是源于彼此的爱，还是源于对家庭的反抗了。

除了逆反心理之外，人们其实还有一种心理：越是难以得到的东西，在人们心目中的地位越高，价值越大，对人们越有吸引力。也许你的另一半并不那么好，但正是由于父母的竭力反对、亲友的百般阻挠，面临得不到或者失去的威胁，你心理上便越能感受到那强烈的爱，另一半在你眼里就越是具备了更大的吸引力。

父母越反对，爱得却越深，这种心理很难说是对是错。不过，我们得记住，结婚的对象是自己选的，要相守一生的人是我们自己，不是我们的父母。父母满意的不一定是我们爱的，我们爱的人父母不一定会满意。幸福掌握在自己的手上，不能因为父母的不同意，就把自己的幸福都扔了。

你爱他吗？问问自己，你能毫不犹豫地说"爱"吗？真的能一辈子不变，不离不弃吗？关键是，你们在一起会幸福吗？那是你想过的生活吗？如果你的答案是肯定的，那么这个婚可以结。你就大胆地叛逆下去吧，继续跟恋人交往，这种情况，最后妥协的几乎都是父母。

怕就怕，你们不是真的相爱，只是因为反对而坚持，为了叛逆而叛逆。在根本没看清对方的情况下，在根本不能确定是真爱的情况下，坚持在一起。结

果真结了婚，才发现彼此性格不合适，理想不统一，玩不到一起去，也说不到一起去，到那时，能怨谁呢？

所以，当恋情遭到父母反对时，不要第一时间反抗，先问问自己，是他们真糊涂，还是自己真的倔？或者是明明知道错了却还要一意孤行？认真考虑一下父母的理由吧，说不定逆反心理会不攻自破。如果你的另一半真如你了解的这么好，那么让父母"检讨"一番又何妨？真金不怕火炼嘛！

另外，对于别人的恋情，如果你并不看好，最好也不要过度干涉，要以对方的意愿为主。与对方多沟通和交流，心平气和地说出你的看法，明明白白地列出利弊，这样就不会激起对方的叛逆心理，对方会认真考虑你的意见。就算对方叛逆了，你也不必强硬制止，一切交给时间吧。

其实他没多好看，就是越看越顺眼

看着身边的异性朋友，你可能会有这样一种感觉：有的人越看越顺眼，越看越喜欢，似乎他的一切都是好的，都是对的，即使别人认为是缺点的地方，你也会觉得无所谓，不觉得讨厌。对方的肥胖臃肿是富态成熟，脸有黑痣也变成了"美人痣"，让你有一种想要恋爱的冲动。

这种奇特的心理现象，如果用心理学的一个词来说明，就叫作"晕轮效应"。晕轮效应是指这样的心理：因为一个好的因素，从而预计并评价其他的相关因素也都是值得肯定的或好的。例如，当你对某个人的某些品质有良好印象之后，你就很可能认为这个人的一切都良好，他就会被"好"的光圈笼罩着。

我们常说的"一俊遮百丑""情人眼里出西施"等，就是晕轮效应作用的结果。不得不说，这种心理效应是一种心理定式，有很大的负面影响。因为受先前经验的左右以及情绪的干扰，我们的认知会被歪曲，眼中的世界也不再是一个真实而客观的世界，很难分辨好与坏、真与伪，容易被人利用。

很多小说或电视剧中出现过这样的情节：

男主角意外受伤，被美丽贫穷的女孩所救，由此生出倾慕之心。但由于门第之间的差距，人人都反对男主角和美丽贫穷的女孩在一起。这种时候，往往还会出现一个倾心爱慕男主角的富家女，或是男主角家里人认定的未婚妻。

富家女或未婚妻对突然出现在男主角身边的贫穷女孩自然是怎么都看不顺眼，于是各种矛盾也就发生了。有趣的是，通常来说，不管发生什么事情，不管究竟是谁的错，男主角往往都会不问缘由地站在贫穷女孩的一边。犯了错她必须是“情有可原”的，受了伤那肯定是“别人陷害”的，哪怕噘噘嘴不高兴也必然是被人“欺负”了……

很多看小说或电视剧的人可能会觉得好笑，一个本该通晓人情世故的人，怎么会这么“是非不分”，不做任何求证就轻易下结论呢？是因为他脑子太笨吗？当然不是。不过是因为心中的那点倾慕之情罢了，加之有那“救命之恩”的良好开局，男主角早已先入为主地为女孩贴上了“善良”的标签。

这样一来，在这“善良”光环的影响下，只要没有让人无可辩驳的“铁证”出现，那无论发生什么事情，男主角第一时间都会不自觉地为“善良”的女孩找理由。这就是强大的晕轮效应。

晕轮效应为何如此奇特呢？因为它的心理活动有一个特点：表面性。晕轮效应往往产生于自己对某个人的了解还不深入，也就是还处于初步感觉的阶段，只凭感觉简单地判断对方是一个怎样的人，例如他总是微笑，那么他一定很善良。可见，这是以点带面、以偏概全的现象，是不科学的。

套用《海贼王》中蛇姬波雅·汉库克的一句经典台词：“不论我做什么，即使我踢了小猫、扯下你的耳朵……全世界还是会原谅我的，没错，就是因为哀家实在是太美丽了！”蛇姬长得太美丽了，这就容易给人一种心理上的错觉：拥有如此惊人美貌的人，也必然会有高尚的品格。但事实呢？

你可以理直气壮或者心甘情愿地说“我不认为他自私”或“我不介意他的

自私"，这是个人"口味"问题。但是捂着眼睛喊"他不自私，第一次见面时他对我温柔又体贴，怎么可能自私"，那就是偏见了。若是再坚持不听父母或者好友的善意提示，就真成了冒傻气的执迷不悟。

晕轮效应太让人"发晕"了，我们该如何在爱情面前保持清醒的头脑呢？

第一，理性点，理智点。晕轮效应作为一种心理现象是客观存在的，爱上一个人通常是没有理由的，但我们还是要理性，不能光凭主观臆测，靠印象判断。要学会从不同角度来看待事情并进行多方面的分析，这样就不会陷入"先入为主"的泥潭，才能够做出正确的判断，看对人，看准人。

第二，增加直接的接触。晕轮效应往往是由于彼此间缺乏了解而形成和产生的。若不想因晕轮效应的作用吃苦头，不妨与对方增加直接接触。接触多了，自然就能全方面、深入地了解对方到底是怎样一个人，究竟是不是自己喜欢的人。若确定是了，两个字就够了，向前！

另外，如果你想给一个人留下深刻的印象，让对方爱上自己，不妨巧妙地运用晕轮效应，有意将自己优秀的一面展示出来。外表、谈吐、举止是最能产生晕轮效应的因素，干净清爽的外表、文明优雅的谈吐、自然大方的举止，做到了这些，总有人会越看你越顺眼，越看你越喜欢。

"天鹅爱上癞蛤蟆"，旁人管得着吗

童话故事中公主总会遇上王子，幸福地生活在一起。但在现实生活中，我们却常常看到这样奇特的组合：美女爱上了外表"像野兽一样"的男人，一个帅哥恋上了相貌平平的女孩，淑女偏要死心塌地跟着浪子跑……

"一朵鲜花插在牛粪上"，这是我们常说的一句俗语，原来是形容一个姑娘选错了对象，嫁错了郎，现在泛指那些看起来不相配，门不当户不对的爱情关系。当"天鹅"爱上"癞蛤蟆"，当"鲜花"恋上"牛粪"，这个世界到底怎么了？为什么会这样，他们是疯了，还是傻了？

殊不知，这一切都源于爱情中的一种"补偿心理"。每个人其实都或多或少存在"补偿心理"，在某一方面有所亏失了，就要在另一方面有所获得，这样心理上才能获得平衡。再说白点，就是"缺什么找什么"。个头矮的总喜欢找个头高的，胖的喜欢找瘦的，没钱的向往有钱的，有钱的又羡慕有情趣的……

还记得银屏上的那些经典爱情故事吗？我们时时能看到这种"缺什么找什么"的爱情组合，如《射雕英雄传》中老实木讷的郭靖偏偏离不开聪慧俏皮的黄蓉；《倚天屠龙记》中优柔寡断的张无忌最爱蛮横霸道的赵敏；《泰坦尼克号》中循规蹈矩的富家女露丝与放荡不羁的穷画家杰克爱得死去活来。这正是周瑜打黄盖——一个愿打，一个愿挨。

童美和丈夫高杰在别人眼中就是一对"不般配"的夫妻。

高杰英俊潇洒，年纪轻轻就已经是一家上市公司的老总，谁见了都得赞一句"青年才俊"。童美就要平凡得多，虽然长相清秀，皮肤白皙，却有些肥胖，甚至被人取了许多具有侮辱性的绰号。

童美是高杰公司的员工，本来做的是文案策划工作，后来不知怎么的，被调任去做了总裁助理，由此遇到了高杰。

高杰对童美非常好，就连童美工作上犯了错误也都是和和气气地跟她说，对此童美一直非常感激，认为高杰是个非常好的老板。但要说有什么其他想法，童美是从来没有生出过的。事实上，因为身材问题，童美一直很自卑，所以也从来不会幻想英俊潇洒的老板和自己会发生什么故事。

偏偏世事就是这么出人意料，谁都没有想到，高杰开始对童美穷追不舍。直到童美嫁给了高杰之后，还有许多人觉得无法相信，甚至有人私底下传些难听的闲言碎语。

闲话听多了，童美心中也不是滋味儿，便打算偷偷减肥，瘦成一道闪电，让那些传闲话的人闭嘴。在饿了几天险些昏倒之后，高杰知道了这件事，无奈之下只得不好意思地向老婆坦承了心中的一个小秘密。

原来，高杰小时候因为身体不好，一直非常瘦弱，总被人叫"瘦麻

秆"，他最大的愿望就是能长胖一些。也大概是受这个事情的影响，使得他从小就特别认可唐朝时期"以胖为美"的审美标准，尤其对杨贵妃充满了遐想，简直把她当成了自己心中的"女神"。而他在公司第一次见到童美的时候，就惊为天人，觉得这简直就是他想象中那个"温泉水滑洗凝脂"的杨贵妃，后来在相处的过程中，高杰发现，童美不仅长得符合他的喜好，性格也特别好，这才展开了追求……

高杰最初的审美形成，其实有一部分就是源于"补偿心理"。也正是因为审美的差异，在别人眼中平凡甚至不好看的童美，在高杰眼中却成了"女神"。所以，当别人觉得童美配不上高杰的时候，作为当事人的高杰心中还觉得自己占了天大的便宜呢！

其实说到底，恋爱就是男女双方的相互渴求，"男人的一半是女人"，同样，女人的一半是男人，两者只有完美结合在一起，才算彼此平衡。人类的这种天性注定了恋爱中的这种补偿心理。

所以，通过补偿，实现心理上的平衡是最重要的。假如一个帅哥脾气暴躁、任性自我，他需要一个沉着温和的女性和他互补，尽管那个女性可能相貌平平，但正好能满足他内心的需求，能让他的心理实现平衡，所以得到他的青睐也就不难理解了。

更何况，爱情这种东西本身就是很奇妙的，对待同一个人，不同的人有不同的看法和品味，无所谓美或丑，优或劣，没个统一的标准。你觉得胖是一种臃肿，是对美的破坏，可有人觉得胖是一种福气，是富态美，否则"情人眼里出西施"这话怎么能经久流传呢？

所以，不管你是"鲜花"也好，他是"牛粪"也罢，那都是别人的观点，对你来说不重要，对他来说也不重要。两个相爱的人根本不存在配或不配的问题，你只需要听从心灵的召唤，依照心灵的感受，去寻找生命中缺失的另一半即可。找到了，随心所欲去爱，去争取，去携手同行就是了。

需要指出的是，心理学上认为，我们每个人其实都是具有"显性"和"隐性"两种不同人格的。"显性"人格是我们平时表现出来的人格特征，而"隐性"人格则是我们被压抑的人格特征。也就是说，一个很安静的人可能潜藏着很活泼的一面，很有可能在一种特定的环境下表现出这一面。

从一定程度上说，"补偿心理"会使我们发现自己不为人知的"隐性"特征，帮助我们改善自己，提高自己。比如，一个很安静的男人遇到了一个很活泼的女人，两个人因"补偿心理"走在了一起，结果彼此的"隐性"人格就会发挥出来，男人会变得活泼一点，而女人会变得安静一点。也就是说，人与人之间，尤其是恋人之间，不仅可以互补，还能相互影响，完善自我。看来"近朱者赤，近墨者黑"，这话不无道理。

从现在开始，你不妨主动接触一下和你截然不同的异性。如果你脾气暴躁，不妨多接触温顺柔和的人；如果你性子太慢，做事情拖拖拉拉，那就找一个性子急，做事利索的人；如果你优柔寡断，那就找一个当机立断的人……这样，你们不仅可以谈一场有趣的恋爱，而且可以学到很多东西。

当然，你得先确保自己爱上的是一个有健康人格的人。善良的另一面是恶毒，你可别因为自己是一个善良的人，而偏偏爱上一个混蛋，还自诩这是为了弥补自己的一些"不足"。这种所谓的"不足"不能要，这种"搭配"也往往不靠谱，是自讨苦吃，实在要不得。

我是你网上的依恋，你是我网上的思念

"网恋"这个词，如今已不再稀奇，不再新鲜。凡有在网海里泛舟的经历，或借助于微信、QQ、博客等社交媒体，谁都可以结交几个网友。也许是一种缘分，也许是一种偶然，网上一个你，网上一个我，开聊了，聊着聊着就有可能聊出了情，从此陷入其中，不能自拔。

网络是虚幻的，但为什么我们会不知不觉坠入情网，还对着网上的陌生人说"我爱你"？是由于情感空虚，还是为了寻找安慰？这些都有可能，但还有一点最关键的，那就是投射心理在作祟。

把自己的感情、意志、特性等投射到他人身上，并认为对方与自己应该有同样的感受和认知，认为别人理所当然地知道自己心中的想法，这就是投射心理。简单来说，这是拿自己的心思来衡量或揣度别人，用自己的思维来定位别人，也可以说是一种自以为是的想象。

你网恋过吗？或许有，或许没有，但你一定对这种感觉不陌生：对于网络另一端的那个人，你虽然可能不知道对方长什么样子，但你会想当然地认为他应该长的是什么样子，他和你一样的性格，他和你一样的爱好，你甚至认为自己找到了这一生真正的知己，可以无话不说、无话不谈。

怎么样？被猜中心思了吧？但事实真的如此吗？未必！

人虽然有一定的共性，有一些相同的观点和爱好，但毕竟有差异，心理特征各不相同，若总是随意"投射"给任何人，以己之心度人，那么所爱的是现实，还是虚幻呢？何况，在很多情况下，我们对别人做出的推测难免会有出错的时候。毕竟推测终究只是推测，不可能完完全全与现实相符。

大学刚毕业的段丞在玩网络游戏时认识了一位"女网友"，两人十分谈得来，很快就在游戏里"结婚"，一起做任务，还组了个帮会，一个做帮主，一个做帮主夫人。和段丞一起玩游戏的朋友见到那个"女网友"也都一口一个"大嫂"，叫得亲近。

"女网友"告诉段丞，自己今年二十岁，刚上大二。根据"女网友"的描述，段丞心里不由得勾勒出了一个娇俏可人的身影，不知道自己这个网络上的"老婆"究竟会是个什么样子。

关于这段游戏里的网恋，段丞的舍友们都是知情的，他们同样也玩这款网络游戏，还是段丞帮会中的骨干。虽然嘴上叫着"大嫂"，但大家私底下都劝段丞，不要太把网上的事情当真，毕竟连面都没见过，谁知道那个自称"二十岁大姑娘"的人到底是个什么样子。

但大概爱情确实是盲目的吧，即便身边的人劝得苦口婆心，段丞还是一头栽进了这个网恋的坑，每天和"老婆"甜甜蜜蜜、恩恩爱爱，还约好了让"老婆"毕业后来自己所在的城市工作，一副打算把网恋变成现实恋爱的样子。

恩恩爱爱了一年多，段丞和"老婆"互相加了微信，还给对方发过照片，寄过东西，却始终没有真正见过面。为了给"老婆"一个惊喜，暑假的时候，段丞根据以往寄东西留下的地址和平时聊天中得到的信息，居然找到了"老婆"家的地址，买了机票就飞了过去。

结果，万万没想到，人家的网恋"见光死"顶多是因为对方颜值不佳，而段丞的网恋"见光死"却是因为对方的性别不对！是的，那个和段丞在游戏里恩恩爱爱一年多的"老婆"根本不是什么"二十岁的大姑娘"，而是一个货真价实的大男生！至于发给段丞的"美照"，那根本是男生偷拍住在自家对门的漂亮小姐姐的！

本以为是"千里姻缘网线牵"，谁知道现实居然是这样，段丞此刻才深刻地认识到了自己的盲目。

可见，少一点臆想，才能少一些伤害。网恋之所以美妙，就是因为彼此之间隔了一道看不见的纱，让两个人之间多了几分遐想和憧憬，而投射心理又往往容易使我们幻想过头，从而与网络上的陌生人多了一层亲密关系。但网恋到底好不好，真相却没这么简单。如果你是抱着消遣的心情，你会很快乐；如果你想找到关心，你也会得到满足；如果你只想玩玩，又不愿伤害他人，你要适可而止；如果你想找到真爱，你千万要慎重，谨慎，再谨慎。

我才二十五，你已四十七

走在大街上，常能看到二十来岁的小女人挽着四十来岁的成熟男人，说说笑笑，他们是一对恋人。小女人恋上成熟男人，这是一种现在很普遍的"大叔控"现象，电视剧里就有很多这种情节。

这里还有一个可靠证据，一项《中国男女婚恋观调研报告》显示，近年

来，有"大叔控"情结的女性越来越多。调研显示，18-25岁之间的女性，70%有"大叔控"情结。这些女性喜欢比自己大十岁左右的男性，其中有64%的人希望与大叔恋爱，17%的人有过和大叔恋爱的经历。

所谓"大叔"，多为40-50岁的男人，而那些女人咋就成了"大叔控"了呢？这并非任性所为，而是有心理根据的，即她们具有恋父情结。什么是恋父情结？这个概念最初是由精神分析学派创始人弗洛伊德提出来的，他认为在孩子性心理的发展过程中，最先要在亲近的异性家长那里得到满足，所以女儿会对父亲产生爱恋。由于潜意识里爱恋父亲，当寻找爱情伴侣时，也就很难摒弃自己的原始渴望，便将对父亲的感情转为对年长男性的一种倾慕和依赖。

心理学上说，女人最渴望的就是她最需要的。在哪一方面过于欠缺，女人就会急于找那方面的补偿。由于幼年丧父或父母离异而觉得自己没有父爱的女人，当寻找爱情伴侣时，往往会选择"大叔"，以此来获得父爱的补偿。所以，"大叔控"现象也是补偿心理的一种影响。

李雪生活在一个单亲家庭中，从小和母亲相依为命。母亲很爱她，让她读最好的学校，给她最好的生活条件。

李雪是一个很柔弱的女孩，在成长过程中，她时常会遭到同龄孩子的欺负。每当这个时候，她都希望自己能有一个爸爸，爸爸会来保护她，来帮她打跑那些欺负她的坏人。但是，李雪的妈妈并没有再婚的打算。

就这样，李雪渐渐长大了。父爱的缺失，深深地影响了她的爱情观，她的两段恋情都是与年龄大她很多的男性展开的。

李雪的第一段恋情发生在她二十二岁那年，那一年她大学毕业，刚刚迈入职场。她的男朋友是她的上司，是个四十岁的大叔，整整大她十八岁。李雪会喜欢上她的上司，有两个原因：一个是她的上司很儒雅，人也很幽默，每每和李雪相处，都会让她格外轻松和快乐。另一个是她的上司时常对她关怀备至，譬如她在工作中遇到困难了，他会主动帮助他；她在生活中遇到难题了，他也会帮她解决；等等。李雪越与对方相处，就越爱对方，直到某一天，她问男方对结婚的打算，男方告诉她，他从来没有想过结婚，也没有要小孩的打算。李雪在得知对方是个不婚族和丁克族后，忍痛分手了。

李雪的第二段恋情发生在她二十七岁那年，对方是她的房东，是一个五十多岁的大叔。这个大叔是离异人士，有一个和李雪差不多大的女儿。而李雪会喜欢上对方，也是因为对方对她格外关心。譬如房东会时常给她送吃的；得知她经济不宽裕时，便不催她缴租。在对方的嘘寒问暖之下，李雪动了心，和这位大叔展开了恋情。但是，这段恋情也很不顺利，因为大叔的女儿非常反对他们的恋情，并认为李雪不是真的爱她父亲，而是爱上了她父亲的钱。

不难看出，李雪就是一个典型的"大叔控"，而她会喜欢上年长她很多的男人，其实是因为她有恋父情结。

与大叔恋爱是一个需要深思熟虑的选择，如果是在恋父情结的心理驱动下爱上了大叔，那么就要让自己从中清醒过来。

那么，我们该如何走出"大叔控"的恋爱心理呢？

第一，走出父亲的影响。

大叔们成熟、内敛、深沉、有阅历，知道女人想什么、需要什么。这正是一般父亲给予女儿的爱。假如你长期生活在渴望父爱的幻想中，走出父亲的影响势在必行。因为，只有走出父亲的影响，你才能摆脱幻想的困扰。

第二，不要拒绝同龄的求爱者。

在寻爱的道路上，千万不要先入为主，以为只有年长的男人会照顾你，给予你安全的爱。事实上，每个男人都有可能给你父亲般的安全感，而且年龄越相近，彼此越能理解，谈起来才相合。你要相信你身边的男孩子，十年后也是一个迷人大叔，不是吗？

第三，要索取，也要给予。

屡屡爱上大叔不是错，但你要明白，爱的真谛不是索取而是给予。所以，要逐渐摆脱对"父爱型"关怀的迷恋，试着让自己在精神上渐渐独立、坚强起来，不是依托男人，而是彼此依赖，彼此依靠，一同成长……你要相信，只有通过自己的劳动和付出，才能收取一份踏实的爱情，真正走向幸福。

羡慕一见钟情，我却日久生情

在生活中，我们常常能发现这种现象。例如，我们新认识的人中，有时会有这样一个人。最初，我们可能会觉得这个人难看，可是在多次见到此人之后，逐渐就不觉得他难看了，有时会觉得他在某些方面很有魅力，有时甚至还有一种微妙的感觉萦绕在心头，你总会忍不住关心他、牵挂他……

你体会过这样的稀奇事吗？与一见钟情不同，这是另一种爱情——日久生情。也许你会奇怪，人不都是"喜新厌旧"的吗？对于新鲜的东西更为喜爱，对于熟悉的东西则感觉厌倦，怎么日久能生情呢？会这么想的你，一定没有听说过多看效应吧！什么是多看效应呢？很简单，就是说一个东西，你看的次数增加了，那么喜欢的程度也会随之加深，这是一种对越熟悉的东西越喜欢的心理。

如果你不相信，可以做一个实验，很简单的。

拿出一些朋友的照片来看，有的照片天天看，有的照片三四天看一次，有的照片一周看一次，一个月后，评价你对这些照片的喜爱程度，你会发现什么？你是不是更喜欢那些每天都看的熟悉照片，而不是只看了几次的"新鲜"照片？而且，看某张照片的次数越多，你就越喜欢这张照片？

听起来很有道理，但这是什么逻辑呢？

原来，我们之所以产生心理活动是因为内心受到了刺激，当一个刺激简单地重复呈现时，就可以正面加强我们对这个刺激所抱的态度。或者说，一个刺激呈现的次数越多，我们就越喜欢这个刺激。通俗地说，一个人天天不停在我们面前出现，大脑不断地受到他的刺激，我们的思维就会把他设为必定存在的事物，增加对他的喜欢，这就是日久生情的爱情逻辑。

校花蒋芳和李卫结婚的消息在众多老同学中可谓是平地惊雷，谁都想不到，这"鲜花插在牛粪上"的剧情居然会在自己身边上演。

大家纷纷好奇地问李卫，他到底是怎样"骗"到蒋芳的。李卫倒也不在意众人的态度，笑呵呵地把他"抱得美人归"的故事娓娓道来。

其实说白了，这也不是什么跌宕起伏的故事，不过就是一件"精诚所至，金石为开"的事情罢了。

李卫对蒋芳的追求开始于无微不至的体贴与关怀，下雨天送雨伞，大冷天送热水袋，半夜加班还要送消夜。至于早安、晚安的短信那肯定是少不了的，甚至有事没事，李卫也会找理由到蒋芳面前"刷存在感"。

起初，蒋芳这样的美女自然是看不上李卫的，李卫长相平凡，个子不高，还有点胖，实在是与"帅"这个字无缘。但李卫性格好，情商高，即便关心蒋芳也不会做得让她为难或是感觉不舒服。更何况，李卫一开始根本就没向蒋芳表明过自己喜欢她，蒋芳就算想拒绝也没有机会。

就这样，时间久了之后，蒋芳已经习惯了李卫这个"老朋友"的存在，有时候几天不见，甚至还会主动打电话关心他。

眼看这个"温水煮青蛙"的策略开始奏效，李卫才终于正式向蒋芳表白。结果可想而知，蒋芳当然是拒绝了。之后，李卫依然继续对蒋芳好，但一段时间之后，李卫开始疏远蒋芳，两人碰面的时间和次数明显减少，倒是让蒋芳不习惯起来，总觉得哪里都不对劲。

后来有一天，李卫再一次向蒋芳表白，并告诉蒋芳，他会尊重她的一切决定，如果她真的无法接受他的爱，那么他不会再继续缠着她或打扰她。而这一次，蒋芳犹豫了，更重要的是，看着眼前这个一脸认真的小胖子，蒋芳居然觉得他还挺可爱的……

蒋芳说，有时候自己也想不通，作为"颜控"，当初怎么就脑子一热答应做李卫的女朋友了。不过想想现在的幸福生活，再看看身边体贴入微的可爱胖老公，大概一切都是缘分吧！

如果说一见钟情是当时的一种感觉，看到的只是表面浮华的东西，那么

日久生情就不同了，这是经过相处和了解之后才会产生的感情，这种感情才够真，才够纯！也由于彼此之间已经非常了解，所以摩擦也会相对少些，彼此相处融洽，感情一般不会大起大落。就像蒋芳和李卫，虽然没有一见钟情的浪漫，也没有跌宕起伏的故事，但同样在平凡的生活和微小的细节中品出了爱情甜蜜的味道。

所以，如果你希望被某人喜欢，不妨利用一下"多看效应"吧。

学会制造见面机会，最直接的方法就是主动上前搭讪，即便拉拉家常、说说闲话也是可以的。想要与对方再次见面，借书、求助、询问都是不错的理由。想一想，咱都是普通老百姓家的孩子，没几个人能幸运到长得像偶像明星，一般人不会一眼就看上你，但也不会看一眼就讨厌你，经常在对方面前出现，时间长了对方想不注意你、不了解你都难，没准哪天对方就喜欢上你了。

换一个角度，当你被某人追求时，先别忙着回绝人家。要先耐心地交往、充分地了解。了解一个人，多少还是需要点时间的。感情是可以培养的，毕竟几乎每个人都会有日久生情的心理。而且，不去了解，你怎么知道对方适不适合自己呢？看着看着，没准哪天你就喜欢上对方了呢？

是同情还是爱情，此时已分不清

在爱情中，你会很容易去同情一个人吗？因为看到他受苦受难，或是受到了什么伤害，会觉得他很可怜，想给他一点关爱，于是伸出了援助之手！结果，与那个人慢慢了解、慢慢相处之后，发现自己居然渐渐地在依赖这一份感觉了，而这种感觉有可能会转化成爱情。

这并非不可能的事情，因为由怜生惜，由惜生爱，是人人都可能产生的一种同情心理。同情心理不难理解，就是一种对他人的不幸和困难产生共鸣，并形成对其的关心、支持、援助的内在情感。所以，那些带有忧郁气质、相对弱势的人总是更容易受到异性的青睐，享受到爱情。

人为什么对那些穷困潦倒的诗人情有独钟，又为何容易为伤痕累累的女子动情？这就是同情心理在起作用。但这样的情感是爱情吗？未必！毕竟同情心理的产生，是建立在自己比对方有力量、有优势的基础上的，这样援助才能实现。

在同情心理下，人会下意识地放大对方的痛苦，幻想对方的困难，以满足自己"救世主"的成就感。但当一个人潦倒、无助时，他是缺乏安全与自信的，也不想让别人知晓。你的怜悯、你的关爱、你的援助，在他看来很有可能是一种炫耀，而这还会伤害到他的自尊心，加重其痛苦。

就算对方会接受你的同情，这种出于同情的爱，也是不会长久的。你想，因为同情对方，进而关爱、照顾对方，使之产生一种依赖感，感觉只要有你在，他的一切就会好起来！但，能够一辈子如此吗？如果你不能及时抽身，也就意味着你要在这段感情中一直处于付出的一方，你能做到吗？

把同情当作爱情不可取！在你还不清楚自己对一段感情是爱情还是同情时，希望你不要妄下定义，不要冲动地决定这份情感的去向，因为那样对你对他都很不公平。好好地想清楚，你对那个人到底是爱情还是一种同情，然后，好好做出自己的情感选择。

姜敏和徐伟的婚姻就是一场彻头彻尾的悲剧。

姜敏和徐伟之间的纠葛源自一次见义勇为。那天晚上，姜敏在下班回家的路上，被一个歹徒拖进了一条小巷意图不轨，就在这个时候，徐伟出现并救下了姜敏。但不幸的是，徐伟在和歹徒缠斗的过程中腿受了伤，住进了医院。

徐伟家境普通，是从农村到城里打工的，这次的事件对他来说不亚于一场毁灭性的打击。姜敏知道徐伟的情况之后，对他又愧疚又感激又怜悯，每天在医院无微不至地照顾他，开导他，希望能让陷入绝望的徐伟再次振作起来。

姜敏家境尚可，母亲是一名幼儿园教师，父亲在机关单位工作，虽不是什么大富大贵之家，但也算小有积蓄，一家人也都是明理善良的人，自然主动承担起了徐伟的医疗费用，对徐伟一家也都十分友好。

姜敏对徐伟的好主要源自感激与愧疚，但她没想到，自己对徐伟的照顾竟会让徐伟喜欢上她，甚至在医院当众向她求婚。姜敏感激徐伟，但要说嫁给他，姜敏却是没有这种想法的，毕竟他们在此之前并不认识，更何况，学历和成长背景的差距让他们之间也没有多少共同语言。

可没想到的是，在拒绝徐伟的第二天，姜敏就接到了徐伟在医院自杀未遂的消息。看着自己的"救命恩人"痛苦绝望的样子，姜敏心中很不好受，那一刻，她甚至生出了自己就是徐伟的全世界的感觉，她觉得自己不能就这样抛弃自己的"救命恩人"。

最后，姜敏嫁给了徐伟，她告诉自己，徐伟是见义勇为的英雄，是个好人，嫁给他未必就不会幸福。就像白蛇报恩那样，白娘子为了报恩嫁给许仙之后，不也收获了真挚的爱情吗？

然而，现实与传说终究是不一样的，姜敏婚后的生活并不像她以为的那样。徐伟是个连小学都没毕业的人，自己对学习也毫无兴趣。他不认识莎士比亚，不懂诗词歌赋，喜欢看爆米花电影和宫斗小说……

更重要的是，无论徐伟还是他的家人，似乎都认为徐伟的腿瘸了完全是姜敏的责任，是姜敏欠他们家的。因此，即便出了院，徐伟也没有出去找工作，完全靠着姜敏的工资过日子。

面对姜敏的时候，徐伟的内心其实也非常自卑，他知道，如果没有发生这样的事情，像姜敏这样漂亮、学历高的城里姑娘，是他永远也不可能得到的。因此，他总是时时担心姜敏看上别的男人，不仅经常偷看她的手机，还偷偷跟踪过她好几次，只要发现姜敏和哪个男人"过从甚密"，就免不了要吵一架，有好几次甚至还动了手……

姜敏也想过要离婚，但只要一提这两个字，徐伟就以死相逼，控诉她"忘恩负义"。到后来，以死相逼不管用了，徐伟就威胁她，要是敢离婚，就到她家里杀人放火。

最终，在这样的折磨之下，姜敏患上了严重的抑郁症，她总在想，如果自己当初强硬一些，没有因为一时的怜悯而答应和徐伟在一起，那么是不是就不会赔上自己的一生了……

相互理解，两颗心就会相融，而一方只有同情，那两颗心只会分隔。当然，这并不是要你没有同情心，而是说爱情不是施舍，不是怜悯，不是同情，而是一种理解。一个抚慰的眼神，一句安慰的话语，这些都是可以阐释同情心的，有时你真的不必以身相许。

就像姜敏和徐伟，徐伟的见义勇为固然值得感激，但当见义勇为发展到挟恩图报，那么整个事情的性质也就完全变了。事实上，在这起事件中，姜敏同样也是受害者。徐伟固然可怜，但若是因为可怜便牺牲了两个人的爱情与婚姻，那岂不是太冲动了吗？

更何况，再多的同情也有被消耗一空的时候，若你因为怜悯而选择和一个不爱的人在一起，那么等这些怜悯消耗干净之后，你又要凭借什么来支撑往后的日子呢？

此外，同情心理也是需要智慧的，如果他的失意是咎由自取的，那么就不必同情他。做错了，就应该受到惩罚，这样才能保证以后不犯错。倘若出于"同情"，对对方再三地原谅，对方习惯了错误的行为，就怎么都改不了了，那你的这种"同情"就会毁了对方。

CHAPTER 05

爱之体验

——谈恋爱居然这么有趣

在一段恋情中，男女双方既是最亲密的盟友，也是最矛盾的对手。为了争夺主动权，不得"不斗智"。这时不能硬碰硬，搞僵关系对双方没有半点好处，双方必须灵活地调解争端。

不管别人怎么看，在我心里你最美

"他最好，我非他不嫁！"

"她最美，我非她不娶！"

因为爱对方，所以觉得对方什么都好，这样的爱情对白很感人吧？有人说这就是命中注定的缘分，也有人说这正所谓"天作之合"。但这些理由是真实的吗？这样的爱靠得住吗？事实上，我们若是冷静地细加剖析，就可以发现这样的爱情大多是盲目的，只是我们的一种心理错觉罢了。

心理错觉是人们的知觉被歪曲，直至被严重歪曲，所形成的一种错误反映。眼中的世界不再是一个完全真实而客观的世界，而是一个自己想看到的世界。表现在爱情中，就是，女人企盼男人是白马王子，男人也希望女人是白雪公主，彼此被赋予了一切好的品质，于是就真以为进入了童话故事。

在周围人的眼里，贝贝嫁给孙强简直就是"下嫁"。为什么这么说呢？贝贝大学毕业，工作不错，还有一副天生美人相貌。唇红齿白气质好，走到大街上回头率非常高。再看看孙强，学历不高，其貌不扬，家境也是一般。唯一拿得出手的，就是自己的技能。

两人的条件悬殊，在一起也备受非议。不用说，贝贝的父母更是看不上这个女婿。他们很奇怪，为什么贝贝放着满世界的优秀男人不找，偏偏看上了这个孙强？不是说他不好，而是两人一对比，谁都看得出来他们不是"一个世界"的人。

但贝贝却不这么想，因为在她眼里，孙强就是她梦想中的白马王子。别人觉得他不够高大帅，她却觉得他长得刚刚好。家庭不富裕？但是他有技能有上进心啊。没有学历？现在这个社会，谁还在乎学历，只要有能力就可以了！没错，你能找出的孙强的每一条缺点，贝贝都能轻松地换个方法推翻。

有时候，看到贝贝如此偏执，对孙强百般维护和赞美，周围人都觉得她肯定是神经出了问题。她什么都正常，偏偏在择偶这一点上成了"疯女人"。其实一开始，贝贝也没有把孙强放在眼里，但是有一次俩人交谈，贝贝发现孙强是个非常自信乐观的人。他的一言一行，都散发出男人特有的气场，他的内心非常强大。发现这一点之后，贝贝再看孙强，就觉得他全身都是优点了！他身上的这个闪光点，放出万丈光芒，让他成了贝贝眼里的完美之人。

所以，她不顾一切地想嫁给他，要成为他的妻子，甚至成为他的粉丝。不过，婚后的贝贝慢慢恢复了理智，从盲目崇拜的感情中清醒过来，她发现丈夫的磁场已经没有当初那么强了。他依然自信乐观，也很爱贝贝，但是他身上的缺点，也慢慢显露出来。有时候贝贝也在想，自己当初怎么像疯了一般，认为他是世界上最帅最强大的男人呢？爱情果然会让人变成头脑不清楚的人，只不过，这份冷静与理性来得有点迟了。

现实生活中，我们看到有的人长相一般，身材一般，工作、家庭条件也很一般。尽管在很多人眼里这是普通到不起眼的一个人，但总有一个人会觉得他就是世界上最好、最美、最高尚，找不到第二个的人。这就是"情人眼里出西施"的典型表现。

当然，这里不存在爱情审美谁对谁错的问题。因为，每个人对所爱者的要求着眼点不同，各有各的追求，各有各的迷恋。你喜爱丰满一点的，他却可能欣赏苗条一些的；你喜爱文静的性格之美，他却欣赏热情的风度之美……所以，对于他人眼里出"西施"的情况，如果你是旁观者，最好不要妄加评论。

作为审美者的"情人"，对其所喜爱迷恋的对象，主观上总会觉得是美的。可见，"情人眼里出西施"虽是一种心理上的错觉，却说明了每个人的爱情不是消极被动的，而是积极能动的，是富有想象力和创造性的心理反应。这种心理错觉，可以使爱情更高尚、更甜蜜，使"天下有情人终成眷属"；它还可以使有严重缺点的人、失去信心的人领略到爱情的甜蜜，重燃对生活的热望。

然而，对于"情人眼里出西施"这一种心理活动，切不可盲目加以推崇。因为，对于缺乏理性的人来说，一旦受到这种心理错觉的影响，爱上一个人就会头脑狂热发昏，一切都会觉得"称心如意""美不待言"，看不到对方的缺点或缺陷，事后就很可能发现爱错人，后悔不已。

因此，真正的爱情，既不能依赖于一时的错觉，又不能以隐瞒对方来骗取。最好的爱情必须经过多多接触，深入了解，不仅看到对方的优点，也看到对方的缺点，确定对方值得自己爱，确定经得住考验才可以。

当众大吼"我爱你"，一定就要在一起

关于情人求爱，你喜欢或者期待什么方式呢？是在热闹的街头或浪漫的餐厅，他突然单膝下跪，捧出一束玫瑰，拿出一枚戒指，高喊着"某某某，我爱你"，引起旁观者的一片欢呼；还是，只有两个人的时候，他静静地说"我们结婚吧"，一切平平淡淡，顺其自然，没有惊，也没有喜？

相信很多女人会选择前一种方式，认为当众、下跪、献花、大声说出"爱"，这才叫浪漫。在男人眼里，浪漫仅仅是两个人之间的事，可是女人却喜欢有更多的观众在场见证。而且，即便最平凡的礼物，只要在大庭广众之下，就能身价百倍，让女人如获至宝，欢欢喜喜地投怀送抱。

女人渴望公开的求爱方式，这是出于怎样的心理呢？很简单，这是虚荣心理在作怪。虚荣心理是一种借用外在的、表面的或他人的荣光来弥补自己内在的、实质的不足，以取得一定的荣誉或引起普遍注意的心理。

当众一句"我爱你"的大吼，把周围人的目光都吸引过来，随即大多数人

会条件反射地选择留下来看这出"戏"，或大声起哄，或集体欢呼，表示艳羡或支持，这充分满足了人的虚荣心理。所以，碰到这种情况，女人十有八九会热血沸腾，感动不已，回答一句"我愿意"之类的话。

虚荣心是无法治愈的病。加之女人感性，喜欢浪漫，她们很可能不记得一年三百六十五天里别人为自己做过的实实在在的事，而对于别人在某些特定日子里为自己做过的一两件浪漫之事却会铭记终生。

所以，你若身为男人，要想以最有把握的方式向自己喜欢的女子求婚，满足一下她的这种心理，在广场、街头、餐厅、汽车站等人多热闹的场合，总之在大庭广众之下，上演一场充满浪漫主义色彩的"求爱秀"，是最好不过的了。

你若身为女人，也要明白，成为当众求婚事件中的女主角，爱情被众多旁人见证，固然是一件十分浪漫的事情，但是万万不能因为虚荣心而失去理智。你是否爱着这个男人？是否认为这个男人可以托付终身？你真的愿意接受他吗？不后悔吗？这些问题，你都得考虑清楚。

张楚追了小雅四年，还是没有俘获她的芳心，不知不觉两人要毕业了。张楚明白，一旦他俩分开，这辈子是没有可能在一起了，他必须想个办法赢得小雅的芳心，让她愿意跟自己在一起。什么方法最有效果呢？他苦苦思索了几天，还是没有想出一个好办法。

有一天，他在网上看到了一段求婚视频，突然受到了启发。视频里的男子，求婚时为了给对方一个惊喜，准备了好多浪漫环节。穿上可爱的人偶跳舞，准备了两个人相识的视频记录，在求婚场地周围布置了五颜六色的气球。最重要的是，他找来双方的亲朋好友，在大庭广众之下，帅气地两手一挥，让好友从自己身后展开两个巨大的横幅，上面写着火辣辣的表白的话语！就在大家惊呼他的浪漫时，他的女朋友也被感动到，在周围人齐声高喊的"嫁给他""嫁给他"声中，高兴地戴上了求婚戒指。

张楚决定借鉴这一招，不过他还是换了种自己经济能承受的方式。学校不能扯横幅，他就买了玫瑰和蜡烛，还请了学校的乐队。他在小雅的宿舍楼下点燃摆成爱心型的蜡烛，怀里抱着99朵玫瑰，乐队开始演奏起《我们好像在哪儿见过》。一切就绪后，他和他的兄弟们在楼下高呼"小雅，我爱你"，直到小雅出来也不停止呼声。小雅出来之后，看见了这浪漫的一幕，顿时热泪盈眶。在全校同学的见证下，小雅再也说不出拒绝的话，答应了跟张楚在一起的请求。

两个人就这么在一起了，张楚顺利实现了心愿，成为小雅的男朋友，但是小雅呢，却发现两个人真的不合适。可是，那天的场面盛大而又浪漫，她深刻地领会到了什么叫作虚荣心得到了满足。同学们羡慕的眼光，以及周围人的起哄声，都让她无法说出"不"。

过了一段时间，小雅还是跟张楚提出了分手，因为他们在一起根本不快乐。而当张楚气愤地质问她当初为什么要答应时，她又哑口无言。

很明显，当众求婚是个让女人无法理智下决定的环境。在这种环境下，浪漫是美丽且无法抗拒的，虚荣心又得到了满足，加上旁观者的起哄力促，现场气氛的感染，人是很容易被冲昏头脑失去理智的，做出的决定多数是轻率的。正确的决定只可能在冷静的情况下，通过理智分析得出。

更何况，有些男人这样做不是出于爱，而是纯粹为了"作秀"。他是否真心真意地爱着你呢？能爱你一生一世吗？你们在一起是否能够幸福？你知道吗？确定吗？这些都是需要你认真分析再分析，考虑再考虑，才能得出来的。

所以，当众被求婚虽然让人很激动，但女人一定要冷静再冷静，警惕自己一时冲动，失去理智，将自己的幸福稀里糊涂地交给另一个人，那就得不偿失喽。而且，幸福真的是两个人的事情，你真的不必找那么多的观众。

为什么他一说约会，我就想到夜色很美

你有没有发现这样一种现象，与热恋的他约会时，你们总喜欢选择晚上？而且，一到了晚上，在黑暗的环境中，再普通的约会也会变得很浪漫。眼前的他似乎眼睛会说话，鼻梁变高了，比白天更有魅力！不像白天，你们总会有一种距离感，有时甚至不知说什么好。

为什么恋爱中的男女喜欢晚上约会？　光线昏暗的地方更易动情吗？夜太美，人心醉吗？

并非这么简单，其实这是一种黑暗效应在起作用——人越在光线昏暗的地方，就越容易放松自己的身心，减少不必要的戒备和猜测，从而拉近自己与他人的距离，产生一种心理上的安全感。在这种情况下，彼此产生亲近的可能性会远远高于平时。

按理说，黑暗中视觉失去作用会带来恐惧，让人内心更加戒备和不安才对啊，为何黑暗效应却恰恰相反呢？这是因为，约会排除了恐惧这一前提。约会使人的内心处于一种兴奋状态，人是快乐的，喜悦的，内心危险系数很低，几乎为零，这是一个非常重要的前提。

孙淼是一名医生，她的工作非常辛苦，有时候是白天战斗，还有时候需要夜晚急诊。这就让她的恋爱生活也变得没有规律可循。她的男朋友陈晨却是标准的白领，朝九晚五，白天上班晚上休息。

好在陈晨愿意迁就孙淼，尽管他们才刚刚开始恋爱，但他对医生心怀敬重，并不会因为女朋友的约会时间不固定而有情绪。如果孙淼是白班，那他们就晚上约会；如果孙淼是晚班，那他们就白天中午见面吃饭聊天。

没多久，孙淼发现了一个问题：白天他们俩在一起时，总觉得有点尴尬，双方都找不到话题，也不敢看对方的眼睛，约会过程也格外漫长，但是换成晚上约会，孙淼就觉得对方变了一个人，变得帅气幽默有气质，自己会被他的表现逗得开心不已，而开心的时光也会过得特别快。

想必陈晨也有同样的感觉，因为他的行为举止是大不一样的。白天，两人相敬如宾，他想牵孙淼的手也要犹豫半天。而到了夜晚，他表现得积极而深情，俩人就是异性相吸的磁铁，不自觉地就靠在一起。除了牵牵小手，他们还会像正常的恋人一样拥抱、接吻，一点都不觉得尴尬。

对此孙淼也问过男朋友的感受，他也表示自己觉得晚上见面时，感觉会更好一点。在他的眼里，晚上的孙淼迷人温柔，是个需要人呵护的姑娘，就连长相都会更加美丽；而到了白天，他老是感觉自己在看医生，约会一板一眼，气氛不是特别融洽。所以，他也赞成两人晚上约会，这会让他更加有信心把恋爱进行到底。直到两人的夜晚约会持续了一段时间，有了深厚的感情基础，才慢慢地增加白天约会的次数。不过，白天还是不如晚上的约会甜蜜，这究竟是为什么呢？

生活中，一般人不自觉地会对他人有一种很深的戒备心理，老是怕别人对自己不利，缺乏安全感。面对还不十分了解但又想继续交往的恋人，既会努力展示自己的优点，掩盖自己的缺点，又会猜想对方对自己是否真情实意。这样的两个人如果选在白天约会，就会比较难以沟通。

是啊，在白天光线的强烈刺激下，两个人的表情互相看得一清二楚，一个皱眉，一个撇嘴，甚至一个眼神就能"出卖"自己，这就像自己被剥了一层皮一样。这种感觉会让人感到极不自在。在这种情况下，约会恐怕一丁点都不浪漫，甭说表露心迹了，更多的会是沉默和尴尬吧。

而在晚上，由于约会的双方看不清彼此的表情，表情不需要安排，也不需要伪装，自然就比较放得开了，也就更容易袒露心声了！而感官在黑暗中失效后，人就会变得脆弱而敏感，倾向于在黑暗中抓住同伴，寻求安全感，这样一来，黑暗效应就产生了。

如果彼此钟情，但每次约会时总觉得双方谈话不投机，相处不够愉快，你

就该考虑一下，是不是你们约会的时间不对，总是选择在了白天。试一试晚上约会吧，夜间的昏黄暖光，彼此间的轻声细语，最适合爱意的表白了！而且，此时的成功率比白天高不少。

如果你们正处于恋爱阶段，更要懂得运用黑暗效应。约会时，你们不妨选择一些光线暗淡、气氛安静、轻松自然的地点，如幽静的咖啡馆、昏暗的电影院、浪漫的西餐厅，尤其是僻静的公园，这样不仅可以增加彼此的亲密度，还能够培养彼此的信任感，使约会更浪漫。

明知是甜言蜜语，还是忍不住小欢喜

热恋中的女孩很浪漫，她们最受用的三个字莫过于"我爱你"了，而且似乎听得再多也不厌烦。常见一些女人不停地追问男人"你爱我吗"，如果长时间听不到恋人的甜言蜜语，女人就会感觉自己被忽视了，不被爱了，或者开始怀疑对方另有爱人，并为此不安、失望、痛苦。

每个人都爱听好听的，女人当然不例外，她们希望听到男人爱意的表达，这本无可厚非。不过男人并不理解，他们认为，爱一个人不必把"我爱你"挂在嘴边，爱完全可以用行动来表示。自己明明已经为她做了很多事情，为什么非要再说上几句动听情话才算得上爱她、懂她？

是女人太傻？还是女人太笨？事实上，这是一种特殊的心理使然。这种心理称为反刍心理或反刍本能，说的是把同样的事情做好几次，自己却不觉得厌烦，而且还能从中获得一种快乐感和幸福感的现象。有些女人对织毛衣或十字绣等精细的手工活从不会感到厌烦，就是这个缘故。

因此，女人对"我爱你"的要求非常迫切，而且重复一万遍也不会厌倦。根据重复的语言，体验多次的相同状态，女人才能确认现在的安定状态，精神才能得到松弛和安慰。而且，女人对现在的状况越是感到不安，对过去安定之证据——"我爱你"之类的甜言蜜语要求得越迫切。

由此可见，反刍心理实际上是缺乏自信心，缺乏安全感的表现。受"男尊女卑"思想的影响，女人在心爱的男人面前，总是不自觉地将自己视为相对柔弱的一方，并渴望来自男性的肯定。这种肯定多半是正面的，柔情的，即所谓的甜言蜜语，尤其是"我爱你"之类的话。

对女人来说，"我爱你"之类的甜言蜜语真不真实并不重要，重要的是可以强化她们内心的自信，增加内心的安全感。所以，女人有时即使明知道男人的话言不由衷，八成是在哄骗自己，也情愿相信，还感到开心。毕竟，她们的目的仅仅就是增强自己的自信，消除内心的不安。

朋友眼中的小华是个沉默寡言而又害羞的人。他平时很少说话，只是静静地听大家聊天。他说自己是个"不善言辞"的人。大家都认为，他这样的男人，恋爱肯定会费劲。因为"谈恋爱"，那可是"谈"出来的，不爱说话，怎么会赢得女孩子的芳心呢？

所以，大家暗地里都觉得，小华要当个"剩男"了。即便有女孩子看上他，跟他相处一段时间后，也会被他的"惜字如金"给气跑。

但突然有一天，小华说要带女朋友来见大家，这让大家大吃一惊："这小子什么时候有女朋友了？"而最让人意想不到的是，当小华的女朋友站在大家的面前时，大家却惊为天人。

简单的客套寒暄之后，大家一起吃饭。眼看氛围越来越随意，终于有人按捺不住自己的好奇心，向小华的女朋友提问："快给我们讲讲，你俩是怎么在一起的？怎么认识的？"此话一出，大家都好奇地伸长了脖子，等着答案。因为在大家看来，这女孩美丽动人，性格大方，小华有点配不上她。

小华的女朋友笑着看看大家，最后把目光收回，落在小华身上："有一天我心情不好，在商场逛街，试衣服的时候，我问了一句：'好不好看呢？'其实我那是自问自答，没想到刚好他经过，特别坚定地告诉我'这衣服特别适合你，很显气质'，我就注意到他了。后来才发现，我们在一栋大楼里办公，经常能遇到。见面的时候，彼此打个招呼，聊聊天气什么

的，我就发现他虽然不爱说话，但真的很会说话。我们约了几次出去玩，我发现我沉浸在他的甜言蜜语中，对他越来越有好感，我们就这么在一起了。"

甜言蜜语？大家做梦也想不到，小华居然这么有桃花运，还掌握了一手恋爱语言，真是不能小看了他。

等小华送女朋友回家之后，大家都迫不及待地问他，究竟都说了什么"甜言蜜语"，能让他追到这么优秀的女孩子。

小华并没有卖关子，告诉了大家："其实我也没说什么呀，无非是看到她时就夸她又变好看了，看她情绪不高就鼓励安慰她，如果她对工作有抱怨，我就告诉她'不开心就不要做了，我会养你'之类的，你们不会说女朋友爱听的话吗？"

这个问题，让大家一时间陷入了沉默。那些经常吵架的情侣，的确好久没说过温暖而又治愈的话了。

凭借三言两语就能征服一个女人，情感成本低到不可想象。话说得这么明白，再傻的男人也知道该怎么做了——要经常给女人说一些"我爱你"之类的甜言蜜语，满足女人的反刍心理。不过，最好的甜言蜜语不需要刻意说，在特殊的气氛下，不经意脱口而出的话最令人感动。

譬如，当女人穿上一件漂亮衣服时，你可以对她说："你太漂亮了，我好喜欢！"当女人不高兴的时候，你可以说："我会疼你爱你一辈子。"女人遇到挫折时内心更是脆弱，你不妨告诉她："不论发生什么事情，你都是我最爱的人。"……听到这样的甜言蜜语，女人定会倍感成就与鼓励。

当然，女人也要明白，男人若洞悉了这种反刍心理，很难保证没人故意为之，用甜言蜜语"攻击"你。你若把持不住自己的理智，被哄得开心，被哄得入迷，丧失基本的判断力，那么就很有可能被别有用心的男人利用、摆布。

所以，如果你没有自信心，没有安全感，别总指望反刍心理来帮你，不妨试着做一些有意义的事情，证明自己的实力和价值，到时你一定会获得心理安慰的——实际上，只有强大的内心和理智才能拯救一个人，才能让一个人保持足够的判断力和独立性。

公开"秀"恩爱，据说"死"得快

一般来说，恋爱中的人都容易觉得自己最幸福，恨不得和全世界的人分享自己的甜蜜，于是我们在QQ空间、新浪微博、各类BBS中经常能看到这一类帖子：下个馆子要晒晒美食，买件衣服要晒晒靓照，出去旅游要晒晒去向、住地，更有人……

问问身边的情侣，谁没有过"晒幸福"的经历呢？

对于"晒幸福"，你也许会说这是爱由心生，是情之所至，有何不可？是的，有了幸福感，喜形于色、溢于言表，这是人之常情，很正常。但如果经常表现得太兴奋，太积极，甚至似乎上了瘾，不分场合到处张扬、散播，就不是那么简单了，而是一种炫耀心理在作祟。

认识丽敏的人都知道，她有一个幸福美满的家庭。丈夫英俊，事业有成，最重要的是对她极尽宠爱。

每一个大大小小的节日、纪念日，丽敏都能收到丈夫精心挑选的礼物，有价值不菲的名牌包、小饰品，也有价钱不高却尽显心意的各种精巧手工小玩意儿。这些东西都被丽敏一一拍照"秀"在了朋友圈，每一张照片都在讲述她的婚姻有多么幸福。

在朋友面前，丽敏也是一副幸福小女人的样子，总在有意无意地向大家"宣传"她的丈夫究竟有多么优秀，多么爱她。种种信息让所有认识丽敏的人都认为，她的婚姻幸福又甜蜜，她的家庭也是非常融洽而温暖。

直到有一天，丽敏喝醉了酒，在几个朋友面前崩溃大哭，哭得眼睛都肿了，大家才知道她活得有多么压抑。婆婆刁钻，总是处处为难她，丈

夫则一心扑在工作上，根本不管家里的事，对她冷漠至极，那些所谓的礼物、惊喜，全都是丽敏自己买给自己的。

有时候，周围的朋友会发现丽敏身上出现一些可疑的伤疤和淤青，但每次追问，她都会笑着解释："哦，这个是我骑自行车时不小心摔的……我老公心疼了好久，都不让我骑车了……"

有朋友觉得丽敏可怜，但连她自己都不肯承认自己的婚姻不幸福，那么大家除了假装看不见之外还能如何呢？

都说"秀恩爱，死得快"，因为真正的恩爱是根本不需要"秀"的，越是需要通过"秀"来彰显幸福的感情和婚姻，就越是虚假和脆弱。有时候，生活中真正的幸福不过只在一粥一饭之间罢了，那些乐此不疲的"恩爱秀"，说到底不过是一种"炫耀"。

炫耀心理，是一种希望在一定的人际圈子中展示自身优越性的心理状态，目的是赚取旁人的仰慕和赞美，从而获得自我满足。这不难理解，人除了是物质的人外，还是精神的人，心理的人，但精神不能凭空而立，它需要依附外在的事物来表现，炫耀行为恰恰能使之实现。

然而，恰恰是这种炫耀暴露出了炫耀者内心的不自信，乃至自卑。天天对别人说着"我的另一半好爱我""我们非常相爱"之类的话，这其实是一种内心需要被关注、被肯定的表现，这种人希望用这样的事实或者幻想来证明自己，希望从感情上的出色得出自身很出色的结论。对于这类人来说，"晒幸福"与其是"晒"给别人看，倒不如说是"晒"给自己看的。

缺乏安全感的人也同样爱把自己的幸福拿出来展示一番。因婚恋存在很大的不稳定性，这些人内心深处有一种极度的恐慌，害怕失去，害怕自己没人疼，没人爱，所以要时时对自己进行暗示和催眠——"他好爱我啊""我们真的很相爱"，如此这般，以求内心的安宁。

更何况，所谓的"晒幸福"，最为耀眼的在于一个"晒"字，而非幸福本身的含义。

是的，幸福看不见，摸不着，而是一种内在的情感体验。如果幸福需要依靠别人的羡慕或者赞美来证明，对不起，那不是幸福，那是不自信的虚荣，是自我的催眠，也是一种心理障碍。结果往往是过度关注表面化的幸福，疏于思考如何经营幸福，本末倒置，"晒"走幸福。

所以，你幸福自知就好，不必到处炫耀，珍惜比"晒"更重要，更浪漫。

你夸我时的样子，看起来真好看

赞美，是爱情中不可缺少的一个因素。你瞧，男女爱情的萌芽不就源于对双方的爱慕与赞美吗？"你真美"，再矜持的女人也会沉醉不已；"你真好"，再自负的男子也会温柔起来。双方沉浸在那一句句浓情蜜语的赞美中，那一刻的浪漫时光比获得物质满足还快乐。

赞美为何具有如此神奇的力量呢？这是因为，人具有一种"获赞心理"，这是人的共性。"获赞心理"是渴望获得肯定、表扬、赞美等一些具有积极意义的话语，充分感受到自身的潜能和力量，获得成就感、满足感、荣誉感，进而改变自己的生活态度和自我期望的一种积极的心理。

这种心理是很难被满足的。获赞的机会不仅非常缺乏，而且自卖自夸是远远不够的，来自别人的承认及赞美效果才明显，因为，人都喜欢被他人赞美，特别是来自异性的赞美。

小强与小爱是结婚二十年的夫妻，但他们感觉彼此的交流越来越少。在过去的时间里，他们经历过火热的恋情，真诚地温暖过彼此，也有过一段时间的冷战，最终，他们还是成了最熟悉的陌生人。他们之间没有婚外恋，也没有生活琐碎的压力，只是他们觉得彼此间的感情已经慢慢耗尽，彼此之间越来越没有话说。

眼看两人就要走向离婚的边缘，小强决定做些什么。毕竟一个好好的家庭，不该无缘无故地走向终结。于是，他向心理医生描述了自己的烦恼，并问对方自己究竟该怎么办。医生只送了他两个字"赞美"。他告诉小强，当他觉得无话可说的时候，就适当地赞美一句自己的妻子。

当他回到家，小爱已经准备好了晚饭。孩子在外地求学，偌大的房间里只有他们两人吃饭，屋子很静。小强想了想，便对妻子由衷地说了一句："我发现你的手艺越来越好了，今天这道菜特别好吃，是有什么秘诀吗？"

没想到妻子听到他这句话，眼神一下有了光："你吃出不一样来了？我最近报了一个烹饪班，老师教了不少东西呢。"

说实话，小强并没有吃出不同的味道，但他没有想到，自己一个小小的赞美，居然让两人有了可以讨论的话题。于是他继续采用这种方法，让妻子感觉到他的改变与诚意。他会真诚地赞美："衣服搭配得很不错，是你的风格。"也会表扬一些小细节："你养的花开得真漂亮，跟你本人一样。"

几次下来，小爱的心情越来越好，两人之间的冰障慢慢融化，一切向着好的方向发展。

小强把这个方法告诉了正在烦恼中的郝鹏，看看对他有没有用。原来，郝鹏的妻子有点虚荣，她总是在跟周围的朋友比来比去。房子、车子和孩子，都要跟人家比。最近，她又跟郝鹏抱怨："我们单位的小娜和小芝都换车了，新款的SUV，开着特别帅气。你看看我这个车又破又旧，实在太丢人了。"

郝鹏和妻子的工资不高，他本人还坐公交车和地铁上班，家里的经济情况实在无法满足妻子的要求，他认为也没有那个必要。本来他想对妻子的要求置之不理，又怕影响夫妻关系。他想起了好哥们对他的建议，就对妻子说："你知道吗？有些人就算开好车，都美不起来，因为她们没有那种气质，而你不一样，你的气质特别好，再加上这么美丽的外表，能让咱们的旧车都变得有高级感。我老婆的实力根本不用好车来陪衬。"

妻子本来挺生气，谁知一听这话，顿时乐了。虽然嘴里说郝鹏"拍马屁"，但她也不再提买新车的事情。一场战争就被郝鹏这么轻松化解了，他不禁佩服好哥们的智慧。

获赞意味着被重视，被接纳，因此人们非常喜欢赞扬自己的人。既然如此，那你还犹豫什么？赞美自己的爱人吧。赞美之词不仅会增加你们之间的感情，往往还有意想不到的效果哦！你会发现，你的另一半会用加倍的温情回报你，用加倍的体贴来酬赏你，你们的爱情会越来越浪漫。

例如，你的另一半很认真地照着菜谱学做你最爱的糖醋鱼，但第一次醋放多了，味道非常古怪。这时你若是简单粗暴地说"太难吃了"，或者用难以下咽的表情来表达自己的失望，这都有可能打击另一半的信心，对方以后不会再有这样充满爱心的尝试。但是，如果你对此表示理解和感激，并赞美对方的贤惠体贴，用心良苦，那么对方一定会心花怒放，下次继续给你做糖醋鱼，而且会更加用心。

无须怀疑，带有赞美、表扬等意义的话语，是对人们的某种行为给予的肯定和奖赏，这输送的是一种正面的信息，能给人带来一种积极、愉悦的心理感受，不自觉地促使思维朝着正面的方向引导和固化。用心理学上的话来说，这是一种正强化，是一种促使某种行为得以巩固、保持和发展的心理冲动。

实际上，当自己处于被夸赞的立场时就能理解这种感受了。得到异性的夸赞的确会让人感到心理上的满足，脸上禁不住微笑，并想变得更好。不要觉得你们很熟悉，很相爱，就不需要了，更不要怕难为情！甜言蜜语谁都喜欢听，夸赞之词沁人心脾，浪漫至极呢。让它留在肚子里，是最大的浪费。

当然，夸赞一定要真诚，要自然，要适当。一点点小事你就不断地说："你这都会做？""你太厉害了！"这会让人觉得是虚情假意，像是阿谀奉承，或是讽刺，不但不能满足被夸赞者的获赞心理，还会让他产生"这个人大概在欺瞒我什么，或是想用花言巧语来诈财"之类的想法。

还需要指出的是，恋人之间的夸赞应是相互的和对等的。只是一方夸奖另一方，却得不到对方的响应与回报，夸赞者体会不到获赞心理所带来的成就感、满足感、荣誉感，那么内心必然失落，夸赞行为是不会持久的。毕竟，人与人之间的关系说白了，就是一种互动，是情感的交换。

与你一起悲喜哭笑，懂你直到天荒地老

"快乐着你的快乐，痛苦着你的痛苦"，一句歌词，体现的却是很多人向往或喜欢的爱情模式之一。你有这样的恋人吗？你开心的时候，他比你还开心；你难过的时候，他比你还难过。总之，你们一起笑，一起哭，很多时候都能感同身受，简直就像连体婴儿……

怎么样，是不是很浪漫，又很奇妙？这不是别的，而是一种共鸣心理在起作用。共鸣心理，可以理解为不同个体因思想上或感情上相互感染而产生的情绪。说直白点，共鸣就是你与别人的思路步调一致，在相互的思想与感情传递过程中形成的一种理解、接纳和回应。

为什么恋人之间容易产生共鸣心理呢？这是因为，恋人是关系亲密的人，而我们的心对于关系亲密的人通常是打开的，彼此的大脑活动模式很类似，神经系统都在协调同步运转，这样一来，彼此自然能够读懂对方内心的想法和真实感受。

懂，一个字，足矣。"我懂你"比"我爱你"三个字更让人心动。人的一生很多时候不就是因为我懂了你的心，你懂了我的心，才有惺惺相惜，有沉沉的感动吗？现在很多人对于恋爱的要求其实也不多，只是想找一个懂自己的人。有句话这样说，身高不是距离，高矮不是问题，主要是彼此深知对方的心。

小英至今没有结婚。她曾相亲无数次，什么条件的相亲对象都有，却始终没有遇到合适的人。有时候亲朋好友会埋怨她："别太挑了，看着条件合适的就相处一下，再挑都成'黄金剩女'了。"她的相亲对象有白领、金领、创业者和公务员等，但她却始终没有男朋友。

其实大家都不懂她，她虽然是女强人，但她更是一个女人，她认为对方的内在比外在更加重要。她曾经谈过一个男朋友，俩人感情不错，即将谈婚论嫁的时候，她却发现自己从来没被懂过。她取得成就的时候，男朋友喜欢泼冷水："女人有那么好的事业干啥？不嫌累得慌！"当她在工作中遇到烦恼的时候，跟男朋友抱怨，却被他批评："你怎么这么没用？他们能做到，你就做不到？"

活在压抑的感情中，她真的受不了了。最终，她提出了分手，而男朋友却不懂是哪里出了问题。

后来好不容易遇到一个她喜欢的人，两人没有挑明关系，试着交往了一段时间。一天，小英在网上看到了一则事故新闻，就跟对方说："这些人太可怜了，你看看，意外真的太可怕了。"满以为对方会顺着她的话说下去，再安慰一下正在伤心的她，谁知，那位看起来什么都好的男生，却冷冷地说了一句："你难受什么？又不是你遇到了这种事情。"说完，就自己玩手机去了，只留小英一个人目瞪口呆。这一下，她不只是伤心，简直就是寒心了。

是的，人人都很渴望被人懂，被了解，这是一种心理需要。生活中，我们总喜欢跟善解人意的人说话，比如，对窘迫的人讲一句解围的话，对颓丧的人讲一句鼓励的话，对迷途的人说一句提醒的话，对自卑的人说一句赞赏的话，对苦痛的人说一句安慰的话……这会让每颗心都倍感满足吧？

懂你的心，这是多么深的情，包含多少理解、信任、关爱、体贴和牵挂……

可见，要想走进一个人的心里，光有喜欢和爱是不够的，你还要懂他：懂他快乐里的忧伤，给他心灵上的呵护；懂他逞强里的脆弱，给他精神上的支持；懂他心路走向何方，和他风雨中一起走。问问自己，你对你的爱人懂多少呢？你完全懂他了吗？相反他懂你了吗？

需要指出的是，男人和女人的思维方式很多时候是不一样的。一般来说，男人的思维是由理性所主导的，做事说话强调逻辑性，说话时会直截

了当地把意思表达清楚。而女人的思维往往趋于感性，她们不太在意交流的结果，更喜欢交流的过程，总是希望即使自己不说，另一半也会知道自己在想什么。

请看看下面几种表述方法：

——今天晚上去看电影吧！

——今天晚上去看电影好吗？

——今天晚上我请你去看电影好吗？

——你觉得，我们今天晚上一起去看电影怎么样？

——今天晚上去看电影，这个主意是不是很不错？

——你今晚上有什么计划吗？比如说看电影？

当男人想看电影的时候，通常会选择前三种表达方法，因为前三种可以直接把自己的意思表达清楚。而后三种通常是女人选择的表达方式，她们喜欢委婉地表达和暗示，很少直接说出自己的需要。男人若是听不懂女人的话，不顺着女人的心意，女人就有可能翻脸了，"你不懂我"。

一般来说，说话的时候，女人喜欢使用商量的语气，里面含有较多的修饰词，比如"一些""一点""好吗""是不是""要不要""可能"，这些用语看似是在征询你的意见，但实际上女人已经自作主张地决定了这件事情，是要求，身为男人，你一定要配合，积极配合。

身为女人也要知道，没人会是你肚子里的蛔虫，所以不要抱怨另一半不懂你，不理解你。所谓的感同身受、相知相惜是建立在彼此熟识了解的基础之上的。敞开你的心胸吧，倾诉或交流，把你的想法说出来，让对方了解你。不要怕给彼此一个深谈的机会，恋人之间是需要有这种机会的。

心有灵犀一点通，一切尽在不言中

恋爱时，恋人之间似乎有说不完的话，一见面就说个不停，不在一起时，一天打十多个电话都有话说！但是等恋爱再进一步，尤其是两个人在一起很久，很熟悉之后，却会呈现出这样一种状态：两个人相邻而坐，各自忙自己的事，或玩游戏看微博，或埋头吃饭看书，没有多余的话。

可能有人会觉得这样的情侣太没意思了，话都没有了。其实不是，这很可能是因为两人有一种默契，不需要再用语言传达感情。默契是什么？心理学家说，它是一种感应，是心绪和意念无约的投合，是不必用言语传递就能够向他人表达心迹，彼此会意的心理状态。

什么都不用说，却什么都能懂。

你和你的另一半有过这种默契吗？在一起的时候，默默看着或者陪着对方，什么也不想说，什么也无须说，只要彼此一个眼神，一个手势，就能猜出对方心里在想些什么，下一个动作是什么。总之，彼此心里都明白，对方就好像是另一个自己。想想，这是多么浪漫、幸福的事儿啊。

小陈夫妇在朋友圈里非常有名，他们好像能猜透彼此的想法，不管是在家里，还是在外面，两个人很有默契。比如两人参加朋友的聚会，小陈的领带歪了，妻子看见了不好意思上手替他整理，又不能在众人面前大声提醒他"老公，你的领带歪了"。这样做会显得没有礼貌。凭着两人多年的默契，妻子看看小陈的眼睛，并低了低自己的下巴。小陈当时就明白了，整理好了自己的领带。

过年的时候回老家，妻子吃不惯家里的食物，但又不好意思拒绝公婆

的好意，就只能微笑着看看小陈。不用她开口，小陈就笑着把她碗里的菜夹到自己的碗里，吃得有滋有味，轻松避免了一家人的尴尬。

两个人参加公司组织的活动，轮到需要两人配合的环节，谁也不如他们有默契。什么绑腿跑啊，你比我猜啊，谁也比不过他们。

这么有默契的两个人，就算吵架都跟别人不一样，猜透对方生气的点，就能轻松化解。不像某些夫妇之间吵架，总是能引起更大的误会。有一次，小陈在外面喝酒，彻夜不归。第二天早晨回来，妻子自然很生气，但是她并没有表现得特别明显，只是在接近小陈的时候闻到了酒味，不自觉地皱了一下眉头。这个小动作被小陈看在眼里，他马上知道妻子在想什么。于是，他就着"酒味"这个话题，跟老婆做了深刻的检讨，避免了更大的争吵，大事化小，小事化了，两人依旧恩爱有加。

"心有灵犀一点通"，这句话形容的就是恋人间的情感默契。恋爱，最重要的就是有默契。这种默契，是你伤心时，他看似无缘无故的笑话；是你做错了事，欲开口时他却抢先说的"没关系"……可见，存在默契，彼此间的心理距离将会很近，在相处中会减少不少摩擦，相处得更愉快。

你和他心与心之间的距离有多近，从你们之间的默契度有多高就可以看出来。

每个人都困惑过，都自问过，爱情到底是什么？什么叫爱呢？其实爱就是一种心理上的默契。心有灵犀一点通，懂得对方，有所共鸣。所以，当你们谈了两三年恋爱还没有默契，还需要靠一些花言巧语、山盟海誓才能维系爱情的话，那么，请反思你们之间是否有真正的爱情。

有真情，不需要语言，一切尽在不言中！

这也意味着，在交往过程中我们只要努力尝试，就可能拥有"心有灵犀一点通"的浪漫。

这种默契如何培养呢？

第一，默契来源于两人诸多的相似之处，诸如相似的兴趣爱好，相似的文化水平，相似的经历，相似的情感体验。所以，在选择恋人的时候，请尽量与对方多接触，尽量全面地了解对方，并考虑你们之间的相似点。在很多方面很相似，那么在面对同样的情况时，你和他往往就会做出相同的判断来，且是不约而同！如果你们不是很相似的人，那么就需要长期和深入地了解了，对对方的生活和性格很熟悉，有良好的判断和分析，这样遇到情况后也就容易"心有灵犀"。

第二，要想和他多一点默契心理，你们就要多站在对方的角度思考，进入对方的情绪状态之中，感受对方的心理，体会对方的需求。有了这份真诚，有了这样的共识，就会因熟知而生默契，从一个眼神、一丝笑意、一个手势中，因深知其意而感到默契，从而产生极大的愉悦感。

黑夜给了我黑色的眼睛，我只用它来看你

一个人，会一生一世地对另一个人，从一而终吗？

从情感上而言，回答"是"似乎并不那么容易。因为一个人很难具备所有人身上具备的好东西，来满足另一个人内在的心理需求。所以我们常说，有人喜新厌旧，有了新欢，忘了旧爱。更有一些人会同时爱上很多人，把自己的感情分给很多人，很"花心"。

虽说"花心"是一种很常见的心理现象，但相信每一个人都喜欢从一而终的爱情，希望从恋爱到结婚都是同一个人在身边陪伴。"我的眼里只有你，你是我生命中的奇迹。让我们生死在一起，永不分离……"这首歌中唱的这种沉甸甸的甜蜜，想必会给予恋爱人士极大的心理满足吧。

那么，我们怎样才能达到"我的眼里只有你"这种至高境界呢？不难，我们只需要使自己具备专注心理就行了。专注心理是一种特殊的心理状态，它是意识的指向和选择性的表现。表现在爱情中，就是一个人把注意力集中在某一个特定的人身上，全身心地投入这段感情中。

是的，心理学家认为，当我们选择注意某一事物时，心理活动的强度越

大，紧张度越高，注意力也就越集中。而且，当我们在高度集中自己的注意力时，我们注意的指向范围就会自动缩小，也就是说我们会选择放弃对其他事物的注意力，这时就很可能对自己周围的一切"视而不见，听而不闻"了。

大家都说老张是"妻管严"，因为在他的眼里，只有妻子，没有别的女人。不管老婆在不在身边，他都能做到坐怀不乱，不像有些男人，总是对身边的女性有想法。有人觉得老张活得太累了，便带他去娱乐场所喝酒看美女。老张并没有拒绝，这让朋友很意外。

到了那里，老张却自动屏蔽了外界的女性，只是自娱自乐地喝着酒，看起来挺开心。朋友不解地问："你老婆现在又不在这里看着你，你为什么不敢看别的女人啊？"老张笑了笑说："年轻的时候，我也喜欢跟女性朋友相处，大家在一起玩得很开心。但是后来我遇到了我老婆，就告诉自己，往后余生，我的眼里只有她一个，也只会爱她一个。不然，我们的感情，我们的家庭，都会受到威胁。而我，是特别珍惜我跟我爱人的缘分的。你说，我还会想看别的女人吗？即便看她们，也没有什么意义。"

真正的爱情就该这样，专一地爱一个人，一心一意，否则就会破坏爱的感受。如果有人说自己同时深情地、忘我地爱着两三个人或者更多人，那是不可能的。毕竟一个人的精力有限，爱太多人会大大耗损精力，而且，很容易陷入谁更完美的比较中，面临困难的抉择。

小美长得的确很美，所以身边不乏追求者。她也很喜欢被人追捧的感觉，没有固定的男朋友，甚至同时跟三个优秀的男人交往。大家都劝她专一，不然很难得到幸福。

一开始，她还挺喜欢这种交往方式，因为她从来不会落单，身边一直都有人陪着。A没有空，她就约B；B没有时间，她就找C。反正三个人都喜欢她，几乎不会拒绝她的约会邀请。但是时间一长，她就发现自己不懂真爱是什么了。她分不清自己对对方究竟是什么态度，也因此怀疑对方对她的感情。

更难堪的是，有一次她与一个交往对象出去玩时，被另外两个人看到，几个人大闹一场，最后都离她而去。她没有了所谓的陪伴，也弄丢了女孩最向往的被疼爱。

看着她痛苦的样子，周围的朋友都摇头："早知今日，何必当初呢？"每个男孩子对她都不错，但凡她做出决定，只跟其中一个人认真恋爱，说不定都要谈婚论嫁了。这下可好，一切都没有了，大家都知道她是个对爱情不够专一的女孩子，不愿意跟她交往。

小美终于知道，爱情就是两个人的事情，爱了就要真诚面对，不要挥霍自己的青春与爱情。

爱情的专一性来源于什么？要回答这一问题，先得弄清楚爱情是什么。爱情是一种爱慕关系，它只存在于恋爱者两人之间，不容许第三者介入，也不容许其中的任何一方同时涉足第三者关系。男女一旦相爱，就会要求相互忠贞，也就是要将注意力集中在彼此身上。

恋爱不是儿戏，双方要真诚相待。无数事实证明，三心二意的爱，不会有好的结果。毕竟爱情是排他的，每个人都希望拥有忠诚。你玩火，最终是要付出代价的。

那么，如何培养爱情中的专注心理呢？

第一，爱应该是唯一的，你是他的唯一，他是你的唯一，眼中只有对方，不要让这个唯一没有安全感。不管可不可能，都应该抱有这样一个美好的愿望！事实上，一个人一旦有了这种观念，就会自觉地约束自己的情感，不受其他欲望的摆布。

第二，你们是不是彼此欣赏，这一点也很重要。形体长相、品性言行、为人处世、兴趣爱好、个人素质，无论是恋人还是夫妻，如果你们在这些方面对对方满意，就会越来越喜欢对方，对对方的爱也就越来越深，彼此在对方心中的位置就会越来越牢靠，甚至变得无可替代，独一无二，如此忠诚度自然高。

所以，如果你向往"我的眼里只有你"这种专一爱情，希望与一个人不离不弃，白头偕老，那么在恋爱的过程中，你就要把注意力集中在对方身上，全身心地投入这段感情，并且要想方设法地让他对你满意或越来越满意。当然，你也得先确定一下，他是不是那种对爱情专一的人。

一旦你们感情认定，满意对方，爱，就是了。

CHAPTER 06

爱情三十六计

——男人会说有套路，女人撒娇有好命

不管男人还是女人，面对自己心仪或仰慕的人，谁不希望获得对方的注意和垂青？生活不是童话故事，也不是偶像剧，你喜欢的人不一定会喜欢你，怎样才能令对方对自己情有独钟呢？

小嘴甜如蜜，姑娘心欢喜

有些恋爱中的男人就像诗人，总是甜言蜜语，口吐莲花，把女人哄得不知道东南西北。为了得到心仪的女人，男人不经大脑思考就脱口而出："我什么都答应你。就是要天上的月亮，我也帮你摘。"理智的女人都能听出这不过是甜言蜜语，男人怎么可能无条件地听从女人的话？但是恋爱中的女人往往缺少理智，被男人迷魂汤一样的甜言蜜语给灌醉了。

女人如飞蛾扑火般，只是为了寻找到真爱。但是"真爱"到底是什么？怎么去判断什么是真爱，什么是假爱呢？男人的甜言蜜语是不是就是真爱呢？

对于这些问题，童玥认为自己是很有资格来回答的。

童玥的婚姻很幸福，但很多人不知道，一年前，她险些就失去了这些幸福。

童玥和丈夫文林是自由恋爱结的婚，当初还是童玥主动追求的。童玥性格开朗外向，文林却是个"闷葫芦"，对于这样两个截然相反的人能成一对，许多朋友都是倍感惊讶的，但他们感情一直不错，大学刚毕业就步入了婚姻的殿堂，成了典型的"毕婚族"。

文林是个很好相处的人，性格温和，对童玥也事事迁就。要说有什么不满意的，那就是文林这人真的太过于木讷少言了。别的男生甜

言蜜语张嘴就来，总能把女朋友哄得眉开眼笑，文林呢，就连说个"我喜欢你"都扭扭捏捏，更别指望他能说出什么漂亮话来哄人高兴了。

童玥有时候其实也有些怀疑，文林到底是不是真的爱自己，毕竟当初谈恋爱是自己主动的，就连结婚都是自己主动提的。当然了，这些小烦恼也不至于真的对生活造成什么影响，只是让人不免有些意难平罢了。

在结婚的第三年，童玥认识了赵宇。赵宇是童玥部门空降的新上司，很会说话却并不让人讨厌。赵宇很快就对童玥展开了追求，甚至在知道童玥已婚之后也没有放弃。

与文林不同，赵宇是个非常浪漫的人，鲜花、红酒、巧克力，再加上那一句句的甜言蜜语，很快就让童玥沦陷了。几番挣扎过后，童玥决定和文林离婚，接受赵宇的追求。

决定离婚的那天，赵宇在门口等，童玥和文林对坐在沙发上，相顾无言。沉默许久之后，文林只轻声问了童玥一句："你和他在一起，幸福吗？"看到童玥点头，文林颤抖着手拿起了桌上的笔。

就在即将签字那一刻，房子突然剧烈地晃动了起来，文林几乎是条件反射般地把童玥护在了怀里。那一刻，在文林温暖的怀抱里，童玥突然回想起了许多事情。早晨挤好的牙膏，餐桌上自己喜欢吃的菜，柜子里塞满的零食，每天晚上放在自己面前的果盘……童玥突然意识到，一直以来，虽然文林嘴上从没有几句甜言蜜语，但他为自己所做的一切，无一不在诉说着"爱"……

震颤终于静止了下来，童玥的心却猛烈地跳动了起来，她一把抓过桌上的离婚协议撕了个粉碎，紧紧抱住了文林。至于那个原本等在门口、成天诉说着有多么爱童玥的赵宇，早在地震开始的那一刻，就头也不回地冲出去了……

爱不是挂在嘴上的甜蜜，而是渗透在行动中的真理。正如一首歌中所唱的："爱就一个字，我只说一次，你知道我只会用行动表示……"没错，好男人固然没有一定的标准，可还是有一些共同特征的，衡量真爱我们可以用一些最简单的标准：不要看说了多少，只看做了多少。男人表达爱的方式和女人不同，男人更习惯于用行动来表明自己的感情。但是有的女人偏偏把男人的承诺看得比天还重，殊不知，就算他一天说100遍"我爱你"，也不代表他是爱你的。因为，说是可以骗人的，而做哪怕是在骗，也比说要难，要麻烦得多。所以，想要知道这个男人是否爱你，就要学会从他的所作所为中找出些许蛛丝马迹。

第一，出去吃饭时他坐在你身旁。中国人对座位的选择向来是很有讲究的，我们可以从座位的远近来判断两人之间的关系亲密与否。一般男女初次约会时，他会循规蹈矩坐在你的对面，力求抓住你的每一个表情。但一个爱上你的男人，一定会坐在你的身旁，并且时时帮你添菜加汤。这是因为，近距离的身体接触会让他感觉到跟你有某种亲密关系，这让他心满意足。一位男性朋友曾经说过："我每次出去吃饭时，都一定要坐在我女朋友的身旁，跟她在一起的时间总是觉得不够，所以吃饭时无意识的身体接触我也很珍惜。"

另外，这种行为本身就是在向外界传达一种信号：这是我的女人，你们不要打什么坏主意了！

第二，他肯把最珍贵的东西借给你。"我跟许多男人一样，我也很不喜欢女朋友碰我的东西。"张先生如是说，"直到我遇见了她。到今天我还记得自己曾把最珍惜的单反相机借给她玩，那是我攒了好长时间的钱才买的。有一次，她去野外拍照，不小心把相机的镜头摔坏了。说实话，我肯定是心疼的，但是面对我真爱的女人，一个镜头又算得了什么？"一个真正爱你的男人，会很痛快地把山地车、笔记本电脑或者其他重要的东西借

给你，因为他希望能够让你开心。虽然他知道你有可能会弄丢或弄坏这些东西，但和你的需要比起来，这些都不在话下。

第三，他随时随地准备好和你留影。相片可以说是个很危险的东西，尤其是和女友的亲密照。有的男人即使有女朋友，也总是摆出一副单身的样子：和女朋友合影的时候，突然变得浑身不舒服；抵触在钱包里放女朋友的照片；不允许女朋友进入自己的朋友圈子；等等。这些行为说明了一件事，他希望别人，特别是异性，认为他还在"待售"中。

所以，当你和他合照时，你可以趁机观察他的表现，如果他很自然地环抱住你，说明他承认与你的关系，并且想让全世界知道，你是他的女人！要是他把你们的合影放在办公室或者公寓里，则说明他是真正喜欢你的，愿意向所有有机会看到这张照片的人，包括老板、同事以及其他女人说：我现在很幸福。

在恋爱中，女人一定要擦亮自己的眼睛，并且不要太相信自己的耳朵。如果他说爱你，但事实上他并没有经常和你在一起做什么事情，你还是经常一个人吃饭、看书、旅游，那么，这样的男人可能不是真正喜欢你的。

为什么男人的花言巧语能够屡屡得逞？因为女人爱听。因为或多或少的虚荣心，女人对于男人"糖衣炮弹"的进攻缺少一定的免疫力。到最后被男人抛弃的时候才会恍然大悟，原来那些甜言蜜语的有效期是那么短，根本就不值得相信。

所以，女人一定要做到：经得起谎言，受得起敷衍，忍得住欺骗，忘得了诺言，放得下一切，最后用笑来面对男人的背叛。动听的言语谁都喜欢听，但为了自己的幸福，女人还是要提高警惕。不管是美丽的承诺还是欺骗性的谎言，记得不要信以为真。要知道，事实胜于雄辩，真爱你的男人一定会用实际行动来证明的，而不是只会说一些有效期很短的甜言蜜语。

男人装可怜，毫无违和感

都说眼泪是女人最好的武器，但事实上，在博取同情方面，男人比起女人，绝对是有过之而无不及的。因为在大多数人的认知里，女人相比于男人，本身就是弱者，弱者示弱不过是一件再正常不过的事情罢了。可男人不同，当他们把身上坚强勇猛的气质转化为悲情时，就好像一头猛兽向你露出脆弱的肚皮，于是，很多看似不可原谅的行为似乎都有了被大众原谅的理由。

瞧，悲情握在男人手中，那才是最强劲的武器，眼泪挂在男人脸上，便能成最坚固的防御。

江女士的丈夫是个颇有些清高的文艺青年，一直觉得自己有满腹的才华，却得不到伯乐的欣赏。有一天，他突然不想上班了，觉得像自己这样的人，天生就该是去做大事情的，怎么能天天风里来雨里去，为了微薄的工资就上班受苦呢？他得赶紧摆脱工作的束缚，然后自由地拥抱明天啊！

于是，他对江女士说："老婆，我很痛苦，领导根本看不到我的才华，世人也根本理解不了我。"看着他可怜兮兮的样子，江女士心软了，于是他理所当然地成了"软饭族"，从此心安理得地窝在家里不劳而获，天天嚷着自己会获诺贝尔奖。

当然，江女士有时候也会抱怨，希望他能干点正事，和自己一起扛起生活的重担。但每当这个时候，他就会一脸委屈，可怜巴巴地望着江女士说："老婆，你真的忍心让我放弃理想，为了生活而苟且吗？"

怎么办呢？深爱丈夫的江女士当然只能在他的远大理想面前低头了。甚至一次次地说服自己相信他确实天纵奇才，不能吃苦受累，更不能混迹于办公室里，白白埋没一身的才华。

在现实生活中，像江女士的丈夫这样自视甚高偏偏又没什么本事的男人可不少见。他们在面对现实生活中的困难时，就像个成年的儿童一样，首先想到的永远不是迎难而上，而是逃避，丢下责任，把自己封锁在理想的"乌托邦"里。

最可恶的是，他们这样做了，却又不愿意承认这一点，于是便把理想当作遮羞布，把自己塑造成"不受世人理解"的小可怜。因为他们知道，在这个世界上，总有一些女人，会因为男人狂热的理想而爱上他们，纵容他们；会折服于男人所谓的超脱世俗的才华，怜悯男人所谓的怀才不遇的悲苦，把自己当成是男人的"救世主"。比如诗人顾城，就曾因为诗人的理想，不愿意出外谋生，而那时，就有两个女人一直在心甘情愿地养活他，帮他挑起生活的重担。

不可否认，在这个世界上，的确存在那种怀抱着狂热理想，却又怀才不遇的悲情人物。但这样的人实际上是非常少的，尤其在今天这样一个信息爆炸、张扬个性的年代，大多数的怀才不遇，说到底其实都是眼高手低。更何况，也不是所有女人都甘愿成为"顾城"背后的女人，对于大多数女人来说，相比震惊世人的爱情，她们更渴望能安安稳稳地过日子。

因此，如果哪天你的丈夫可怜兮兮地对你诉说理想时，可别轻易被他的"悲情武器"所蒙蔽，你应该晓之以理，动之以情，打消他那不切实际的幻想，鼓励他面对残酷的现实。要知道，任何伟大的理想都是从脚踏实地的每一步开始的，一个人，如果连社会竞争都不能适应，连解决基本生存的技能都没法拥有，那么又怎么能指望他在其他方面获得成功呢？

如果你不想让自己在日复一日的重担下变成怨妇，不想把顶天立地的男人"培养"成眼高手低的低能儿，那么就不要被他的"眼泪"所打动。你得坚决地把他推出家门，让他去参与社会竞争，学会直面困难与挫折。

真正有担当的男人，在失败的时候，第一时间想到的，应当是检讨自己的过失，总结失败的经验，为下一次的拼搏做准备，而不是把一切的不如意都归结到命运的头上。所以，当你看到男人在你面前表演怀才不遇式的悲壮戏码时，不要忙着心疼或感动，先去好好鉴定一下，他的失败究竟是命运的玩弄，还是自己本事不够！

诚然女人应该给予男人足够的理解和同情，让他在失意落寞时，也能感受到温暖与鼓励，但理解不等于纵容，尤其是当他试图推卸责任，将自己的失败归结于虚无缥缈的运气或命运时，更不能因为心疼他就纵容他的逃避。与其任由他逃避现实，倒不如站出来，帮助他一起总结经验，找出失败的原因，然后共同为下一次的成功而努力奋斗！

男人的浪漫，你要睁大眼睛看

在生活中，这样的事情总是屡见不鲜：

一个男人热烈地追求一个女人，起初这个女人并不喜欢那个男人，也不肯答应他的追求。但在男人死缠烂打的攻势下，女人最终还是败给了那百般的浪漫柔情，选择"缴械投降"。不得不说，浪漫确实是男人手中一件威力巨大的致命武器，不管什么样的女人，都难以抵挡浪漫的诱惑。

女人天性就喜爱浪漫。无论是那些小鸟依人型的女人，还是那些独立自主的事业型女强人，心中都埋藏着一个公主梦。她们渴望拥有浪漫的爱情，浪漫的婚姻，希望自己的另一半会是风度翩翩的痴情王子。许多男人正是深谙女人的这种心理，所以总能用各种各样的浪漫手段，牢牢抓住女人的心。

一些女人总抱怨老实的男人不懂情调，浪漫的男人却又太"坏"，但实际上，她们并不明白，那些所谓的浪漫和情调，不过只是男人行为、目的的伪装而已。

许多年前，有一部电视剧非常火爆，名字叫《不要和陌生人说话》。在剧中，即将升任副院长的外科手术专家安嘉和简直就是所有女人梦寐以求的完美对象，他在全院乃至全市都很有地位，他不仅医术高明、事业有成，而且长相帅气、脾性随和，但凡认识他的人对他都赞不绝口。更难得的是，这样完美的男人在对待女朋友的时候，也表现得万般柔情，千般浪漫。

然而，谁都不曾想到，就是这样一个看似完美的男人，却是一个可怕的暴力狂。他对妻子有着极其变态的掌控欲，一旦妻子的行为脱离他的掌控，他就化身为残忍的魔鬼，对妻子拳脚相加。他所表现出来的一切完美与温柔，不过只是变态心理的伪装罢了。

当年，这部电视连续剧给一些女性造成了巨大的心理阴影，她们只要一想到这部电视剧的情节，就会不由自主地感慨："以后再不能轻易被男人的柔情和浪漫手段迷惑了。找对象一定得睁大眼睛看清楚，否则搭上的就是自己的一辈子啦！有的男人啊，表面上看挺好，但实际上，他们的真实面目是不可预知的。"

当然，世界上并没有那么多像安嘉和那样心理不健康的男人。但我们也不得不承认，在安嘉和还没有和梅湘南正式结婚之前，谁又能看到他的真面目呢？那时候的他，在所有女人包括梅湘南眼里，都称得上是一个完美的男人，他浪漫、温柔，让人情不自禁地沦陷。这是多么可怕的人啊！一个心理有问题的男人，为了一己私欲，竟然可以将柔情和浪漫表现得那么"完美"！

浪漫无疑是种很美妙的东西，然而在这种美妙中，却可能掺杂着毒药与陷阱。女人天生希望被人疼爱，被人柔情相待，有些男人就利用这一点，编造甜言蜜语，用柔情编织成一张大网，把女人的心牢牢困在其中，以实现自己的目的，满足自己的欲望。

当他们追求女人的时候，会使出浑身解数，钻戒、玫瑰花、烛光晚餐等等，所有能达成女人浪漫幻想的东西都会被捧到女人的面前。

世间没有无缘无故的柔情，也不存在无缘无故的浪漫，如果有人向你付出这些，那么请相信，他所求的回报可比几句甜言蜜语的付出要丰厚得多。所以，对于男人的浪漫，女人得睁大眼睛好好看，别为了品尝一时的甜蜜，让自己陷入一辈子的痛苦中。只有懂得排除浪漫的干扰，看清男人的本质，你才能找到自己真正的幸福。

浪漫固然美妙，却不过是水中月、镜中花，它能让你得到一时的欢愉，却未必能让你拥有一世的绽放。女人追求浪漫固然没有错，但在追求浪漫的同时，更要保持理智，不要因一时的冲动而做出让自己后悔一生的决定。当然了，懂得制造浪漫的男人未必都是坏男人，重要的是，女人能不能分清楚浪漫背后的真情或假意，看透浪漫背后的男人究竟是个什么样子。千万不要为了那虚无缥缈的雾中花，失去了真正的幸福，否则，悔之晚矣。

你这"小坏蛋"，人家哭给你看

俗话说"英雄难过美人关"，对于无坚不摧的英雄来说，女人的眼泪恐怕是他们最难以抵挡的攻势了，总会在关键时刻制约或牵制他们的决断和选择。古往今来，多少英雄在女人的眼泪面前，方寸大乱，无计可施。

英雄尚且如此，更何况普通的男人呢？其实很多男人也都表示过，在这个世界上，自己天不怕，地不怕，偏偏最怕的就是女人的眼泪，一看到女人哭，就不知所措了。

这或许是因为在男人心里，一直都有一种认知，觉得自己生来就是应该保护女人的。这是人天性中的一种怜弱心理，因为从生理构造上来说，男人确实比女人强。因此，一个男人假如总是让女人流泪，那么或多或少会产生一种罪恶感，仿佛自己在欺凌弱小一般，而这种罪恶感又会进一步转化成愧疚，从而直接导致妥协。

曾听过这样一个故事：

一个小男孩问妈妈："妈妈，你为什么会哭呢？"

妈妈说："因为我是女人。"

小男孩很疑惑，又去问爸爸："爸爸，为什么妈妈总是喜欢哭呢？"

爸爸想了想，回答说："女人哭是从来不需要理由的。"

后来，小男孩渐渐长大，但他依旧不明白，女人为什么总在哭。于是有一天，他给上帝打了个电话，问他说："上帝啊，为什么女人总是很容易哭？"

上帝回答说："因为在创造女人的时候，我赋予了她们一些特别之处。她们有一双柔软舒服，却又足够有力到能托起整个地球的手臂；她们有足够强大的忍受力，足以担负生育的痛苦。她们能为了家庭而任劳任怨；能倾尽一切去爱她们的孩子，哪怕孩子让她们伤透了心；她们能包容心爱的人所犯的错；而我赋予她们的，唯一属于她们自己的东西就是，只要需要，她们便能随时拥有眼泪。"

大多数女人都是爱哭的，也难怪《红楼梦》中的宝哥哥会说，女人是水做的。柔弱的女人流泪也是一种风景，总能让人心生怜爱，而女人如水的温柔与哀伤，更是能让所有男人心中都涌现出一股股缠绵的情意。

如水的女人总是容易讨男人喜欢，她们的透明、纯洁、柔软，无一不让男人心折。而对于女人来说，眼泪未必就是脆弱或悲伤的象征，她们流泪，除了能发泄心中的不快之外，还能有效抑制男人的狂躁情绪，以柔克刚，让男人甘愿退让、屈服，从而赢得自己想要的东西。

爱哭是女人的天性，而眼泪则是上帝赋予她们的独家武器。在女人面对比她们更为强悍的男人时，这种咸中带涩的液体，无疑是制胜的关键。女人的泪水可以让最懦弱的男人变得坚韧刚强，可以让最狂躁的男人变得温存谦和，可以让最冷酷的男人在心底泛起爱的涟漪……倘若一个男人读不懂女人的眼泪，那么只能说明他还没有长大，还只是一个不懂生活，也不懂女人心思的小男孩。

眼泪是女人的一种特殊语言，诉说着她们心中的不快、委屈和哀愁，同时也讲述着她们的睿智、聪慧与狡黠。聪明的男人会努力去读懂女人的眼泪，从而了解她们，明白她们。他们审视女人的眼泪，并透过眼泪解读她

们的喜怒哀乐，解读她们每一次流泪背后的真实含义，明了她们的心思，研究她们的性格，甚至揣测下一步她们究竟想要干什么。

一个男人，不管生活有多么艰难，能够让自己的女人踏实依靠在宽广的肩膀上流泪，那就不失为一个好男人；一个男人，不管事业是否成功，能够让自己的女人愿意在他面前放心哭泣，那就不失为一个好男人；一个男人，不管地位是否崇高，只要不让自己的女人伤心，懂得在生活中包容她，关心她，那就不失为一个好男人。

每一个女人都渴望拥有一个这样懂得体谅她、关心她的好男人，这一点毋庸置疑。然而女人也应当明白，好男人并不是天生的，每一个好男人都是女人用自己的泪水不断试探和打磨出来的。如果说男人是风筝，那么女人的眼泪就是一根能够牵动男人神经的风筝线，只要控制好这根线，女人便能掌控男人飞行的轨迹。

"男人如山，女人如水"，水看似柔软，却可以磨平山石的棱角。男人是强大的，但聪明的女人对上强大的男人，却总能成为交锋的赢家。因为她们手中掌握着对付男人最有用的利器，总能在即将败退之际，泪眼蒙眬地换取到对方的妥协。

瞧，女人多么厉害！只需一招，便能让大多数男人缴械投降。毕竟你可是男人呀，怎么能欺凌一个泪眼蒙眬的小女子呢？你这坏蛋，若再不妥协，人家就哭给你看！于是乎，当男人一次次无奈妥协，愁眉不展的时候，女人的眼睛在哭，心里却早已笑开了。

女人一撒娇，后果很"糟糕"

即便有男人会抱怨女人发嗲会让自己惊起一身鸡皮疙瘩，但不可否认，他们在心里依然还是很吃这一套。

撒娇和眼泪一样，是女人摆平男人的有效工具之一。无论什么性格的男人，对女人娇滴滴的声音都是无从抗拒的。只要一听见那奶糖般嗲嗲的声音，哪怕再蛮横的男人，也不免变得温柔起来。而男人自己其实也清楚，那嗲嗲的撒娇声就如糖衣炮弹，一旦出现，那就意味着他们又要有所"牺牲"了。

对于"发嗲"这个词，很多人可能并不认为它是个褒义词，但实际上，这个词来源于上海洋泾浜的方言，原本是英文单词"dear（亲爱的）"的读音，形容的是女孩子在撒娇时，总是会拖长语调说话，时不时还冒出哼哼唧唧、咿咿呀呀话语的样子。这种形容可谓是非常贴切的，女孩子的撒娇不就像念叨"亲爱的"一样甜蜜柔软吗？

不管你承不承认，在这个世界上，女人撒娇只要撒得够聪明，够到位，就必然能够把男人牢牢抓在手心里。通常来说，那些善于撒娇发嗲的女人都很聪明，她们深谙男人的特性，知道如何利用自己的优势来为自己争取最大的利益。从某个角度来说，"嗲"其实也是对女性的一种赞美。一个会发嗲的女人，必然是娇媚的、温柔的、富有情趣的、谈吐优雅的、姿态美好的，甚至其出身、学历、技巧等等，都能从中体现出来。试想一下，如果一个女人，既会撒娇俏皮，又不乏妩媚风情，那么谁还能抵挡她的魅力呢？而这不正是一种赞美吗！

蕊欣是个长相平凡的女孩，但认识她的人都知道，她在"御夫"方面可是相当有一套的。

蕊欣的丈夫华东在结婚前是有名的"钻石王老五"，长相英俊，事业有成，被无数美女竞相追逐。遇到蕊欣之前，华东一直声称自己不会为了一棵小树放弃整片森林。可认识蕊欣之后没多久，华东就甘愿套上戒指，步入婚姻的殿堂了。

刚结婚的时候，很多人其实都不看好华东和蕊欣，认为华东完全是一时冲动才做出这个决定的，而蕊欣也完全不像是能拴住华东的人。可令人大跌眼镜的是，结婚之后的华东不仅没有"冷静"下来选择离婚，反而对蕊欣言听计从。

有朋友很好奇，私下询问华东，到底蕊欣灌了什么迷魂汤，居然让他这么听话。华东思索了片刻，满脸幸福地感叹："没办法啊，她一对我撒娇，我就舍不得不听她的话了！你想想，如果你老婆抱着你的手臂，出神地看着你，嗲嗲地跟你说：'老公，我好喜欢你做的菜，你做菜的时候帅呆了！'你爽不爽？下次会不会还特别想给她做菜吃？"

聪明的女人总能把握时机，开启撒娇技能让男人点头答应一切要求。当然了，男人也不笨，对于女人心里那些小算盘知道得一清二楚，但他们甘愿臣服在女人嗲嗲的撒娇中，心甘情愿地为女人实现心愿。

因为在男人看来，女人对自己撒娇发嗲，实际上是一种亲密的行为，也是一种爱意的表达。既然她愿意以亲密的姿态来面对自己，那么作为顶天立地的男子汉，宠着惯着身边的小女人又有什么问题呢？

　　况且，通常来说，会发嗲的女人往往很少生气，也很少发愁。当她们看不惯某件事情的时候，她们不会大喊大叫，而是会用温柔的嗓音，嗲嗲地向男人提出要求。

　　当然了，凡事过犹不及，偶尔撒撒娇发发嗲，还能当作是彼此之间的情趣，可如果总是不分对象、不分场合地发嗲，那么恐怕就会让人吃不消了。可在现实生活中，还真有不少这种不分场合、不分对象，动不动就撒娇发嗲的女人存在。而她们之所以会有这样的表现，其实也是有缘由的。

　　比如有些女人常发嗲，完全就是因为要赖犯矫情。她们把发嗲当作一种武器，在面对困难的时候，立马就装出一副委屈样，指望别人来帮她们解决问题，渡过难关。这样的人对他人的帮助和怜悯往往有着强烈的依赖，总想依附别人过日子。通常而言，这样的女人往往容易自怨自艾，且特别缺乏主见。

　　也有些女人发嗲，是为了把自己最女人的一面表现给别人看，就像孔雀开屏一样，试图在众人面前展现出最具魅力的一面。当然，如果撒娇技艺足够高超，那么确实非常打动人，但如果"表演"不到位，则很可能会招致反效果。通常来说，像这样故意用发嗲来伪装自己的女人，往往是存在着自卑和盲目心理的。她们只知道一味模仿，却未必真正懂得男人与女人之间微妙的化学反应。最可悲的是，当她们故作姿态，甚至试图走进男人的情感世界时，必然会处处碰壁，遍体鳞伤。所以她们总也想不明白，同样是撒娇发嗲，怎么自己面对的男人却这样"百毒不侵"呢？

　　还有些女人则是把发嗲当成了最顺手的伪装，她们心中有着自己的盘算，却希望自己在别人眼中是楚楚可怜、柔弱无害的。因此，她们会极力掩藏自己的欲望，遮挡自己的棱角，不断放大柔软无害的特质。她们通常都善于阿谀奉承那些有势力的权威人士，却对那些比自己弱的人不屑一顾。这样的女人其实是非常容易遭人反感的，一旦暴露真实的自己，恐怕再怎么撒娇发嗲都没有用了。

需要注意的是，男人可不会对所有的撒娇发嗲都买账。事实上，男人对女人的撒娇发嗲也是有一定要求的，一旦"技术"不到位，便只能落得一个酸倒牙的下场。

装傻这一计，是想套牢你

人们常说："恋爱中的女人都是傻子。"可偏偏很多时候，最能俘获男人心的，就是那些"傻傻"的女人。所以常常会听到有人感慨，说这是"傻人有傻福"，反而那些看似聪明的女人，在感情路上却是挫折频频。

"傻人"真的能有"傻福"吗？其实未必。要知道，那些能够俘获男人心的"傻女人"，未见得就是真傻。她们只是比一般人更懂得把握时机和尺度，明白什么时候该聪明，什么时候该傻一点，更重要的是，还得傻得娇憨可爱、得体大方。这样的"傻女人"，比起那些锋芒毕露，精明在外的女人，那可是聪明多了！

真正聪明的女人，从来不会随便就把自己的底牌展露在男人面前，她们心里洞悉着一切，将事态变动尽数掌控在手中，无论何时都能从容应对。她们在男人面前的傻，总是能傻得恰到好处，傻得足以衬托男人的英明不凡。这才是男人真正爱的"傻"女人。

蒋楠个子高，长相佳，能力强，从学生时代开始就是风云人物，万千女同学的梦中男神。毕业之后，蒋楠靠着自己的努力，白手起家，短短三年时间，就成了身价百万的杰出青年企业家。

　　按理说，像蒋楠这样优秀的人，想要找个合心意的对象并不是什么难事。而蒋楠也确实有着众多优秀的追求者，可他愣是没一个看对眼的。身边的许多朋友问过蒋楠，他到底喜欢什么样的女孩子。蒋楠的回答就两个字：聪明！

　　之所以会有这样的回答，是因为蒋楠在学校时，曾谈过一场短暂的恋爱，当时他的恋爱对象是个有些傻乎乎的女孩子。起初，蒋楠觉得她非常可爱，但相处久了之后，越来越多的问题便暴露了出来。比如蒋楠说的很多东西，对方都听不懂，两人渐渐地也就没了共同话题；再比如对方不太会看人脸色，常常在蒋楠心情不好的时候还"火上浇油"，乱说话，让蒋楠心塞不已。

　　总而言之，正是因为有了那次失败的经历，所以蒋楠才下定决心，以后一定要找个聪明的女朋友。

　　可惜，在结识了一个又一个聪明透顶的女人之后，蒋楠仍旧没有找到自己的"真命天女"。在蒋楠看来，那些聪明的女人实在是少了几分可爱，做伙伴或搭档还行，当对象却有些不太合适。

　　兜兜转转，就在大家都为蒋楠的终身大事发愁时，他终于遇到了自己的"真命天女"。大家都很好奇，究竟是怎样聪明的一个女人，才能拿下蒋楠这朵"高岭之花"。可等真的见到这位"真命天女"后，大家都意外极了。

　　这位成功拿下蒋楠的姑娘名叫徐乐乐，她并不像大家所以为的那样精明，反而看上去是个性格随和，非常可爱的人，甚至有些"天然呆"。在蒋楠说话的时候，徐乐乐总喜欢用一种"小迷妹"崇拜偶像的眼光看着他，好像不管他说什么，都让她听得津津有味。而平时缺乏耐性的蒋楠在面对徐乐乐的时候也一反常态，不管和她说什么，或者教她做什么，都表现出了十二分的耐心。

　　朋友们私底下也问过蒋楠，不是说要找个聪明的女朋友吗？这徐

乐乐虽然长得挺讨喜，却显然是个"傻白甜"呀，哪里和聪明扯得上关系？

蒋楠却笑称，自己其实也不知道为什么，就觉得徐乐乐虽然挺"傻气"，但和她在一起一点儿不会觉得不耐烦，或者沟通不了，相反，他还特别喜欢和徐乐乐沟通，总觉得不管跟她说什么，她都听得津津有味，让自己特别有成就感。

徐乐乐真的是个"傻白甜"吗？恐怕未必。其实从蒋楠的话语中就能知道，且不说头脑够不够聪明，徐乐乐的情商必定是非常高的。要知道，男人之所以不喜欢笨女人，是因为笨女人是真傻，她们不懂什么时候可以"傻"，什么时候应该安静地待在一边。徐乐乐不同，她看上去似乎是个毫无心机的"傻白甜"，但她偏偏能"傻"得恰到好处，把蒋楠牢牢拿捏在手心里，还让他心甘情愿，欲罢不能。这样的女人，恐怕才是真正的聪明吧！

和真正聪明的人相处是件非常愉快的事情，因为聪明的人永远不会让自己陷入尴尬的局面。但若是和自作聪明的人相处，那就是种折磨了。

装傻不等于真傻。聪明女人装傻，只是为了掩藏自己的锋芒与凌厉，避免让男人倍感压力。要知道，比起展示自己的强悍，适时的示弱求助，往往更容易征服男人的心。装傻只是套路，真正的目标其实是"套牢你"——这就是聪明女人的幸福小心机。看破不说破，日子才能快乐地过下去。

你若让她不开心，她会让你很伤心

男人总以为自己很了解女人，以为只要陷入爱河，女人就会变得很傻很好糊弄，只要自己温柔一点点，她们就会死心塌地陪在自己身边。

不可否认，在女人的生命中，爱情所占的比重往往要比男人大得多，女人的情感、情绪也通常要比男人更加丰富。但也正因如此，女人对爱情的重视绝对是男人所想象不到的，你若是敢让她不开心，那么恐怕你就得小心了。

女人本身就更容易伤春悲秋，在这样的情况下，作为男人的你若是非但不能帮助她把开心的感觉延长，反而还弄出些麻烦来给她添堵，那么可想而知，这会让她有多么难受和愤怒。曾经有个女人说："只要他不让我开心，我就不让他开心，只要他一不开心，我就自己到别的地方找开心去了。"

瞧见了吧？有些人的报复心理就是这么可怕。当这种女人不开心的时候，让她们不开心的人恐怕就要遭殃了，你根本不会知道她们究竟会做出怎样疯狂的举动。可别不以为然，要知道，即便是性格温顺的小兔子，被逼急以后咬人也是很疼的，更何况是她们呢？

在新杰眼中，女友雨欣一直是个"乖乖女"，性格温顺乖巧，自从和自己在一起之后更是本本分分，听话得不得了。

两人刚谈恋爱，新杰就给雨欣定下了不少"规矩"，比如不能袒胸露背，出去不能和异性靠得太近，等等。雨欣也非常听话，通常是新杰说什么就是什么，脾气好到没话说。

按理说，有这样一个挺专注于感情的女朋友，可说是件难能可贵的事情了，但新杰却并不珍惜这一切，反而总是会有意无意地搞出些事情来折腾戏弄女友。比如常常说一些不好听的话刺激一下雨欣，或是和接近自己的异性保持暧昧。因为这些事情，雨欣掉了很多次眼泪。

新杰做这些事情，其实并不是不爱雨欣，或者想和她分手，只是觉得反正雨欣脾气软，生气了随便哄哄也就过去了。而事实上，雨欣也确实非常好哄，每次新杰闹出事情，雨欣哭着说要分手之后，只要新杰摆出一副悔不当初的样子，诚挚地说几句道歉的话，雨欣就又心软地选择了原谅，还总是会下意识地为新杰找许多借口：

"或许那天他喝多了。"

"或许是心情不好。"

"或许只是逢场作戏。"

总而言之，每一次，雨欣几乎都会这么哭着说服自己。也正是因为这样，久而久之，新杰似乎已经形成了一种认知，觉得不管自己犯了什么错，只要可怜巴巴地去雨欣面前赔礼道歉一番，那么一切就能搞定了。就这样，在雨欣的包容之下，新杰非但没有收敛自己的行为，反而越来越没有底线。

直到那一天，雨欣无意中在朋友圈看到新杰和一个陌生女孩拥吻的照片，才终于对他死心了。那一刻，她突然意识到，自己的内心其实已经非常疲惫了。这段感情让她退让了太多，也付出了太多，可悲的是，她为之付出的男人根本就没有尊重过自己，而是一直把自己当成了用来玩弄的工具，这样的感情再继续下去又有什么意义呢？

下定决心离开新杰之后，雨欣并没有急着说分手，而是一边治疗情伤，一边偷偷在婚恋网上寻觅合适的相亲目标。经过多方选择后，雨欣结识了一个心仪的人选，并在一段时间的交流后和对方见了面。

原本一开始，雨欣选择相亲只是为了帮助自己更快地走出这段感情，但出乎意料的是，新结识的这个男人却比雨欣想象的要优秀得多。他虽然长相不算帅气，但十分稳重博学，脾气也非常好，雨欣和他也十分谈得来。更重要的是，他能给雨欣安全感，而不是像新杰那样，让人觉得抓不住对方。

意外收获一份不错的新恋情之后，雨欣便直接跟新杰摊牌提出了分手。这个时候，新杰还并不清楚雨欣早就已经连新男朋友都找好了，还以为只要自己故技重施，她便又会乖乖回到自己的掌控之下。当然，最终结果并未如新杰所愿，雨欣头也不回地离开了他的世界。

直到这个时候，新杰才忽然意识到，自己是真的失去雨欣了。他想起很多以前的事情，想起雨欣对自己的好，他头一次发自内心地想告诉雨欣，说自己以后一定不会再犯同样的错误，一定会好好待她。但可惜，如今的雨欣已经不需要这份迟来的道歉和保证了，她已经开始了自己新的生活、新的恋情。

女人可以是最深情的，但同时也可以是最绝情的。她们爱上一个人，会如同飞蛾扑火一般，燃烧自己的生命与情感。但也正因如此，当这份爱熄灭的时候，那便意味着再也不会有重新点燃的机会。因为早在熄灭之前，女人就已经燃尽了所有情感。

爱是一件很容易的事情，但让这份爱开花结果却并不容易，它需要两个人共同去灌溉和经营，需要两个人一起去呵护和珍惜。

假如一个男人，像新杰那样，在拥有一位爱着自己的女人时不去珍惜，那么终有一天，当女人的内心无法再容纳伤痕的时候，她必然会离你而

去。女人都容易心软，尤其在对待自己喜欢的人时，更是会不断地包容和退让。她们对于爱情相当在意，所以总会在男人无心犯错以后，不断地去为他们找借口，不断地给他们机会。可再深的爱，都会有耗尽的时候；再包容的心，都会在伤痕累累中死去。到了那个时候，男人再想回头，就已经来不及了。

　　永远不要把恋人对你的包容，当作可以无底线伤害对方的倚仗。弹簧压得再低，也会有弹起的时候，更何况人呢？心里的火，不管包裹上多少层纸，都有燃透的一天。所以，如果你真的在意对方，如果你并不是真的对一切都无所谓，那么就请学会珍惜吧，不要在失去后才追悔莫及，更不要等到一切已经成为定局之后，才哭着高喊："我错了，我只是从未想过有一天他真的会离开。"

CHAPTER 07

拆穿谎言

——男人"天生"会说谎，女人说谎也"在行"

在情感中，没有人愿意被欺骗。
然而爱情与谎言，却常常相伴相生。
探索谎言背后真实的表达，了解对方
真正的想法与需求，才能温和地处
理遇到的问题，走出欺骗和背叛的
"沼泽"。

他说他很可靠，我就微微一笑

　　要说受女人欢迎的男人是什么样，那很好回答，男人能够吸引女人的特质不外乎这几种：相貌英俊，身家丰厚，才华横溢，风趣幽默，绅士大方……以上每一个特质，都可能成为一个男人打动一个女人的理由。

　　但如果说到结婚，那么女人最看重的，往往都是相同的一点——这个男人可靠不可靠。的确，谈恋爱不合适可以随时更换对象，但结婚却是可能影响到自己一辈子的大事，哪个女人不想找一个可靠的男人来托付终身呢？那么问题来了，到底什么样的男人才称得上是可靠的男人呢？我们又该怎样去鉴别一个男人究竟是否可以依靠，值得让女人托付一生呢？

　　有人说，长得帅的男人往往不可靠，因为长得帅就意味着他会受到更多的诱惑，做错事的概率也就大大增加了。如果长得丑一点，那相对就要安全得多。

　　还有人说，有钱的男人通常都靠不住，因为男人有钱就变坏，要是没钱，做坏事的机会就少了。所以，如果想找可靠的男人，那么就去找一个家庭条件和自己相当的，或者不如自己的。

　　这种谬论，乍一听似乎有些道理，但仔细一琢磨，这不是和自己过不去吗？拜托，这不叫可靠，这叫自我伤害。再说了，看看你身边的那些例子，难道出轨的男人都是长得帅的男人吗？难道离婚的男人都是有钱的男人吗？难道疼老婆、负责任的男人都是又丑又穷的吗？

一个男人可不可靠，光凭外在的容貌或条件，是根本无从判断的。那些拿恋爱不当回事的男人肯定不可靠，但"成熟稳重"的男人也不一定可靠。男人的可靠从来不会写在脸上，也不可能用三言两语就能轻易预测。人的外表、行为都是最容易伪装的，若没有一双火眼金睛，谁又敢说自己就真的能透过现象看穿本质，发现男人伪装下的真实内在呢？

曾看到过这样一个小故事：

在一场面试中，有一个大学刚毕业的应聘者，因为长相稚嫩而被主考官质疑。虽然他的笔试成绩是所有应聘者中最好的，在面试中也应答如流，表现可圈可点，可没想到，就因为他的长相不够成熟，给了主考官不可靠的感觉，所以被判定为不能胜任这份工作。

这位应聘者很不甘心，在即将离开的时候，他突然停下脚步，转身对主考官鞠了一个躬，然后不疾不徐地说道："阁下认为什么是可靠，长相吗？如果是这样，那么只要给我3分钟的时间，我可以马上换一身正装，再给我5分钟的时间，我可以立刻换一个发型，最后再花2分钟，我就完全能将自己伪装成老练成熟的样子。而一个人的学识，我想是绝对不可能用这么短的时间进行伪装的。"

每个人都是天生的表演家，可以轻易就藏起自己最真实的样子。所以，一个男人究竟是否可靠，这不是年龄、外貌所能代表的，也不是装束或行为所能判定的。所以，别轻易就给"可靠"下定义，男人的可靠，绝不是你轻易就能看透的。

曾经有部很火的电视剧，名叫《血色浪漫》。剧中的男主角钟跃民是个让无数女人又爱又恨的人，他才华横溢、能力卓绝，有着十分独特的人格魅力，很多女人都爱他。曾经有一个女人对他死心塌地，可他却爱上了别的女人；即便已经有两个女人用一生去爱着他，他依然爱上另外一个女人。因为这样，很多女人其实也恨他。

对于钟跃民这个角色，有的女人认为他是一个可靠的男人，因为他有思想、有能力，只要他愿意，他完全可以给女人任何她想要的名誉、地位和金钱，所以即便他不够专一，也依然有女人愿意爱他一生。也有的女人认为他是一个完全不可靠的男人，不值得任何一个女人托付终身，因为他根本就是个不负责任、只会为自己着想的人。他永远只会按照自己的想法行事，完全不会去考虑别人的感受，尤其是在一个又一个的女人为他付出全部感情之后，他依然可以说舍去就舍去，这样的男人怎么可能值得女人托付终身呢？

由此，往深处去分析，男人的可靠似乎也并不是靠金钱和能力就可以衡量的，更不是感情所能一言以蔽之的。面对社会，我们有生存的需求，所以必然不能少了金钱的支持，而在金钱之外，我们还有情感的需求。所以总的来说，女人心目中最理想的"可靠的男人"，应当是一个能够全心全意爱她们，又能给她们想要的一切物质的男人。这样的男人在女人心中，才是当之无愧的"可靠的男人"。

如此高的要求，在这个世界上真的找得到吗？或者说即使真有这样的男人存在，能让你遇上的概率又有多少呢？所以说，女人与其把生命和时间都浪费在去试探男人上，倒不如好好投资自己，让自己成为自己最坚实的依靠。要知道，在这个世界上，任何一个人都可能随时从你身边抽身离去，你所能真正掌控的，永远只有自己。

一位著名主持人就曾这样说过："千万不能把男人当作信仰。"只有自己学会了安身立命的技能，有了坚强的内心，才能成为自己永远的依靠，顺利通过命运的考验。

总说"我很忙"，啥事这么忙

坠入爱河的情侣们总喜欢玩"你说我猜"的游戏，并且乐此不疲，仿佛只有对方猜到你的心思，才能证明你们"心有灵犀"、心意相通一般。可问题是，男人与女人的脑回路本就不在一个"频道"上，想要猜中对方的心思，那简直比登天还难。

可是没办法，为了恋爱顺利，感情加温，该猜的心思还是得猜，否则一不小心，刚出土的爱情苗苗怕是就要面临被无情折断的风险了。

张玉是一名外企白领，有一个交往一年多的男朋友，最近她就经常向朋友抱怨："交往了一年多，现在却突然告诉我，说他需要自己的空间。你说他讲这些话做什么？是觉得我逼得他太紧了吗？还是想要逃避什么？"

想必许多女人在恋爱中都有过和张玉类似的困惑。没办法，女人总是比较敏感，只要男人含混不清、模棱两可地嘟哝几句，女人就忍不住费尽心机地去猜测他们的意图，而后陷入无尽的苦恼中。

也许你会觉得，这些都是女人在自寻烦恼，几句寻常的话，未必就包藏什么深意。如果你这么想，那么可要小心了，稍不注意，后果就可能非常严重。如果说女人的言不由衷是女人爱男人的一种表现，那么男人的口是心非则大多暗藏玄机。女人如果不能破译这些语意不清的话语，排除复杂信号的干扰，看清他们的内心世界，那么接下来可能就要白受很多苦了。

所以，我们不妨来截取几个场景，一起来透视一下男人话中的真实意思，努力把海里的绣花针变成定海神针，洞悉男人的小心思。

场景一："我一会儿给你回电话。"

很多女人都被男人的这句话诓骗过，乖乖捧着手机，却是一等一宿都没听到电话响起。说好的一会儿回电话呢？男人又说话不算数了。

是的，男人确实说了会给你回电话，但其实，这可能只是他们一种习惯性的说话方式，在说出这句话的时候，可能连他们自己都不知道自己到底在表达什么意思。我们可以换个方式来理解这句话："我们该结束这次交谈了，但或许某天我会有兴趣给你电话的。"

一个男士曾对此做出过解释："我说这句话的意思，可能是我会打电话，但也有可能是我不会打电话。这就需要实际问题实际分析了，不能一概而论。但可以肯定的是，这并不是一个承诺。"

所以，女人，下次再听到男人说这句话的时候，就不要再怀有无限的期望去等待了，这可能只是男人结束谈话的一种方式。毕竟只有这样，他们才能借机走开。

场景二："给我一点儿空间。"

如果一个女人对你说出这句话，那么别怀疑，她的意思就是："别来烦我！"但如果这句话是一个男人说出来的，那么请相信，他真的只是希望能拥有一点儿私人空间，可以自由地做一些自己想做的事情罢了。

很多比较敏感的女人，在听到男友对自己说出这句话时，往往就会"脑补"很多"有的没的"，觉得对方可能是在暗示什么，这可真就误解男人了，真实情况或许并没有那么糟糕。通常来说，如果两人关系刚确立不久，那么男人想要表达的意思，可能是觉得彼此关系进展过快，想稍微把节奏放慢一点；如果是爱情马拉松，那么就意味着男人可能需要一些时间和空间来独自思考一

下，是否能够下定决心再进一步。

或许我们可以这样来理解这句话："请让我独自待一会儿。"男人毕竟与女人不同，他们在遇到问题时，往往会选择自己躲起来解决问题，而不是向别人寻求帮助。

所以，下一次当你再听到这句话的时候，不要再歇斯底里地对男人揪住不放了。就让他自己待一会儿吧，让他能够在独立的空间进行理性的思考，这是你所能给予他的，最大的温柔与体贴。

场景三："这几天工作简直忙死了！"

"工作忙"是很多男人最爱用的借口。追求你的时候，恨不得一分钟一个电话，时时刻刻黏在你身边，等关系确定了，工作就突然变得忙起来了。其实，到底是真忙还是假忙，女人心里都有数，只是有时候总免不了自欺欺人，不敢面对这个现实——工作忙只是他的一句托词而已。

鲁迅先生说过："时间就像海绵里的水，只要愿挤，总还是有的。"工作再忙，总不至于连发条短信、打个电话的时间都没有。所谓的"忙"与"不忙"，说到底还是看男人愿不愿意挤一挤他"海绵里的水"。

事实上，即使男人真的很忙，在对女人的态度上，也是因人而异的。如果是特别上心的女孩，那么哪怕他正在忙，也一定会抽空去和对方聊天；但如果是关系一般的，那么忙不忙恐怕就得看自己的心情了，心情不好的话那当然是忙得连回话的时间都没有啦。

如果一个男人真的为你神魂颠倒、情根深种，那么无论何时，都是决不会拿工作当借口的。而如果一个男人总是把"工作忙"挂在嘴上，那么请相信，他对你或许并没有你以为的那么上心，此时他可能还在对你们的关系是否要进入实质性阶段而犹豫不决呢。

场景四："还好。"

女人对这两个字的讨厌程度绝不会亚于男人对"随便"这两个字的讨厌程度，因为不管是"随便"还是"还好"，都充斥着浓浓的敷衍意味，你根本不明白对方说出这两个字究竟想表达什么意思。

设想一下这样的情景：

周末晚上，男友加班回来，脸色沉郁，一屁股陷进沙发就不发一语，你关心地询问他怎么了，他却不冷不热地回答："还好。"你继续问："还好？还好是什么意思啊？"他不耐烦地说："没什么意思。"你有些生气，然后继续追问："'没什么意思'又是什么意思？"他突然起身，一言不发地走进书房，把门猛地关上了，剩下你一个人茫然失措地站在那里。

这样的情景想必很多人都不会陌生吧？"还好"两个字虽然简单，听到女人耳朵里，却不异于一个重磅炸弹，敏感的女人甚至可能已经在脑海中排演出了一场"情变"大戏了，并在心里叫嚣着："他一定有事瞒着我，不然为什么不正面回答问题！他一定是不爱我了，否则怎么会敷衍我！"

但实际上呢，此时男人的心中可能只有一个想法："亲爱的，我真的太累了，实在不想说话，能不能让我一个人待一会儿，好好调整一下思路，等过一会儿我会主动去找你的。"

"现在不想结婚"——不想和谁结婚

很多人可能都听过这样一句调侃："不以结婚为目的地谈恋爱，都是耍流氓。"那么，作为一个女人，如果你遇上了这样"耍流氓"的恋人，会怎么

办呢？

通常来说，坠入爱河的女人容易缺失理智，当她们的恋人明确表态，说自己不想结婚的时候，她们首先想到的，并不是去谴责对方，或者怀疑对方，而是为对方想出一大堆的理由：或许曾经的经历让他对婚姻有着深刻的阴影，或许他只是想暂时专注于事业，或许我们的感情还不够成熟……然而事实真的如此吗？别傻了，男人不想结婚，只是因为他不想和你结婚罢了，哪有这么多的理由啊！

现实总是残酷的，可女人终究要学会面对现实。你的男人也许并不像你想象的那么高深莫测，他口中的"现在不想结婚"，真实的含义不过是"不想和你结婚"而已。事实上，很多叫嚣着"不想结婚"的男人，最终都是会结婚的，只不过那个对象未必是你。

　　一提到结婚，王媛媛就免不了唉声叹气。眼看已经迈入三十大关了，和男友的爱情长跑也已经步入第十个年头，可偏偏只要一提结婚的问题，男友就是一味逃避的态度。其实，客观上来看，王媛媛和男友的感情基础还是很牢固的。从校园到社会，两人一路携手走下来，虽然也难免会有吵吵闹闹，但总算是大小波折都坚持扛过来了，彼此的感情也曾让无数朋友羡慕不已。所以，王媛媛认为，男友逃避结婚，应该和感情问题无关。

　　除了感情问题之外，那就是经济问题了。可是，王媛媛和男友在经济方面也是比较宽裕的。两人都有正式的工作，就算以后要买房，承担首付和贷款也没有什么大问题，并不会对生活造成什么太大的压力。可既然感情和钱都没有问题，那为什么男友就是不肯谈结婚呢？

　　眼看周围的朋友一个个披上婚纱，有的甚至连二孩都有了，王媛媛心里自然焦急。可是每一次，只要王媛媛一提到关于未来的话，男友就开始找理由搪塞。什么"现在还年轻，男人要以事业为重，拼搏几年后再考虑结婚"之类的。有一次，被王媛媛逼急了，男友竟然对她大吼了一句：

"我就是讨厌你老逼我结婚，你又不是不知道，我最讨厌别人逼我！"听了这话，王媛媛整个人都呆住了，她从来没想过，原来在男友心中，和她结婚是一件让他这么不情愿，甚至被"逼"着都不想做的事。

为着结婚的问题，王媛媛和男友的争执与摩擦已经不是第一次了，不知道从什么时候开始，这两个字仿佛成了他们之间的"禁语"，只要一提起来，结果必然是不欢而散。有人曾问过王媛媛，有没有想过和男友分手，王媛媛却说："人嘛，谁会一直没有烦恼？其实，我现在之所以会开始着急，像个结婚狂一样，一方面是觉得双方的年龄都已经到了，另一方面也是因为，周围的同学和同事都纷纷迈入了婚姻的殿堂，这对我也造成了一些影响。可要问是不是真的就那么等不及，非得马上结婚，倒也不至于。而且，我觉得他是爱我的，毕竟这么多年的感情摆在那儿。他现在不想结婚，我相信应该是有他自己的理由的，只是我还是希望他能好好和我谈一谈。"

王媛媛的苦恼并不是个案，事实上，在现实生活中，遭遇过这种状况的女人不在少数。在结婚问题上，男人与女人的思维是有很大差异的。很多女人觉得，结婚是恋爱谈到一定时候就水到渠成的事情，两个人在一起经历过风风雨雨，那么自然而然就会走进婚姻殿堂，这似乎是天经地义的事情。但大多数男人却未必这么想，在他们看来，结婚与恋爱完全就是两种不同的状态，结婚意味着需要背负家庭的责任，甚至意味着会失去很大一部分的自由。这恰恰正是男人最恐惧的一点，他们不想失去自由，所以他们对婚姻总是有着一种本能的抗拒。当然了，除此之外，还有一个更关键的理由，那就是他们不是不想结婚，只是不想和你结婚。

某报曾刊登过这样一则新闻：

一个女人和男友已经恋爱了十年之久，女人很爱男友，为了拴牢他，

在这十年之中，曾主动向男友求过五次婚。但令人惊讶的是，每一次，男友都以各种各样的理由拒绝了她。比如第一次拒绝的理由是父母不喜欢她，第二次拒绝的理由则是哥们儿不喜欢她，等到了第三次，男人直接做出一副悲伤的样子说："我对婚姻其实有恐惧，我不想再继续耽误你了，趁年轻，你还是重新找个好人家嫁了吧！"后面几次自然也是有着各种千奇百怪的理由，但总而言之就是一句话——"不结婚"。

有人针对这个问题咨询了一位心理医生，医生是这样说的："一个所谓的有婚姻恐惧症的男人，他真正恐惧的，其实不是婚姻，而是与你的婚姻。"这话说得已经非常明白了，男人之所以说不想结婚，并不是因为他真的有多么抵触婚姻，仅仅只是不想跟你结婚罢了。要是换一个对象，他的"婚姻恐惧症"可能就不药而愈了。

当一个男人说自己不想结婚时，最真实的理由其实莫过于这么几种：

第一，他对你的喜欢非常有限，至少还没有上升到愿意跟你步入婚姻殿堂的地步，甚至他心里隐约还藏着"骑驴找马"的念头。

第二，他已经对你失去了新鲜感，虽然还没想过要分开，但也提不起什么兴致了。这种时候，大多数男人会开始期盼，什么时候能够再来场轰轰烈烈的"下一段"，只是还没找到合适的目标。

第三，他已经有了其他想法，并且锁定了"猎物"，只是还没有得手，所以先拖着。要是成功得手，就能立刻抛弃现女友，要是不成功，那么也不会对现在的生活造成什么影响。

第四，他是个观望型男人，正在审视你的价值，权衡与你结婚所带来的得失。他害怕冲动之下做错选择，担心自己将来吃亏或后悔，所以总是谨慎又谨慎，小心又小心。

第五，他已经有其他的女人了，不分手可能是源于愧疚，也可能是有些舍不得过去的感情。在这种情况下，他其实更多的是希望女方能主动提出分手，以逃避自己抛弃女友的愧疚。

第六，他认为自己在不久的将来会取得一些大成就，而到那个时候，你可能就配不上他了。所以他得先留条退路，万一将来学有所成或事业有成了，还有大把的机会重新选择。如果现在就结婚，那将来要是遇上更好的，岂不是自找麻烦？

现在明白了吧？这才是真正的问题所在！每个男人心目中对自己的结婚对象其实都有一个定位，当他们迟迟不肯结婚的时候，只能说明身边的女朋友其实还未能达到他们心目中理想对象的标准，所以他们只能尽量拖延时间，以期能等到心目中真正理想的对象。

你一定要记住：男人说他不想结婚的时候，可能只是不想和你结婚罢了，不要再一厢情愿地去帮他找理由。因为当一个男人足够爱你时，一定会跟你结婚、给你一个完整的家来好好地爱你，呵护你们之间的感情。

"尊重你的选择"——你选择试试看

设想一下，当你与女友意见相左的时候，她笑着对你说："我尊重你的选择。"你会有什么感觉？

很多男人可能会觉得，女友这样体贴人微、温柔懂事，实在太让人感动了。天哪，各位男士不会真的这么想吧？清醒一点，那可是整天对着你耍小姐脾气的人啊，真能有这么大度的胸襟？

当然了，毕竟话已说出口，尤其是如果这个时候，你身边还跟着那么几个朋友，那么女友说的话自然也就不会收回，她也不会再阻止你去做你想做的事

情了。可是，别以为这事就能这么轻描淡写地翻篇，她现在不和你翻脸，不过是碍于情面。要知道，有些时候，女人的话可听得，但却未必真能信得，尤其是那些她们不得不用以伪装大度的"违心话"。

和女友交往三年，大熊总算是摸清女友说话的套路了，再不会如过去那般，一不小心就"翻船"。可见，长达三年的"血泪史"还是很有帮助的。

就说前段时间吧，大熊的发小从国外回来，几个兄弟约好一块出去聚一聚。原本大熊和女友约好，第二天要陪女友一块回老家，也答应了女友晚上吃完饭就准时回去休息，以免第二天起不来。可酒到酣处，有人提议，说一块去网吧通宵打游戏，重温当年大伙一块在游戏里大杀四方的峥嵘岁月。

这提议一出，立马得到了广泛响应，大熊也有些心动，但一想到答应女友的事，就不免有些迟疑了。最后，在大家的起哄声中，大熊只得硬着头皮拨通了女友的电话，开着免提把事情简单向女友陈述了一遍，身边的几个朋友也都纷纷起哄，左一个"嫂子"，又一个"嫂子"地为大熊说着好话。

过了一会儿，只听电话那头传来一个温温柔柔的声音："没事，大熊，我尊重你的选择。"

听到这话，朋友们羡慕地看向大熊，纷纷夸赞"嫂子真是温柔体贴好说话"，可大熊却是突然浑身一颤，立马大声对着手机说道："我想过了，我不去玩通宵了，结完账立马回去，明天还得陪你回老家呢！"

挂断电话之后，大家都不可置信地看着大熊。这好不容易让嫂子点头答应了，怎么事到临头，反而是大熊主动放弃了呢？

谁知大熊却是一副劫后余生的样子，呼了口气说道："你们啊，都不懂。我今天要是敢去玩通宵，那完蛋了，这事你们嫂子能给我记上好几年！女人说的话，那都是套路啊。她们嘴上说着'尊重你的选择'，心里却喊着'你选择个试试'，没有点求生欲，你都过不去女人这片海！"

如果男士都能像大熊这样了解女人心，那么也就不会每次和恋人吵完架之后还根本不明白对方到底在气什么了。

一般来说，女人对于事情的情绪发作都是有些延后的。当她们对某件事不满的时候，往往不会在当下就表现出来，而是会通过一些委婉的方式，隐晦地传递出不满的情绪，希望男人能主动发现这一点。这种时候，如果男人不能领会到这个意思，而是相信了女人的违心话，那么完了，女人的怒火将会层层堆积，等到爆发出来的时候，那真可谓是惊天动地。

对此，很多男人可能觉得很不理解。如果当初不同意直接说不就是了，为什么非要假装大度，说尊重我的选择呢？等我真去做了，又开始不依不饶，这是何苦呢？

女人是委婉的、感性的，她们总希望男人能听明白她们话里的言外之意，渴望能和男人产生心有灵犀的碰撞。当男人无法猜中她们的心意时，她们会觉得是男人不在乎自己。可事实上，男人在这一方面真的没有那么高的悟性，就连求生欲爆棚的大熊，不也是在三年的"血泪"折磨下，才稍稍抓住了一点儿窍门儿吗！

不得不说，男人确实天生就不具备女人渴望他们拥有的悟性，即便两个人相处的时间很久，只要女人不明说，男人往往也是很难精准地了解到女人的想法的。其实这也没什么奇怪，男人与女人的思维方式天生就不同。

虽然要想彻底地弄明白一个女人几乎是不可能的事，但在与女人对话的时候，有一些"信号"还是有迹可寻的。比如说，当你从女人口中听到那句"尊重你的选择"时，就赶紧打起十二分的精神吧，虽然她口中说着"尊重"，但请相信，摆在你面前的，必然是一个正确答案和其他错误答案，而你是否能选"对"，直接决定了你往后很长一段时间的日子好不好过。

虽然女人有时会习惯性地隐藏情绪，但其实只要小心一些，我们还是能够从中发现重要"信号"的。比如当女人真的不介意你去做某件事的时候，她通常会给你一个肯定的答复，而不是类似"我尊重你的选择"这种看上去模棱两可的话。换言之，假如女人对你说出这种模棱两可，却又看上去"大度得体"的话语时，那么你就要小心了，"生死抉择"的"信号"已经出现！

当然了，如果你实在不够敏锐，那么在和女人说话的时候，没听明白就找机会多问两句吧，哪怕问到让女人觉得厌烦，也总比到时候撞了南墙还没明白究竟这堵墙是什么时候被她砌起来的要强吧！

女人说"我很穷"，有无数种可能

相亲找对象，无论男人还是女人，必然都会通过观察蛛丝马迹，先在心里给对方做一番评估。这番评估的内容除了基本的外貌长相、行为举止之外，最重要的自然就是经济条件了。毕竟是要寻找另一半，不出意外，对方的下半辈子和自己可是捆绑在一起的，既然如此，那么经济条件当然就不得不考虑了。

当然，道理上是这么说，但既然是谈恋爱，总不能开口就提钱。所以，男人女人只能通过各种各样的方式，绕着弯地去了解对方的经济条件了。比如女人往往会通过观察男人戴的手表，或他们钱包里的钞票数目和卡片情况来预估对方的经济条件；男人呢，则往往会注意女人的手提包，根据材质和品牌来推断对方的经济条件是个什么状况。

当然，这种粗略的评估未必就是准确的。虽然女人在谈恋爱的时候，通常都会尽量把自己打扮得鲜亮一些，但也有这么一类女人，她们即使在谈恋爱的时候，也很少弄什么妆容。她们衣着得体，却绝不会一天一换，头发上也见不到什么装饰物。在买东西的时候，她们可以跑遍商场，多番对比之后买一件最便宜的。她们平时不怎么出门，也很少参加朋友聚会。即便是在男朋友面前，她们也不会介意暴露自己的窘迫，就仿佛浑身上下都写满了"穷"字一般。当然，她们也不至于让对方觉得跟自己在一起很不舒服，但绝对能够清楚地让对方意识到自己不是什么阔气的人。如果你遇到的是这种类型的女人，那么再想通过这样的方式去推断对方的经济状况，恐怕就容易出现很大偏差了。

李洋和王瑞在参加公司联谊会的时候分别认识了芳芳和安琼两个女孩子。芳芳娇俏可爱，浑身上下都是名牌，一看就像个被娇养出来的小公主。安琼清纯可人，打扮要比芳芳朴素得多，看着就是个能精打细算过日子的人。

收获各自的爱情之后，李洋和王瑞也同时收获了甜蜜与烦恼。

李洋说："我家境一般，可芳芳一看就是那种家庭条件特别好的大小姐，我们俩身份背景差距这么大，万一她家里看不上我，不同意我们的事，那可怎么办啊！"

王瑞说："安琼实在太简朴了，也不见她买什么新衣服，就连出去买菜都要货比三家，精打细算。我也不知道她是不是家里有什么困难，想帮帮她，却又怕伤害到她的自尊心。"

结果，令人大跌眼镜的是，在相处一段时间之后，李洋才发现，自己一直以为是"大小姐"的女朋友芳芳其实家境很普通。而且，由于热爱各种奢侈品，芳芳不仅是个"月光族"，还是个"卡奴"，早就已经债台高筑了，办了一堆信用卡也是为了"拆东墙，补西墙"，延缓自己的资金空缺。

王瑞这边则收获了一个大意外，原来艰苦朴素的安琼居然是公司大老板的女儿，一直这么低调就是为了掩盖身份，好踏踏实实地在公司学点东西，避免领导知道她的身份后对她另眼相看。而且由于很小的时候就开始独立生活，安琼早就养成了精打细算的生活习惯，却没想到会被王瑞误认为"经济困难"。

事情就是这么神奇。有趣的是，在生活中，有些女人是非常乐意"装穷"的，她们时常抱怨自己囊中羞涩，不愿意参与过多的聚会和活动，不喜欢买过于昂贵的装饰，但存折上的数字却可能会把你吓一跳。当然，也有不少女人喜欢"炫富"，她们总是外表光鲜，实际却一穷二白，是彻彻底底的"月光"女神。

女人喜欢在男人面前炫富可以理解，不外乎就是为了满足自己的虚荣心。可女人为什么会在男人面前"装穷"呢？这就有无数可能了：

1. 自我保护

俗话说"财不露白"嘛，何况人心隔肚皮，你怎么知道站在你面前的男人是好是坏呢？所以，倒不如一开始就把自己装得穷一点，让对方知道，在你身上是占不到任何便宜的。

这就是为什么一些防备心较强的女人，自己越是条件好，就越要在男人面前装得穷酸一些，以免让男人第一面就因为自己有钱而动了歪心眼儿。不可否认，这的确是一种有效的自我保护手段，至少可以一开始就帮女人排除掉一些心思不纯的"烂桃花"。

2. 考察真心

越是有钱的女人在爱情上往往就越是缺乏安全感，因为很多时候，她们不知道，男人接近自己，究竟是爱自己这个人，还是爱自己保险柜里的钱。

不可否认，这个世界上确实有一些男人是见钱眼开的，看见条件好的女人就会上去献殷勤。

所以，女人宁愿在男人面前装穷，让对方以为自己是个穷人，在这样的状况下，如果男人还能一如既往地给予女人包容、疼爱，那么女人自然会觉得对方是发自内心地喜欢自己。说到底，这其实也是考验对方的一种手段罢了。

3.鼓励彼此的拼搏意识

会在男人面前"哭穷"的女人其实都是相当聪明的，她们常常会给男人一种压力，时刻提醒男人：你要跟我在一起，未来的生活可能会相当艰辛，因为我一穷二白，所以你必须努力地赚钱来养我。

通常来说，如果一个男人真的爱一个女人，那么这种鞭策对男人来说是非常有用的，能够最大限度地激发男人的拼搏意识，让男人更用心地去奋斗，去为两个人的未来拼搏。更重要的是，在女人的时刻"提醒"下，男人会下意识地形成一种认知：不管未来想要什么，一切都得靠自己。

不要小看这种认知的形成，尽管它可能只是一种假象，但潜移默化地灌输给了男人一种破釜沉舟的思想。而这种思想将会一直影响男人。

而且，从女人的角度来说，假如有一个男人愿意为了给自己带来幸福而不懈努力，那么这个认知必然也将带给女人更多的幸福反馈，而女人也会更加努力，甚至倾尽所有，将这种幸福延续下去。这是一个非常积极向上的循环，此外，等到有一天，女人掀开自己的神秘面纱时，想必也能给男人一个巨大的惊喜。

给你考虑的时间，是给自己回旋的空间

人们常常用猫来比喻女人。猫是极为聪明和谨慎的，不管什么时候，它们都不会忘记给自己留条后路。女人其实也是如此，她们天生就不是靠体力成就未来的人，在和男人"斗智斗勇"的路上，她们所倚仗的，从来都是聪慧的头脑和玲珑的心思。她们也和猫一样，从来都不会忘记给自己留条后路，进可攻，退可守。

在爱情的游戏场上，男人和女人其实一直都在博弈，就像斗舞一般，在刀光剑影中暧昧缠绵，在你来我往中相互试探。如果说甜言蜜语是男人最擅长使用的糖衣炮弹，那么模棱两可就是女人最拿手的伪装。

和男人说话，女人需要时时提防，以免一不小心就误入浪漫的陷阱，赔进真心；和女人说话，男人却防不胜防，似乎女人每一句再普通不过的话语，都藏着让人难以解读的深意。

这可不是夸张的修辞，如果你不相信，那么我们不妨一起来解读一下，女人口中的同一句话，究竟能衍生出多少不同的含义。

场景一：分手预警。

对女人而言，无论将来自己会和什么样的男人走到一起，她们真正想要的东西都只有一样，那就是她们意识里认为的"幸福"。

在婚姻关系成立以前，不管是男人还是女人，都会面临数次重新选择的机会。在这个过程中，两个人的关系是随时可能发生改变的。比如刚开始的时候，两个人感情很好，但在中途却出现了不可预见的问题，于是关系便陷入僵局。

面对这样的状况，男人的抗压能力往往要比女人强得多，因此他们仍旧可以保持淡定，理性思考，可女人却会因为缺乏思想准备而茫然无措，不知道自己应该前进还是后退。这种时候，她们往往会使用缓兵之计，告诉对方："不如大家都冷静一下，给彼此一些考虑的时间。"

当女人说出这句话的时候，你以为她们真的只是需要一些时间来"冷静"吗？事实上，在说出这句话的同时，女人可能早已做好了两手准备，假如已转危为安，那么她们就会继续待在男人身边，假如不能，那么她们就会利用这段时间，尽快为自己寻觅退路。这样做的原因不外乎两点：一是给自己一段缓冲的时间，避免自己的内心在毫无准备的情况下受到更大的刺激；二是如果对方已经有了别人，那么自己也可以考虑其他人。

场景二：以退为进。

女人和男人一样，也有着强烈的掠夺欲望。当她们遇到自己心仪的男人，却发现对方已经名花有主，或是正在对另一个女人发起追求时，她们的内心就会燃起强烈的掠夺欲望。通常来说，由此而兴起的掠夺欲望，更多是源于自身的好胜心理，与爱不爱关系并不大。因此，在这样的状况下，女人对目标其实并不是特别在乎，对于她们来说，这更像是一场攻掠游戏。因此，在争夺这个男人的时候，女人往往会使尽浑身解数，不计代价，只为了能最大限度地博得对方的好感，彻底打败男人背后的女人。

可如果这样男人仍然还是没有表明态度，那么为了避免被拒绝，女人往往就会说出类似"你先不要急着回答，我知道你是个负责任的好男人，否则我也不会爱上你，我会等你的消息，不管等多久我都会给你足够的考虑时间"这样的话。

这些话一出来，男人准备拒绝的话自然就被堵住了。看似女人退了一步，但实际上，她们是以退为进，为自己又多争取了一次动摇男人的机会。而男人呢，或许早就为对方的"善解人意"而感动不已啦。所以说，女人的"套路"，那才真的是防不胜防，你以为她在退，但其实她已经前进了一大步；你以为她在示弱，但实际上她早已偷偷占了你的地。

CHAPTER 08

围城百态

——如果我们"hold得住"，婚姻就不是爱情的"坟墓"

　　两个人由恋人变身夫妻，彼此的心理其实发生了明显的变化。如果你能敏感地察觉到这些变化，努力地去适应，加强两个人之间的沟通，定会寻到夫唱妇随的契合感。

婚前如胶似漆，婚后爱咋咋地

"你婚前不是这样的，为什么变了呢？"这是已婚男女常常抱怨的一句话。男人总说，婚前你善解人意、温柔似水，婚后却小肚鸡肠、蛮横泼辣。女人也在申冤，婚前你文质彬彬、温文尔雅，婚后却邋里邋遢、不修边幅……婚前婚后两个样儿，这使很多人怕了，不要结婚，只要恋爱。

结了婚，对方就像变了个人一样，这是玩变身吗？还是爱情变味了？原因很多，但很多时候是一种掩饰心理的结果。掩饰心理是指，努力掩饰自己的缺点和不足，不想让他人发现，并且会极力表现自己的优点和长处的心理，这种现象在"闪婚"的男女身上更为普遍。

是的，为了获得心上人的好感，大多数人会刻意地塑造一副良好的形象，尽可能地掩饰自己的缺点，把最美好的一面展现给对方。魔鬼能装扮成天使，穷光蛋能装扮成富翁……恋爱是什么呢？是雾里看花的朦胧，是水中望月的虚渺，在那种氛围里，掩饰心理是很难被识破的。

婚姻呢？是一种实实在在的生活，每个人都要回归现实当中。锅碗瓢盆，柴米油盐，吃喝拉撒，此时夫妻双方很容易产生一种"你是我的，我是你的"的安全感和归属感，会有意无意地真实表现自己，于是缺点不断显露出来，优点却逐渐隐退，一切"真相大白"——原来，你是这样的。

李平和赵湘在恋爱时如胶似漆，然而结婚半年，就发展到了互看不顺眼的地步。甚至两人吵得严重时，还一度闹离婚，好在双方长辈出面，这个婚才没离成。两人之所以争吵不断，其实和彼此婚前婚后差别巨大有关。

　　李平和赵湘是典型的相亲式婚姻，他们两人是由朋友介绍的。在相亲之前，李平从朋友那里了解到，赵湘是一个漂亮温柔的女人，特别会勤俭持家，而这样的女人恰好对李平的胃口，在没见面前就对赵湘极有好感。而赵湘从朋友口中了解到，李平是一个很有责任心的男人，他极爱干净，会将家里打扫得一尘不染，这让赵湘对李平也颇有好感。

　　在朋友的安排下，李平和赵湘见面了。初次见面，两人对对方的印象很好。因为李平表现得非常绅士，总是不停地给赵湘布菜，会认真地聆听赵湘说的每一句话。而赵湘呢？她表现得很优雅、温柔，再来她精致的妆容也为她加了不少分。就这样，两人确定了恋爱的关系。

　　在恋爱中，李平表现得更为体贴，赵湘也表现得更为温柔。恋爱几个月后，两人考虑到彼此的年纪不小了，便携手步入了婚姻的殿堂。

　　在结婚初期，两人还很甜蜜，但随着相处的时间越来越久，两人身上的缺点暴露得越来越多，便产生了一个个矛盾。

　　李平觉得，赵湘是个彻头彻尾的骗子，因为她画的妆，仿佛让她易了容，单眼皮变双眼皮，四方脸变小V脸，而他是在结婚后才看到她卸了妆的脸的。虽然赵湘长得并不难看，但总归没有化妆后好看。当然，这不是他最不满意的，最不满意的是赵湘花钱大手大脚，才结婚半年，她就花了许多钱，不是买一些价格昂贵的化妆品，就是买包买衣服，这与朋友说的勤俭持家一点也不相符。并且，两人吵架时，赵湘也表现得极为凶悍，哪有一点温柔可言？

　　赵湘也认为李平是在骗婚。原来，在婚前，李平一直穿着增高鞋和她约会，但实际上，他的身高跟她差不多。李平还是个极其邋遢的人，经常将家里的东西放得到处都是，还常常不洗澡就上床睡觉。而且，李平也是个极无责任感的人，因为赵湘交代给他的事，他一件都没有办好。

当李平和赵湘发现彼此的印象与形象越来越偏移自己幻想出来的美好形象后，巨大的落差便化作了愤怒，让婚姻生活处处充满硝烟。而两人婚前婚后会有如此大的差别，是掩饰心理在作祟。

相对而言，爱情显现了更多的幻象，婚姻则显现了更多的真相。人还是同一个人，婚前婚后没什么区别，只是婚后彼此不再掩饰，不再伪装，变得更真实了。掩饰心理虽有"欺骗"之嫌，但适度美化自己，也属人之常情。问题是，真实的东西往往有点残酷，我们该如何避免"婚前婚后两个样"呢？

第一，恋爱时看清楚了再决定。

人或多或少都会通过掩饰来美化自己的形象，所以恋爱时千万不要只跟着自己的感觉走，更不要被一时的激情冲昏头。真正了解一个人的时间最少为半年，所以在恋爱的头半年不要"闪婚"，看清楚了再决定。为此，你可以多与对方的亲人、朋友接触，时间长了他们会帮助你认清对方。

第二，不妨提前公开缺点。

事实上，情侣之间不必刻意互相掩饰，不妨在一开始就先告诉对方自己的缺点，让对方有一定的心理准备，婚后就不会产生大的落差。别担心，对方通常不会因为知道了你的缺点而离开，要知道过于完美的人往往看起来不好亲近，有一种疏离感，反而坦诚缺点的人比较容易亲近。

切记，缺点总有曝光的一天，坦诚相对才是真正聪明的做法。

第三，请容许有不完美。

人无完人，每个人都有缺陷，这就要求你调整自己的心态，要用对人的眼光而非对神的眼光来看待爱人，学着以宽容的胸怀去包容对方的缺点。既然你爱他，就要接受他的全部。况且，当对方愿意把自己真实的一面毫无戒心地展示在你面前时，那说明他是爱你的。

不要批评和抱怨对方，更不要试图改变对方，因为在你认识他之前，他的

那些习惯、性格等就已经养成，到现在早已是根深蒂固了，再加上有些习性，想要改变根本是不可能的。操刀一场新的改造，最后的结果往往是，对方没有乖乖地听话，反而还会厌烦、逃离。

第四，继续"掩饰"下去吧。

爱情既然产生于掩饰行为的基础上，那么，你应该知道，你的爱人喜欢你哪里？最欣赏你的哪些优点？最厌烦的缺点又是什么？喜欢你的那些优点，你就继续保持下去。不喜欢你的那些缺点，不妨下定决心把它们改正，不再显露出来。

能做到上述几点，你就可以接受婚后的爱人了，就会感情和睦，用东北话说："杠杠的了！"

七年之痒，为什么在劫难逃

谈到婚姻的转折，最常听到的一句便是"七年之痒"。所谓"七年之痒"，一般是说夫妻在一起久了，对婚姻生活感到无聊乏味，单方或双方相互厌倦对方，而经历感情变淡、吵架、婚外情等危机的考验，二人甚至可能分道扬镳的情况。正因婚姻会遭遇这种危机，很多年轻人"恐婚"。

"七年之痒"难道真是一道不可避免的坎吗？殊不知，与其说什么"七年之痒"，不如说这是人的审美疲劳罢了。审美疲劳是一种非常普遍的心理学现象，它具体表现为在生活中对一些审美对象的兴趣减弱，不再产生较强的美感，有时甚至会产生厌烦、厌倦或麻木不仁的感觉。

是的，什么东西都该有个"度"，在现实生活中，审美疲劳的现象处处可见。比如，同样的一件衣服穿久了，你就会觉得不新鲜，不刺激，不养眼；整天只知道拼命工作、加班加点赚钱的人，时间长了自然会感到很压抑，没活力……

审美疲劳现象，在婚姻中更是普遍。就算一个女人天生丽质、如花似玉，然而与一个男人朝夕相处、耳鬓厮磨，时间一久，这个男人对她过于熟悉，没有了新鲜感，就会渐渐对美变得无动于衷，心不再有悸动。

人都会有疲劳的时候，所以审美疲劳是避免不了的，但这并不意味着婚姻走到七年就真的会"痒"起来，一"痒"就有矛盾，就有问题，就要离婚。是的，要想幸福直到永远，需要精心经营爱情，经营婚姻。只有靠自己的思想和智慧，才能打败审美疲劳，跨过"七年之痒"。

陈婧和丈夫刘冬是自由恋爱的，两人谈了六年，才步入了婚姻的殿堂。两人结婚后，生下了一对可爱的龙凤胎，这让陈婧两口子及双方的长辈都开心不已。因为有了孩子，陈婧牺牲了自己的职业生涯。她辞职在家照看孩子，而刘冬则负责赚钱养家。就这样，转眼就过去了七年。

陈婧觉得，她当前的生活虽然不富裕，但也衣食无忧。她原本以为，她会和丈夫平平淡淡过一辈子，但现实却狠狠给了她一个耳光。因为最近，她和丈夫之间频频争吵。而争吵的原因是她在丈夫的手机里发现了数条由陌生号码发来的暧昧信息。

当时，陈婧让刘东给自己解释，刘东仅说了一句"没什么"，便不再解释。随着她不依不饶，经常主动与他吵架，他便很晚才回家，或是干脆不回家。陈婧问他在哪儿过夜，他回答说在公司。为了验证他的话是真是假，她曾去他的公司看过，确实如此。

后来，陈婧意识到刘冬对她的感情在一点点减少，她不得不冷静下来，思考如何解决她婚姻中的"七年之痒"。

陈婧询问了刘冬的同事，从同事的嘴里得知，公司有一个女孩对刘冬极有好感，哪怕知道刘冬有孩子有妻子，也一个劲地示好，刘冬虽然委婉地拒绝了，但对女孩殷勤暧昧的行为，却是睁一只眼，闭一只眼。

陈婧意识到，她的丈夫虽然没有出轨，但已经游走在出轨的边缘，尤其是她最近的大吵大闹，就像是一只无形的手将他越推越远。她得做些什么，不然绝熬不过"七年之痒"。

陈婧回忆起结婚之前的自己，那时的她是美丽的，是自信的，因为在职场上拼搏，她很会打扮自己，而工作又令她散发出独特的魅力，这些将刘东迷得天天在自己身边转。结婚后，她的心思都放在了孩子身上，整天邋里邋遢，对刘东也没有那么关心。恐怕也是她魅力的缺失，让刘东对她产生了疲惫感。

陈婧是个执行力很强的人，在意识到婚姻里"七年之痒"痒在了何处后，立马行动起来。她将孩子交给了父母照顾，自己重新步入了职场。随着她很好地适应职场生活，重新打扮自己后，她的魅力也一点点散发出来，也让刘冬游走在婚姻边缘的脚，重新收了回来。

爱一个人，必然是因为对方身上有值得自己喜欢的优点，有值得自己迷恋的地方。但结婚后，那些闪光点会不自觉地隐匿起来，让人从一个绚丽多彩的人立马变成了一个黑白色的人。人都是喜爱彩色的，喜欢鲜活的，当一个人疲惫时再看到黑白色，又怎么会不出现"七年之痒"呢？

婚姻生活是漫长的，哪怕不出现"七年之痒"，也会出现"八年之痒""九年之痒"，甚至是更多年数的"痒"。在面对婚姻里的"痒"时，该怎么做？

第一，直面婚姻之"痒"。痒，从生理上说，是一种正常现象。试想，谁没有痒过呢？痒了，很简单，你就挠呗。同样的道理，婚姻上痒了，也要理智面对，慎而为之，大可不必谈"痒"色变。仅仅因为一次矛盾，一件小事，就恨不得起劲地挠，继而做出撕裂自己婚姻之事，到时后悔的还是自己。

　　观察一下，生活中，夫妻间一旦发现对方有婚外情，就少不了一场战争。一方闹得越凶，另一方就越厌烦，甚至会选择离婚。相反，若无错方能平静些，从容些，委婉提醒，理智对待，有错方大多会回心转意，并努力弥补自己的错误，这样多好。

　　第二，给彼此留下空间。因为熟悉，所以疲劳；因为厌倦，所以痛痒。如果我们懂得给彼此留下个人空间，不将婚姻作为生活的全部，不把爱人当成自己的唯一，彼此在婚外保持正常的朋友圈子，彼此有自己的爱好和事业，就可以"距离产生美"，保持心理上的新鲜。

　　第三，既然是人都有审美疲劳，那最好两人都用点心思，在婚姻中多点创新思想和意识，努力创造一些浪漫和激情。突如其来的娇艳鲜花，餐桌上的摇曳烛光，别出心裁的生日礼物……谁能拒绝这种出乎意料的小惊喜，不为之心生暖意、心醉神迷呢？婚姻生活将不再平淡，持久保鲜。

　　第四，偶尔回味一下过去的美好时光。人都有一种恋旧心理，心理专家采访了200对关系亲密的夫妻，发现他们有个共同点：即使两人的感情再平淡无奇，只要一谈到过去的美好回忆，两人就显得十分亢奋和幸福。所以，闲暇时不妨回忆一下过往，初恋之情便会油然而生，冲淡疲劳心理。

　　总之，把"痒"演绎为幸福，需要你花费真功夫。

　　当然了，你也要警惕一点，"痒"是婚姻的警钟，它提醒我们该对婚姻来个审视。是审美疲劳了，还是真的走到了尽头？假若你们真的不爱了，不合适，不一定为七年，可能只要一年，甚至结婚不久就可能"痒"起来了。这时候，你就该认真思考一下，结婚你找对人了吗？

单方面索取或给予，真爱也会伤不起

我们每个人都认为自己很爱自己的爱人，不是吗？你遇到了高兴的事情，总是第一个想到与他分享；他过生日的时候，你从不忘记买礼物；他生病了，你会细心地照顾他……我们每个人都确信这就是爱，大概也没人会说这不是爱。但实际上，与其说你爱他，不如说你渴望被他爱。

爱是要求回报的，它从来都不是无私的。这一点，连最纯洁的爱情也未能免俗，因为我们都有一种本能的心理——互酬心理。互酬心理，是人与人之间要求相互酬谢、相互报答、相互帮助、相互满足的一种心理，《诗经》上所说的"投我以桃，报之以李"，体现的就是这种心理。

是的，无论我们是否察觉，我们的爱都需要回馈，要求对方提供对等或多点的爱。你对我好，我自然也会对你好，人心换人心，八两对半斤。两个人的爱情，说白了，其实就是这么简单。当你认为你在爱的时候，事实上，你一直在维持着一种情感上的收支，来实现心理上的平衡。

一开始相爱时，每一对男女都会在心中设立一个"爱情账户"。每个充满爱意的举动，就是在对方心中的爱情账户中存款；而每个充满伤害的行为，则是在爱情账户中提款。假如婚恋中的一方只知道提款，双方收支到了严重失衡，甚至账户余额为零时，爱情消耗殆尽自然就是情理之中的事了。

咏姗、李仁是经人介绍认识的，在初次见面时，两人就互生好感。咏

姗看重李仁的老实稳重，而李仁看重咏姗的温柔贤淑。所以，两人在谈了一年恋爱后，就携手步入婚姻的殿堂了。

婚后，咏姗将自己的温柔贤淑发挥得淋漓尽致。每天早上，在李仁还在呼呼大睡时，她就已经起床了，为他做好美味的早餐，值得一说的是，她一个月里做的早餐没有重复；在喊李仁起床时，她会给他搭配好这一天穿的衣服，让他看上去特别精神；每天中午，她会打电话叮嘱李仁不要忘了吃饭；晚上下班回家后，她又会给他做一顿丰盛的晚餐……总而言之，咏姗将李仁照顾得无微不至，生活中没有丁点令他烦心的地方。反观李仁，他为咏姗做的屈指可数。

结婚的头一年，咏姗对李仁没那么大意见，但时间越久，她对李仁不关心她的行为意见越大，并且对李仁的感情也在悄然变质。

有一回，咏姗下班时遭遇大雨。有些同事没有带伞，但他们的家人都主动来接。咏姗等了好久，都没有等到李仁来接她，最后还是她的一个同事将她送回了家。在与同事道别前，同事不经意地说："你家老公也太不称职了，你都怀孕了，这大雨天的还不来接你。"说者无心，听者有意，同事的话让咏姗很不好受。

还有一回，咏姗生病了。这个时候，她特别希望李仁能主动地照顾她一下，但是，李仁并没有。他不会主动给她倒一杯水，不会带她去医院看医生，不会煮一点稀饭给她吃，都是咏姗喊了他才会去做。

正是因为这些点点滴滴的小事，让咏姗对李仁心灰意冷起来。她不求自己的丈夫有多聪明多富有，只求丈夫能多关心一下自己。但事实却是，在她的爱情里，只有她在默默地付出。所以，这段一方索取一方给予的爱情在维持了两年后，就分道扬镳，各自安好了。

人会有互酬心理，其实是在情理之中的。打一个形象的比喻，如果你下班回家给了对方一个吻，是不是也希望同样得到一个吻或其他东西？可他没有

任何回应。一次这样，两次这样，总是这样，你心理上是不是会产生落差与不满？"我对你那么好，可你呢？"这是人们吵嘴时最经常说的一句话。说这话时你已经开始计较了。

每一个人都是需要归属感和安全感的，需要不断通过他人、外界的肯定来摄取，而爱情和婚姻，就是一个我们可以不断从中吸取归属感和安全感的重要来源。一旦我们觉得自己在爱情或婚姻方面情感收支不平衡，我们就会感到焦虑、不安，怀疑爱减了，情少了。

你有完全不需要回馈地爱过别人吗？不管他做什么都丝毫不影响你对他的爱？相信几乎没有人有过这样的爱。当然你不会说，我给了你这么多爱，所以你也必须给我这么多爱。但没有说不代表你没有想。这并不是对爱情的贬低，而是任何事情都是如此——不肯付出，怎能收获呢？

在这种互酬心理作用下，爱情中的男女彼此的互酬水平越高，情感收支越平衡，关系越稳定、密切。是的，爱情是一种双方都互相认可的感觉，幸福的创造是需要靠男女双方共同努力的，双方的主动，双方的付出，双方的珍惜。还是那句话："你对我好，我自然也会对你好，人心换人心，八两对半斤。"

从表面上来看，互酬心理是我们在得到别人的恩惠之后会想方设法回报对方的一种心理，然而实际上却源自我们内心的一种负债感。我们一旦受惠于人，心理上就会产生一种亏欠对方的压力。如果能够及时回报对方等值或者超值的恩惠，那么我们也就从这种心理重压下得到了释放。

所以，要想爱得幸福快乐，你就应该懂得互酬心理。也就是说，你不能自私地只爱自己，心安理得地享受对方的爱，而要学着珍惜，学着感恩，学着回馈，学着付出，"你耕田来我织布，你挑水来我浇园……"，两个生命彼此珍惜，相濡以沫，不停存入"爱情存款"，就能赢得幸福和甜蜜。

满脑子猜疑，婚姻成了谍战戏

你的婚姻生活中是否有过以下现象：

看到爱人与异性谈笑，心里就不舒服，怀疑对方有了外遇？

当爱人不在身边时，你会担心他和别人在一起？

一有机会，你是不是就忍不住偷看爱人的私人物品？

翻看爱人的电话记录，甚至盯梢、跟踪对方？

……

这些现象体现了一个心理——猜疑心理。猜疑心理，是一种由主观推测而对他人产生不信任感的复杂情绪体验。猜疑心重的人，习惯根据自己掌握得不全面甚至毫无事实根据的信息，不加仔细分析，不加认真调查，主观臆测，怀疑别人，盲目地下结论，做出无中生有、捕风捉影、道听途说等错误行为。对于夫妻来说，猜疑心理是感情破裂的原因之一。

夫妻间适度的猜疑未尝不可，这就像吃醋，能给爱情添滋味，但长期无中生有、无端揣测，甚至妨碍到彼此的正常工作和社交，恐怕日子就不得安宁了。很容易让对方产生厌恶和烦恼情绪，爱情与婚姻必然受到影响与打击，这样的事例并不少见。

托尔斯泰的《安娜·卡列尼娜》中的安娜就是一个猜疑心很重的女人。她一与恋人伏伦斯基发生口角，就怀疑伏伦斯基变了心；一看到伏伦斯基与别的女人说笑，就猜疑是他的新欢找上门来；伏伦斯基一不在身边，她就猜想他去拈花惹草了……

爱他，又怕失去他，最终安娜在猜疑中走投无路而卧轨自杀。安娜的猜疑心理很典型，因而有人将猜疑心理称作"安娜·卡列尼娜情结"。

可见，要想过好日子，就不能瞎猜疑，瞎折腾。

关悦非常爱自己的丈夫，他英俊、时尚，而且非常懂得体贴人，结婚两年后他们有了一个可爱的宝宝。可以说他们的婚姻是非常完美的，令人艳羡的，但是一件小事情破坏了这幸福的生活。

一次，在丈夫打完篮球比赛以后，关悦看到一个女孩走过去跟他打招呼。关悦非常不高兴，质问起来，丈夫解释说："那只是以前的同学而已，是很普通的朋友。"关悦不相信，继续追问，丈夫便无奈地说："说实话，她是我的前女友，我们在一起交往了一段时间，但两人都发现不合适便分手了。"顿时，关悦更加生气了，说："既然是前女友，那你们的感情一定比我们的深吧。她为什么会到操场，是你们约好的吗？你们是想重归于好？"丈夫急忙制止道："瞎说什么呢？我现在已经有你了，和谁都已经不可能了，你不要乱点鸳鸯谱！"但任凭丈夫怎么解释，关悦始终不肯原谅他。

有朋友得知情况后，劝关悦说："你不要一直揪着他的过去不放，你丈夫对你是忠诚的，他从来没有和哪一个女人单独相处。"谁知，关悦却理直气壮地回答："谁让他过去有过女朋友呢？都是他不好！"

过了一段时间，两人终于和好如初了，丈夫以为没有什么事情了，但谁知道，关悦常常没理由地生气，她责备丈夫对自己不够坦白、专一，还气势汹汹地指责丈夫："我们的婚姻本身就是一个错误，因为你从一开始就欺骗了我。"丈夫感到委屈极了，变得整天沉默寡言、垂头丧气。

在这个事例中，关悦的婚姻原本很完美、幸福，但是因为她的猜疑心过重，令她的幸福一去不复返。可以预见的是，如果她不走出猜疑心理，那么她的这段婚姻必然不会有一个好的结局。不管是对男人，还是对女人，猜疑心过重都不好。因为猜疑就像是小雪球，会越滚越大，最后会将彼此的爱情、彼此的婚姻覆灭。

其实，对爱人的猜疑，不少人都有过，只不过轻重不一。有些人的猜疑心过重，甚至喜欢捕风捉影，听风就是雨，常常给自己树立一个假想敌，对方一有单独外出的机会，或者有个陌生来电，就怀疑是与情人约会或者与情人通话，搞得双方心里都很紧张。

我们希望爱人对自己坚贞，然而过分地看重这一点，就会对爱人的言行很敏感，要是如鲁迅所说的那样，"见一封信，疑心是情书了；闻一声笑，以为是怀春了；只要男人来访，就是情夫；为什么上公园呢，总该是赴密约"，或觉得上网就是与情人聊天，打电话就是与情人联络感情，外出就是与情人约会，仿佛爱人的一切行动只为了一个目标——寻找外遇，则大可不必。

所有的事情都有它的游戏规则，哪怕科技再发达，家庭的存续也不会消失。爱人是以信任为基础的，信任是对爱人最好的尊重，要相信自己的爱人是一个能够正确处理各种事务的人，是一个有着正常判断力的人，是一个懂得感情、懂得尊重的人，要将爱人当一个真正的有独立人格的人看待。

爱人之间的信任，需要双方的共同培植，要从一些细节小事做起，应加强双方的沟通和了解，打消对方的顾虑。在这方面，列宁和克鲁普斯卡娅是我们学习的榜样，他们结婚后，订了一个公约：互不盘问。后来又加上了一条：互不隐瞒。这两条其实不矛盾。互不盘问，就是信任对方，不盘问对方的行踪；而互不隐瞒就是不需对方盘问，自己主动向爱人报告自己的行踪、想法，达到交流感情的目的。有了互不隐瞒，就不必盘问，不盘问对方，双方之间就有了信任感和被尊重感，这些都有助于感情的融洽和家庭的和睦。

夫妻之间少些猜疑，多些真诚地交流，要经常交心。有道是："长相知，才能不相疑；不相疑，才能长相知。"当夫妻之间多些坦诚，没有无端猜疑时，就能够做到知心了。

生活不是电视剧，婚姻更不是偶像剧

生活不是电视剧，婚姻更不是偶像剧，不会每天都有那么多的惊喜，不会每天有那么多的浪漫，婚姻生活的真谛就在于日常的相处和琐碎的柴米油盐，实实在在的幸福才是最重要的。

每个女人的骨子里都是浪漫的，即便进入了婚姻，也很难一下子从婚前浪漫的恋爱中回过神来。如果感性多于理性，过于追求浪漫，模糊理想和现实生活的界线，失去理性判断，容易错失幸福的机会。

玲玲长得漂亮，家境不错，在银行上班，她的新婚丈夫小白高高大大，长得帅气，又是某一科技公司里的骨干技术员，亲友们都夸玲玲有眼光，不过这段看似幸福的婚姻却没有走多久。

玲玲沉迷偶像剧，那种追求浪漫、激情的想法一直萦绕着她，婚后不但要求小白每天接她下班，还要求小白像偶像剧里的那些男主角一样"变着花样"出现，比如这回手捧玫瑰花，下回就要带个小礼物，每次要对她说"I love you（我爱你）"；还说这样才能显出他们夫妻情深。尽管玲玲温柔可爱，但这样时间久了，小白就有点吃不消了，觉得玲玲"难伺候"。

一天，玲玲正兴致勃勃地看电视剧，突然对正在收拾家务的小白说："电视剧里都说婆婆为难儿媳，真是没错，上次你妈来还抱怨我不爱做家务呢！"并让小白回答："若我和你妈一起掉下河，你先救谁？"小白觉得玲玲有些不可理喻，生气地回答："当然救我妈，起码她会照顾我。"

就为这件事，玲玲生了一整天的气，说小白婚后越来越不浪漫了，还说"男人要时时刻刻宠爱女人，偶像剧里都是这样的，这样才是正常的爱"。后来，小白拨打婚姻热线诉苦说，他感觉老婆平时说话做事都像是在演戏，自己受不了她的脾气了，考虑离婚。

在恋爱的时候，女人普遍会变得孩子气，喜欢无数次地问"你爱我吗"，更喜欢听对方说"是，我很爱你"，尤其喜欢以虚构的偶像剧情来衡量、对照现实生活，但这样肯定是要产生心理落差的，会对现实生活和爱人产生不满。

进入婚姻后，两人长时间厮守，加上生活杂事的纠缠，很难保持长期的激情和浪漫，确实会导致有些女人一时难以适应没有鲜花和蜜语，只有煤气单、水费单的婚姻生活，此时如果丈夫再"不懂风情"，那就更会加重女人的失落感。

殊不知，浪漫的情感是虚无缥缈的，而生活却是实实在在的，不要因为渴望激情浪漫，而幻想婚姻里每天都有那么多惊喜和浪漫。要知道，真正打动人的感情总是朴实无华的，它不出声，不张扬，而且埋得很深。

走在婚姻路上，也许另一半没有天天对你说"我爱你"，但他为你打上一把遮风避雨的伞，为你沏上一杯飘满香气的茶，为你盖上早已暖热的被，给你一个宽大而坚强的肩膀，给你一个释放委屈的拥抱……谁能说这不是另一种意义上的浪漫呢？

事实上，一个愿意放弃自己的享受而尽最大努力让你获取幸福的男人，是真正懂得浪漫情调的人，也是你真正可以托付终身的人。女人一定要认清楚爱情与婚姻之间的区别，学着用成熟理智的心态去面对爱情，面对婚姻。

爱情需要浪漫，而婚姻却需要真实。不要感慨于平淡的生活，不要叹息于平静的岁月，多留意生活中实实在在的爱意，用心中的理智之柴将爱火燃得更旺，用成熟的屋檐为爱遮蔽风雨！

吵架不相上下，小心婚姻散架

婚姻生活中，你和你的另一半吵过架吗？你是否发现，两个人吵架常常是由一件很小的事引起的，到后来却是越吵越凶，越闹越大，打架、摔东西、离家外出、相互谩骂、长时间互不说话等等。很多人不能理解，明明相爱的两个人，为什么一吵架就变得面目全非，咄咄逼人？

不管你承不承认，但你必须得信，有时吵架并非本意，而是一种心理的驱使，即受拍球效应的影响。拍球效应是指拍球时用的力越大，球就跳得越高，反之，用的力越小，球跳的高度也越小的现象。从心理学角度说就是：一个人承受的心理压力越大，其潜能发挥的程度越高。反之，人的心理压力越小，潜能发挥程度就越小。

回想一下，和爱人吵架时，他若骂了你一句，令你内心气愤不已，你是不是会想着我该怎样回他十句？他说是你错了，你不服气，是不是非得搬出种种理由证明他才是错的？特别生气的时候，只要一个人开始摔东西，那么另一个人也会摔东西，你砸我也砸，你狠我更狠……

瞧，这就是拍球效应的表现，真是一个可怕的恶性循环。

夫妻之间一辈子不吵架恐怕是极少数，常言说得好："客客气气是朋友，卿卿我我是情人，吵吵闹闹是夫妻。"老夫老妻都有这种体会。不过，爱人是与自己最亲密的人，相信没有人会喜欢和爱人吵架吧。所以，婚姻生活中我们一定得警惕拍球效应，万万不能让吵架毁了彼此的感情。

一对夫妻历经磨难才走到一起，结果结婚才一个月却开始了吵架。原因是男人总是喜欢从中间挤牙膏，而女人却认为一定要从尾部挤牙膏。两人谁也不肯让步，为此时常爆发争吵，于是他们决定分居。

分居的日子里两人深感寂寞，他们明白其实彼此依然深爱着对方。只是他们都非常要强，谁也不肯向对方低头，就这样，他们分居了一个月。最终，妻子准备了烛光晚餐，准备向老公妥协，挽救他们的婚姻和爱情。

正当妻子做老公最爱的红烧大闸蟹时，忽然看到一只蟑螂从她脚下窜过，妻子并没有多么害怕，但她灵机一动，拿起电话拨打了老公的号码："喂！亲爱的，你赶快回来，家里有只蟑螂，我快被吓死了。"那边的老公只一句"遵命"便立即赶回了家。

两人吃着烛光晚餐时，妻子主动向丈夫道歉，尔后她不再管丈夫是怎么挤牙膏的，有时干脆每天早上给他挤好牙膏，而丈夫也自觉地开始从尾部挤牙膏。就这样，两人不再争吵了，他们的爱情复活了，婚姻复活了。

在现实的婚姻中，矛盾是不可避免的，琐事也很难评出对错。你必须明白，如果你非要爱人对自己百依百顺，自己却不肯做出一丝一毫的让步，和他针尖对麦芒，那么你得到的只会是伤心和失望，也永远不能真正"制服"他。而婚姻中的妥协是为了更好地生活，退两步是为了进三步。既然如此，你为什么自己不能妥协一次呢？

张爱玲说过，善于低头的女人是最厉害的女人。男人生来就有一种保护欲，同情弱者，怜香惜玉，更何况面对他的妻子呢？如果妻子在恰当的时候悄悄地退后一步，看似是丈夫得到了"天下"，殊不知妻子才是背后最大的赢家，因为这样的"退步"会让丈夫对妻子充满感激，妻子会赢得丈夫的心！

我们必须了解一点，吵架并非无理取闹，并非感情淡薄，其背后的心理诱因是被忽视和被威胁，它表达的是一种强烈的关注需要。美国贝勒大学最新心理学研究发现，在亲密关系中，当一方觉察到自己被另一方忽视或者威胁了，

就会本能地感情用事，批评或抱怨，引起争端。

原来，吵架的逻辑是这样的：当一个人或暴躁，或愤怒，或不满，用最决绝的话、最让人后悔的词语来发泄的时候，其实他是在用极端的方式来引起别人的关注，是在提醒那个自己很在乎的人：我需要更多的关爱和注意。而如果那个他在乎的人不能满足他，他的心理压力变大，情绪必然变糟。

只有当我们了解了拍球效应，读懂爱人内在需要之后，两个人才会拥有真正的默契。

第一，因为拍球效应的作用，吵架会释放压抑不了的心理冲动，你横我更横，你狠我更狠，夫妻双方经常口不择言，还专拣最恶毒、最伤人的话说。这时候，如果有一方能够先保持冷静，大气地忍让，不将矛盾深化，或用回避的方式去缓解，另一方纵然有再大的脾气，一个人也吵不起来。

其实吵架怎么开始的并不重要，但一定要控制自己的情绪，做到适可而止，见好就收。如果对方给了你一个台阶，要马上抓住，赶紧下来。心理学上有一个规律，每个人停留在争吵中的耐心不会超过三十分钟，一旦超过就会情绪失控，所以争吵尽量在三十分钟内结束。

第二，吵架者的基本心态是"这件事一定是我对，我的另一半一定错了"。问题是，夫妻吵架一般都是为了鸡毛蒜皮的小事，例如饭菜做咸了、睡觉抢被子、睡觉打鼾等等。这些事情并没有对错可言，纯粹是角度问题。所以，千万不要为了驳倒对方而吵，不妨多揣测对方的想法。

解决吵架的对策很简单，只要记住一句话——男人需要尊重，女人需要关爱。女人说："其实他不知道，就算我再凶，只要他过来抱抱我，就没事啦……"而男人也会说："你快认错吧，只要你认错了，我马上就原谅你了。这个你都不答应，我也太没面子了……"

丈夫说几句笑话，妻子撒几声娇，往往什么事都没了。

得到一份爱不容易，吵架可以，但为了生活的快乐和幸福，需要更多的技巧和理性。

有种"爱情毒药"，叫作"她过得比我好"

"你太不温柔了，你看小美对她老公多好啊！"

"小娜怎么那么幸福呢？刚从德国回来，今天又飞印度了。啥时候我也能出国旅游？"

"别人升职的升职，加薪的加薪，就你原地不动，我都不知道说你什么好！"

……

回想一下，婚姻中，这样的话，你有没有对你的另一半说过？或许，你认为，说这些话无非是为了刺激他，让他能够向别人看齐，变得好一点，更好一点。可是有用吗？结果大多是，他并没有因此更加努力，更加奋发图强，朝着你的要求去做，反倒越来越反感你，家庭矛盾越来越严重。

为什么要拿他和别人比较呢？追根究底，这是我们的攀比心理在作祟。人为什么会有攀比心理呢？从本质上看，攀比心理是一种嫉妒、爱慕虚荣的心理。攀比本身不是坏事，它可以在对比中找差距，知不足，见贤思齐，奋发向上。但问题是，一旦比输了，就会心理失衡，比出愁闷，比出怨恨，这正印证了一句十分流行的话："真是羡慕嫉妒恨啊。"

很多事实证明，婚姻里最悲哀的事情，就是跟别人作攀比了。因为每个人都是有自尊心的，在被比较的一方看来，爱人拿自己与别人比较是在否定和挑剔自己，表达不满的情绪，甚至是对自己和家庭的严重背叛。他甚至会绝情地

想，如果你不满意，为什么还不马上离开？！

孟欢结婚快十年了，她和丈夫有一个7岁的女儿。在外人眼里，孟欢温柔漂亮，她的老公帅气能干，女儿可爱聪明，一家三口幸福美满。可这个看似美满的家庭早已硝烟重重，夫妻甚至写了离婚协议，为什么呢？

原来，孟欢老嫌弃丈夫工作十几年了还是个小职员，而她闺蜜的老公职位高，又有钱。开始时，丈夫还笑脸相迎，可久了他就不耐烦了。这不，他俩又因此爆发了激烈的争吵。

"老公，小洪家刚买了新房，人家那大房子才叫气派。"

"咱家房子虽然不大，但也不小，而且很温馨，也不错呀。"

"你看看你，工作十年了还是个小职员，人家小敏的老公早就当副经理了，你再不赶紧往上爬，恐怕以后就没有什么机会了。"

"我就这样了，我这人不好强，你当初嫁给我的时候又不是不知道，而且平平淡淡，有吃有喝，咱们一家不也挺好吗？"

"挺好？你那叫没出息！你让我和女儿跟你就这样窝囊地过一辈子？我真后悔，当初怎么看上你这么个不求上进的东西！"

"我工作勤勤恳恳，对家庭尽心尽力，我怎么了？你为什么非要让我跟别人比呢？你要是真的觉得别人比我好，那好，离婚吧，你去找一个你觉得好的人过好生活去吧！"

"好啊，你给不了我比别的女人更好的生活，居然想和我离婚，离就离！"

比较，是生活不幸福的根源。为何会出现这样的情形呢？

从女人的角度来看，有的女人缺乏主见，不能正确地判断事情的对与错，所以就会拿那些自己认为比较完美的人来做比较，当作人生的坐标，甚至一切都以别人为准。尤其是看到老公的缺点，别的男人的优点时，心里会越发不平衡，就希望自己的丈夫能够也朝那个方向发展。

从男人的角度来看，有的男人想体现自己的价值，但是由于主观和客观条件的限制，无法实现自己的目标，他们最不能承受的就是别人的否定和贬低，特别是自己的妻子，这会让他们受到伤害，产生怨恨心理。他们不能善意地理解妻子的初衷和愿望，在他们看来，妻子拿自己与别人比较是在挑剔他们、表示不满，是对自己和家庭的严重背叛。他们还会绝情地想，如果这么不满意，为什么还不马上离开呢？

婚姻需要和别人攀比吗？不需要。更何况，攀比会让人上瘾。你听过"欲壑难填"这个词吗？欲望是人的本性，倘若不加以控制，它就会无休无止。攀比中只要尝过一次"更好"的滋味，就会想寻求更多的"更好"，这就刺激了人的欲望，使人变得倍加贪婪，不停地索取，不停地追逐，以求得心理满足。你买汽车，我就要买豪宅；你有漂亮的衣服，我就要有高贵的首饰……但这样下去，什么时候才是头？

是要攀比，还是要幸福？孰轻孰重，相信你已经有了自己的答案。

那么，如何走出攀比心理，保卫好爱情呢？

第一，控制自己的欲望。幸福是什么？它是一种主观感受，是心理欲望得到满足时的一种状态。追求幸福的一个方法，就是学着控制自己的欲望，而不是试图去填满自己的欲望。"老天对我太好了，让我拥有了这么多"，对自己拥有的一切感到满足，内心的焦虑就会少很多，也一定会觉得是幸福的。

第二，攀比心理的产生很大程度上是源于不自信，为此你可以运用自我暗示这一心理调节技巧，增强心理承受能力。当起了攀比之心时，你不妨在心中默念"其实我也很幸福""我的他也很好"等带有鼓励性质的语句，久而久之，盲目攀比的心理就会得到缓解。

记住，不必攀比，婚姻是否幸福，在于你的内心。

你再唠唠叨叨，他就逃之夭夭

"说了多少次了，衣服脱了别乱扔，你怎么就听不进去呢？"

"你到底什么时候起床吃饭啊？每次都要等我喊你，你就不能自觉点！"

"不是跟你说过了，吃饭前一定要洗手！"

……

回忆一下，你在生活中是否经常说这样的话，一说起来就没完没了，像只叽叽喳喳的小鸟。如果是这样的话，那么很遗憾地告诉你，你在家里扮演的是一个爱唠叨的角色。你的他也许一开始会听你的，但时间久了，次数多了，他就会不耐烦，也许还会对你避而远之，让夫妻关系受到损害。

唠叨，是指反复而不耐烦地要求、指责对方。

一般来说，唠叨是已婚女性普遍存在的问题。女人不明白，要男人按时起床睡觉、多锻炼身体，在外面少喝酒、少吃快餐等，这明明是为男人好，他怎么不领情？那么，换位思考一下：如果一个人整天在你的耳边唠叨不停，不准这样，不能那样，你会不会感到疲倦和厌烦？答案肯定是你也烦。

伊利和赵刚是相亲认识的。伊利见到赵刚第一眼，便觉得眼前这个魁梧的男人是个糙汉子，肯定不会照顾人、体贴人，但事实证明，她"看走了眼"，赵刚是个非常细心、体贴的人。在接下来相处的日子里，赵刚会叮嘱伊利天冷时多穿衣，准时吃饭，晚上早点休息，等等，这些关怀让她很受用，让她确定了和对方的恋爱关系，并且谈了没多久，就跨入了婚姻殿堂。

然而，真正结了婚，在一起生活后，伊利发现，赵刚的细心体贴简直是她的噩梦。因为，从每天早上睁眼起床起，她就觉得自己的耳边有无数只苍蝇一直在嗡嗡叫个不停。

赵刚是一名退伍军人，他对自己的作息有严格的规定。每天早上，他会早早起床，然后去晨跑，早餐也是按时吃，到了晚上，他从不玩手机，靠在床头看一会儿书后，就会关灯睡觉。这样的生活方式如果不强加在伊利的身上，她会觉得非常健康，一旦强加在她的身上，她就觉得是一场灾难。

和赵刚结婚住在一起后，他将这样的作息强加在了伊利的身上。每天早上，他会喊伊利起床，如果伊利蒙着被子继续躺在床上，他会掀开被子，不停地重复"快点起床""时间不早了"，就这样念念叨叨，直到她起床为止。晚上躺在床上时，伊利喜欢玩一会儿手机，但只要一到赵刚睡觉的时间，他就会对伊利说早点睡。如果伊利不睡，他又会念叨"晚上看手机对眼睛不好""晚睡对身体不好"等等，令伊利特别烦，恨不得换个房间去睡。

随着在一起生活的时间越长，赵刚唠叨的事情就越多了，譬如他会唠叨伊利卫生打扫得不干净，会唠叨她饭菜不要放味精，会唠叨她不要将工作带到家里……虽然其中有很多唠叨是对的，是为了伊利好，但伊利却不领情。

当赵刚的唠叨令伊利忍无可忍时，她终于爆发了，她的爆发其实就是和赵刚对着干。譬如，赵刚喊她起床，她坚决不起床；对于赵刚做的早餐，她不仅不吃，还会当着赵刚的面倒掉；晚上睡觉时，她会锁好房门，让赵刚出去睡觉；等等。

这些对着干的行为，其实正在一点点地蚕食伊利和赵刚的夫妻感情。

生活中，我们常有这样的体会：当你不小心做错了一件事情的时候，有人会数落你。开始的时候，你还有耐心听，还会觉得自己真的不应该犯错，还会感到愧疚，可是当对方没完没了地数落你时，你心里就开始厌烦了，还可能会开始讨厌这个人，甚至故意跟对方对着干。

做丈夫的唠叨，妻子烦；做妻子的唠叨，丈夫烦。可见，为了维持和谐的夫妻关系，维系婚姻生活的稳定，夫妻之间需要努力改变唠叨的习惯。就算真有必要要求，或者指责对方，也一定要掌握好"火候""分寸""尺度"。

那么，具体应该怎么做呢？

第一，一件事只说一遍。

你要有意识地控制自己的语气，一件事争取只说一遍，尽量不要重复去说。如果你希望爱人能够去洗碗，你说了一遍，两遍，第三遍时他还是纹丝不动，那么这表明，他压根就不愿意洗碗。所以，第一遍后你就打住吧，别再重复要求他了，唠叨只会使他下定决心不干。

第二，保持冷静的情绪。

当夫妻之间发生不愉快时，千万不要唠叨个不停，这样只会火上浇油。或让对方默然离去，或让对方大发雷霆，相信这两种局面都不是你想看到的，所以哪怕你有无数诉说的欲望，也要想办法控制自己的情绪。等到双方都冷静下来，心平气和了，再把这些事情拿出来讨论也不迟。

第三，采用温和的方式。

不要一开始就说个没完，要学会采用温和的方式，尊重爱人的思想。每个人都喜欢被人请求，而不是命令。你可以试着以聊天的方式与对方展开交谈，比如："亲爱的，你只是现在不想洗碗，待会儿就会去洗，是吗？""请把脏衣服放到洗衣机，好吗？"这种温和的方式比重复唠叨有用多了。

第四，宽容对待你的爱人。

在唠叨之前，就算你不懂超限效应，也要问问自己：这些事值不值得唠叨？事实上，一个人偶尔说错一两句话，做错一两件事是在所难免的，人无完人嘛。而家呢？说白了，是每个人放松身心的地方。所以，不要苛责你的爱人，或抱怨他的臭脚，或唠叨他的无趣，请宽容一点吧。

一旦夫妻明白了这些道理，唠叨的情形就会减少，幸福的日子就会很多。

爱要不卑不亢，幸福才会放光芒

一代才女张爱玲曾说过："见了他，她变得很低很低，低到尘埃里。但她心里是欢喜的，从尘埃里开出花来。"女人在遇到所爱的人时，往往会小心翼翼，并陶醉于这一份爱中，一次次地放低自己，在婚姻里更是如此。

只是，无论是在爱情里，还是在婚姻里，卑微是留不住人心的。试想，当你把自己看得卑微了，牺牲自我，放弃尊严，你的他又怎会瞧得起你，把你当回事呢？你爱得越是卑微，越会加速他的离开。

张爱玲深爱着胡兰成，爱他的风流倜傥，爱他的才华……她曾多次不远千里去看他。但是胡兰成呢？他在赞美张爱玲的时候，也一样赞美着她的好朋友炎樱；甚至与她在一起时，还与苏青密会。胡兰成固然是错，但张爱玲的卑微是不是长久以来一直在给他这么一个犯错的机会呢？

事实上，所谓婚姻，是男人与女人决定要一生一世生活下去，相互照顾，相互关怀，相互帮助，并且生儿育女，保证人类血脉延续。在此期间，你没有必要牺牲自我，放弃尊严，否则婚姻将会真正成为人生的坟墓。

所有完美幸福的婚姻一定是建立在夫妻双方平等的基础之上的，即使是勇敢地攀上了"高枝"，你也绝对不能忽略这一点。这里的平等，包括双方的人格精神平等，爱情姿态平等，婚姻权利平等。

关于爱情的平等宣言，简·爱语出惊人："虽然我贫穷，虽然我不漂亮，但我的心灵跟你一样丰富，我的心胸跟你一样充实！当我们的灵魂穿过坟墓，站在上帝面前时，我们是平等的。"

因此，爱再怎么可贵，也一定要爱得不卑不亢，这样才能让爱人又爱又敬，你才能在一个家庭中拥有地位，婚姻生活才会幸福得冒泡泡。下面这个故事就很能说明这一点：

玛格丽特·米切尔是美国现代著名女作家，为中国读者所熟悉的著名小说《飘》（由小说改编的电影叫《乱世佳人》）的原作者。由于母亲早逝，玛格丽特不得不从中学辍学操持家务，如同《飘》中的女主人公斯嘉丽一样，她生来就有一种反叛的气质。

成年后凭着一时的冲动，玛格丽特嫁给了酒商厄普肖，但这段婚姻不久便以失败告终。这段婚姻的失败与其说是厄普肖冷酷无情、酗酒成性造成的，不如说是玛格丽特婚姻爱情观的结果。因为尽管知道厄普肖有不少缺陷，她都深深地迷恋对方，甚至是盲目崇拜，这无疑助长了厄普肖狂放不羁的个性，让他对玛格丽特越来越不在乎。

这段婚姻的不幸，让玛格丽特明白了女人在婚姻中的平等性。之后，她很快便重新振作，嫁给了记者约翰·马什。玛格丽特打破当时的惯例，在门牌上写下了两个人的名字，她说："我要告诉所有人，里面住着的是两个主人，他们是完全平等的。"更让守旧的亚特兰大社交界惊讶的是，她不从夫姓。

约翰·马什也提倡夫妻之间的平等，同他的这次结合是玛格丽特的幸运。马什一直支持和深爱玛格丽特，也正是在他的鼓励和支持下，玛格丽特开始默默从事她所喜欢的写作，十年后《飘》正式出版，她一夜成名。

在婚姻生活里，快乐是一起享受的，痛苦也是一起承担的，在婚姻里头，你要记住，你和他是完完全全平等的！

那么，在感情的世界里，该如何做到不卑不亢呢？答案是要有足够的自信。在感情的世界里，一个人会爱另一个人，初始是因为外观上的好感，而维持感情发展的，却是彼此人格上的魅力。所以，不管是男人，还是女人，都希望对方是能够与自己匹配的，尤其是精神上的匹配，而一旦觉得不匹配，感情就会变质。

展现人类魅力的方式，就是有足够的自信，当一个人足够自信时，就会如同一颗耀眼的星星，那星光会照耀得人睁不开眼睛，也会令你爱的人觉得，你非常优秀。因此，在与爱的人相处时，不要放低自己的姿态，要落落大方地展现自我。与此同时，也可以通过一些方式来提升自己的信心，譬如多读书、多旅行、发展兴趣爱好。

需要注意的是，不卑不亢不是高傲，一旦不卑不亢变成了高傲，幸福也会变得遥遥无期。因为，在爱情里，谁也不希望自己的另一半是高傲的，这会令人觉得很难相处，极有距离感。

感情的主动权掌握在对方手里，也掌握在你自己手里。保持平等的姿态，有理有节地保护自己，可令自己在感情的"龙凤斗"中立于不败之地，永久地承受对方浓浓的爱意，助你在今后的婚姻旅途上一路走好。

CHAPTER 09

爱的迷雾

——爱是什么爱，情是什么情

当你真正陷入一段恋情时，情感往往会控制住你的理智，甚至让你做出一些不可理喻的事情，就连你自己可能都理解不了那种纠结与挣扎。但你并非无能为力，停下来，静下来，问问自己"为什么会这样"，尽最大的努力去改变，才能争取一个好的结果。

过去见他就烦，现在不见就想

生活中你经历过这样的恋爱吗？你和一个人平日里吵来吵去，互相看不顺眼，但在某一时刻你突然发现：你爱上他了！这并非不可能，影视剧里不是经常发生这样的故事吗？如电影《杜拉拉升职记》中的"菜鸟"杜拉拉爱上销售总监王伟，韩剧《浪漫满屋》中的大明星英宰被小作家智恩俘虏。

稀里糊涂地喜欢上了讨厌的人，这就是所谓的"欢喜冤家"吧！爱情也能吵出来吗？真的有那么神奇吗？你想不通吧？那么不妨来了解一下求爱心理。求爱心理是指在追求异性的时候，渴望引起周围人的注意、重视或欣赏，为此不惜采取各种行为的一种心理。

我们会讨厌这个人，也会喜欢这个人，这看起来相互矛盾，但喜欢与讨厌、爱与恨在某种意义上其实是一样的，都是伴随着生理反应的强烈情感。只不过，很多时候我们不知道该怎么做好，只知道某个人让我们有一种特殊的感觉，会对他做一些特定的行为。

求爱是很简单的事情，为何搞得如此复杂呢？这是因为，每一个人都有自尊心，不敢轻易表白，害怕被拒绝，害怕自不量力。但是不表白又难受，内心很矛盾。

你有过这样的体验吗？有时候明明很喜欢一个人，却偏偏故意找碴，做出让他讨厌，甚至伤害他的事情。为什么要这样做？因为他在你的心目中有着特殊地位，因此你才会特别地对待他，你想吸引他的注意。只有令他注意到自己的存在，接下来才有在一起的可能。

又或许，你正在遭遇这样的烦恼，有一个人总是故意找你的碴。"我究竟哪儿招惹他了？""真的是我不好吗，我怎样做他才满意？"……你总有这样的想法，但你是否想过，根源可能不在你这里，而在他那里。你在他眼里是"特殊"的，他想吸引你注意，所以才对你"特殊"。

李钊和小阮相识多年。他们是同学，毕业后找工作，两人去了同一个城市，进入了同一家单位。

你要问小阮，她最烦的人是谁，李钊绝对排在首位。而小阮对李钊的厌烦情绪，可以追溯到高中时期。

那会儿，李钊和小阮坐在前后桌，小阮坐在前面，李钊坐在后面。小阮向来是个品学兼优的学生，上课一直很专心。自打李钊坐在她后面，她时不时要分神一下。因为李钊"事儿很多"，他一会儿将脚搁在她的椅子上抖动，一会儿问她借笔、借笔记，每每当她严肃地告诉他上课别打扰她时，李钊都嬉皮笑脸地点头应好，但隔个几天又会再犯。

高三毕业那年，分数出来后，李钊像狗皮膏药一般，每天都问小阮填报哪所学校。最初，小阮没告诉他，后来被烦得受不了了，便告诉了他。但让她没想到的是，他居然跟着填报了同一所学校。

上了大学后，小阮发现李钊比高中时期还要招人烦。就拿开学来说，李钊比小阮提前两天到校，小阮来校后，学校按照惯例，安排了一位学长领着小阮办入学手续，但李钊不知道从哪儿得来消息，不请自来抢了学长的工作。他的积极令学长颇有些尴尬，而小阮也窘迫得不行，因为学长看她的眼神，就差没将"这是你男朋友吧"这句话说出口了。

小阮是个性格内向的人，对于班级或学校组织的活动，她都不想参加，但偏偏李钊每回都将她的名字填报上去，害她经常生气。

大学毕业后，小阮兴奋地期待着职场生活，但她进单位第一天，又碰到了李钊。按理说，随着年龄的增长，李钊应该会变成熟，不会再幼稚地和她对着干，但事实上，他依然会和她对着干。譬如，夏天他请公司的同事喝奶茶时，递给别人的是冰的，递给她的总是热的；他的工作需要助手帮忙时，她永远是他的第一选择，所以这些年她跟着加了无数次的班；同事组织的聚会，他会想方设法拉上她。

再后来，李钊还搞砸了小阮的相亲。也是在那次相亲之后，李钊突然向小阮表白了。小阮意外极了，她完全没有想到，李钊会喜欢她。因为，喜欢一个人不是应该对她好吗？为什么他会和自己对着干？小阮自己也没料到，当听到李钊说喜欢她时，她的内心无比窃喜，更毫不犹豫地答应了他的表白。

每个人在追求爱时，会表现出不同的方式。李钊的爱是含蓄的，他不会将爱说出口，而他与小阮对着干的一系列举动，其实是他对小阮的爱的"另类表白"。这种与众不同的表达方式对内向的小阮来说无疑是难以理解的，厌烦也在情理之中。但小阮不自知的是，她早已习惯了李钊的举动，并纵容了李钊多年，其实就表明她对他也有着朦胧的喜欢。

尽管这种"特殊照顾"让人很不爽，但你要明白，他之所以打扰你是因为爱，所以你完全不必为此耿耿于怀，甚至将之列为"敌人"。事实上，只要对方掌握好分寸，平时拌拌嘴、斗斗气，也不失为一种情趣。即便你们不能成为一对恩爱情侣，可能也会变成一对有趣的"死党"。

如果你对他也有意思，那么就更要体谅他矛盾的内心了，他其实也在和自己斗争，他怕被拒绝。这时，你最好主动一点了。事实上，只要你稍稍施以关心，亲切地对待他，就能够使他抛开内心的疑虑，不再与你"作对"，明明朗朗地爱你，对你好。

他爱慕者很多，其中也有我一个

生活中，你做过这样的事情吗？

一个人，当他被很多异性关注和喜欢时，你往往会认为他是有魅力的人，也会不自觉地关注和喜欢他，喜欢他的人越多，你也就越喜欢他。但如果一个人的身边没有其他异性围绕，或者说没有人对他感兴趣时，你对他的评价将大大降低，即便这个人真的很优秀。

为什么会这样呢？

不要疑惑，不必纠结，很多人就是有这种羊群心理。羊群心理，就是从众心理，指个人通常具有跟从群体的心理倾向，当发现自己的行为和意见与群体不一致，或与群体中大多数人有分歧时，会感受到一种压力，并促使自己趋向于与群体一致。

为什么将这一心理命名为羊群心理呢？这是因为，羊群是一种很散乱的组织，平时在一起也是盲目地左冲右撞，但一旦有一只羊发现了一片肥沃的绿草地，并在那里吃到了新鲜的青草，其他的羊就会一哄而上，争抢那里的青草，全然不顾前面可能有狼或者不远处有更好的青草。

因为羊群心理的作用，人在选择恋爱对象时很容易盲目从众。往往不是根据事实客观判断"我为什么要喜欢他？他有什么吸引我的地方"，而是依靠同伴的反应，相信同伴的判定。通俗地讲，大家认为哪个人有魅力，那么这个人一定是有魅力的；大家都喜欢哪个人，我也就跟着喜欢他，这样做不会错。

昨天发生的事，对李佩来说，绝对是一个噩梦。她到现在也想不明白，怎么会冲动地向她的上司表白。虽然上司拒绝的话说得很委婉，但一想起来，还是令她窘迫尴尬，恨不得找个地洞钻进去，而她对去公司上班也起了抗拒心理，不知道该如何面对上司。

李佩反省了一夜：自己到底喜欢上司哪儿？反省过后，她发现上司并没有值得自己喜欢的地方。上司是个温柔的人，是个"妇女之友"，根本不是她喜欢的高冷沉稳类型。她又回想起，自己对上司的喜欢由何而起，何时而起。

她的上司是"空降"来公司的，来之前，好些同事就得知他的一些信息，譬如这位上司是个海归，能力很强，长相帅气，性格温柔。有几个单身女同事毫不掩饰地表示出对这位新上司的喜欢，她们到处打听上司有没有女朋友，表示如果没有，自己就有机会了。

新上司的这些信息，在李佩看来确实优秀，但那个时候，她除了好奇外，并没有多大感觉。直到见到这位新上司后，她才动了心，因为这位新任上司长得真的超级帅，性格也非常好。

新上司帅气的外表俘获了一批爱慕者，李佩虽然不是"外貌协会"的，但新上司那张赏心悦目的脸确实令她心生好感。上任后，这位新上司越发将温柔的性格展现得淋漓尽致。譬如，他会经常请下属吃饭；会叮嘱生病的同事早点回家休息；当同事的工作出现问题时，他会温和地指出，从不指责；每次加完班，他会将同事们一个个送回家；等等。这些贴心的举动，令他的爱慕者越来越多。

李佩每天在办公室，都会听到女同事们夸奖这位新上司多么优秀，听得多了，不知不觉也成为爱慕者大军中的一员，这才发生了表白被拒的尴尬一幕。但现在细细想起来，她的上司根本就不是她喜欢的类型，因为她

可受不了自己未来的男朋友对每一个女性都那么好。

新上司明明不是李佩喜欢的类型，可她最后怎么就成了新上司的爱慕者呢？其实，这就是羊群心理在起作用。

选择喜欢的对象时，广听众议是好的，但盲目听从就不好了。

人在选择恋爱对象的时候，一定要警惕，别被羊群心理误导。不要把目光局限在"花团锦簇"的"贾宝玉"身上，而要用自己的心去感受，真诚交流，认真地分析判断，拿定自己的主意，这样才能真正地爱对人。

另外，羊群心理反映出自我意识弱化，独立性较差，意志力不够坚强的特点。所以，要想改变易受羊群心理影响这一弱点，遇到事情的时候就要多问自己几个"为什么"，培养自信心和判断力。毕竟，我们不是羊，是人，我们要用自己的脑子去思考，凡事得有自己的判断。

事实上，恋爱是两个人的事情，爱或不爱只有你的心知道。更何况，爱一个人，和他结婚生子过一辈子是你这一生最大的事。所以，别人觉得好与不好，那都是没有关系或者没有意义的，你根本没有必要在意。更何况，别人提供的看法未必就是正确的，也有出现偏差的时候。

明明被他伤害了，莫名其妙就爱了

爱情中有一个不可思议的现象，有些人会不知不觉地爱上伤害自己最深、对自己感情践踏得最狠的那个人。

明明对方伤害了自己，却还要往火坑里跳，这可真是受虐狂啊！为何会出现这种情况呢？细究一下就会发现，这是一种特别的心理在作怪——受害人有时会对伤害自己的人产生好感、同情心，或者依赖心等，甚至反过来帮助加害者。这种现象被称为斯德哥尔摩效应，又称为人质情结。

斯德哥尔摩效应并非虚构，而是真实存在的，它源自1973年瑞典首都斯德哥尔摩的一件银行抢劫案。两名绑匪把一男三女作为人质，与警方对峙一百三十一个小时。待警方准备击毙劫匪时，人质反而掩护绑匪逃亡，此后拒绝提供证词，一名女人质甚至还爱上了其中一名绑匪，并在他服刑期间与其订婚。

人质情结听起来不可思议，却反映了人性的一个弱点，人往往屈服于暴虐。这种弱点会使我们对施暴者产生一种心理上的畏惧感，感觉自己的命运操控在对方手里，对方高兴了自己也就高兴了，进而形成了依赖的习惯与情感，对于对方的恐惧也会转化为宽容、慈悲和感激。

那么，哪种情况容易产生人质情结呢？心理学家经过分析得出：

第一，你切实感觉到一种无可逃避的恐怖和紧张，甚至你的生命受到了威胁。

第二，这个绑匪（加害者）一定会给你施以小恩小惠。比如，痛打了你一顿之后，又会安慰你，关心你，照顾你，求取你的原谅。

第三，你与外界的交流完全被隔绝，你所能得到的信息和思想，都是对方给予的。

第四，除了顺从绑匪（加害者），听从摆布，任由宰割之外，你无处可藏、无路可逃。

一旦置身于这四个条件下，你就容易产生人质情结。如果你同时具备以下几个心理特质：脆弱、感性、依赖性强、易崇尚强者，那么你更会对绑匪（加害者）感到分外恐惧，甚至会喜欢上对方。

易玲又受伤了，这一次，她的左眼眶乌青一片，嘴角也有些破裂，不难让人看出，她被人暴力对待了。易玲的好友李莎看到她狼狈不堪、憔悴不已的模样，不禁义愤填膺，质问她是不是她的男朋友动的手。

易玲犹豫了一下，点头说是，并说起了被打的经过。

就在前一天晚上，易玲做了一桌子好菜，等她的男朋友赵忠回家吃饭。赵忠加了班，回来得很晚，他回到家时的情绪很不好。从他骂骂咧咧的话语里，易玲了解到，赵忠前段时间做的策划案被否决了，领导命令他重新做一份。而赵忠觉得，自己做的策划案非常出色，领导否决他是故意找碴。

易玲没有做点评，因为孰是孰非她也不清楚，所以就选择了沉默。但她的沉默在赵忠眼里被理解为不站在他那一边，他当下就对易玲发了火，质问她是不是看不起他。尽管易玲否认了，但赵忠还是不依不饶。

易玲解释不通，就想转移赵忠的注意力，喊赵忠先吃饭，但赵忠愤怒地掀翻了桌子，菜盘摔落一地。见此，易玲也有些气了，她质问赵忠，她为了做这些菜花了一个下午的时间，他凭什么掀桌子？赵忠憋了一天的火气被瞬间点燃，最后不知怎的，就动手打了易玲。

李莎在听完易玲的诉说后，整个人气愤不已，她强烈建议易玲分手，不要再跟赵忠这种喜怒无常的人在一起。对于好友的建议，易玲非常犹豫。她告诉李莎，虽然赵忠打了她，但事后跟她道歉了，并保证以后再也不对她动手。

李莎真是恨铁不成钢，因为赵忠不是第一次对易玲动手了，并且每一次动手后，都会道歉，保证下次不再犯，但下一次还会再犯。李莎十分不明白，赵忠那么暴力的一个人，为什么易玲会死心塌地地爱他呢？

不难看出，易玲是有人质情结的，不然也不会在遭受了赵忠的多次施暴后，对赵忠依然不离不弃。但爱情一定是要双方互敬互爱的，是要让自己幸福快乐的。而相互折磨，哪怕是以爱的名义，都是不正常的爱情，人质情结是要不得的！

当有人伤害你时，第一时间阻止伤害行为的发生吧！

人都有自己的心理弱点，施暴的人也不例外。有的人怕丢面子，有的人怕长辈，有的人怕单位领导。怕丢面子的，你就撕开他的面子，把他的暴行在公众面前晒晒，让别人笑话他；怕长辈的，你就不妨告诉长辈你所遇到的情况，让他们评评理；怕单位领导的，你就威胁对方"再这样，上单位去！"……

当然，你也可以选择离开。爱情是愉悦人心的一种情感，虽然说酸甜苦辣皆备，但如果其中的苦痛多过了甜蜜，那么这样的爱情也就没有了意义可言。总之，最关键的是你要在恋爱时擦亮眼睛，对于有暴力倾向的人，别犹豫，告诉他："我喜欢的不是你这一款。"

明明知道单恋苦，偏偏对你牵肠挂肚

你有过单恋的经历吗？

单恋，又叫单相思，是对某个异性一厢情愿的倾慕与爱恋。一种有趣的现象是，当你单恋一个人时，你的心情也会因对方而改变。如果他跟一个异性聊天，你的心会有一种莫名其妙的疼痛，甚至会低落一整天；而对方朝你看一眼或露出一丝微笑，你就可以高兴好几天……

你自己也不明白这是为什么，自己的心情不能由自己控制。

告诉你吧，你正在被幻想心理玩弄。于爱情来说，幻想心理就是自以为喜

欢的某一个异性爱上了自己的主观感觉，是一种错觉。一个受爱情错觉支配的人，常常会把对方的言行举止纳入主观臆断的轨道来理解，造成判断失误，并最终深陷其中不能自拔。

这么说可能有点不太好理解，那我们就通俗一点说——单恋者由于自己爱着对方，就会觉得对方也爱自己。对方一个眼神、一丝微笑、一句模棱两可的话语，在别人看来并没有什么特别，但在单恋者看来却是爱的表示，是有意于己。"瞧，她看我的眼神跟看别人不一样！""他在对我笑，他一定喜欢我！"……

可见，单恋者是受到自身各种主观臆断的迷惑，并因此憧憬着，陶醉着。但那只不过是一种子虚乌有的错觉罢了。所以，单恋虽然热烈、纯洁，但在旁人看来，却盲目可笑。

宋婉和朋友聚会时，朋友第三次表示要给她介绍对象。但宋婉却毫不犹豫地拒绝了，并表示自己有喜欢的人，她相信未来他们一定会成为恋人。朋友听到她千篇一律的说辞后，不由叹息一声。她第一次给宋婉张罗介绍对象时，宋婉也是这么说的，而那一次距离现在已经过去了两年。

宋婉喜欢的人是她的同学，从高中时期一直坚持到现在，算一算，已经有近十年。朋友从她的言语中了解到，她能喜欢一个人这么久，全靠她的幻想在支撑，而这个幻想是：那个男生也喜欢她。

宋婉会有这样的幻想，是建立在这样一些方面。先来说一说高中时期。宋婉喜欢的那个人是隔壁班的，男孩性格内向，长相帅气，学习成绩优异。少年时期的喜欢总是很难说出口，宋婉将喜欢表现在了行为上，譬如她会问男孩借课本，会给他写信诉说她近期的烦恼，会在他生日那天送上生日礼物，等等。而男孩每次都会借课本给宋婉，会回信，会收下生日礼物。正是这些表现，让宋婉觉得男孩也是喜欢她的。

到了大学时期，宋婉和她喜欢的男孩不在一个学校，但她每天都会给对方发短信，而对方都会回复她；在宋婉遇上不开心的事情时，他还会打电话过来开导她；甚至有一年，宋婉去男孩所在的城市游玩，男孩还给她做了向导。男孩的回应，让宋婉更加确定他是喜欢她的，只是他们彼此都没有将喜欢说出口。

大学毕业找工作，宋婉去了男孩所在的城市。在生活中，宋婉有什么困难，男孩都会第一时间赶来帮忙，他们还经常约着吃饭、看电影。在宋婉看来，他们的相处方式，和正常的男女朋友没什么差别，唯一差别就是没有确定恋爱关系。

宋婉所述种种，在她的好友看来并不是真正的爱情，因为一个男生将一个女生当作好朋友，也会做到这些，如果真是喜欢的话，早该将喜欢说出口。好友觉得，宋婉只是深陷在单恋的幻想之中。

从心理学角度来说，幻觉心理比较容易发生在性格内向、过于自恋、富于幻想、缺乏自制能力的人身上。单恋虽然会让人体验到一种深刻的恋爱般的快乐，但这种感受不过是海市蜃楼，它来自自己的幻想，而不是对方真实的爱意。

那么，如何走出幻觉心理，去真实地面对喜欢的人呢？

第一，一旦单恋已然发生在你身上，那就准确地观察和分析对方的言行，要长期观察，要反复分析，不能轻易下结论。若对方只是偶然对你笑，同时也对别人笑，这并不能说明什么。若对方经常有意地对着你笑，而不对着别人笑，那就极有可能是喜欢你。这时，单恋则可能转化为"双恋"。

第二，如果是"落花有意，流水无情"，你爱对方，但对方爱的不是你，这时你就得拿出十足的勇气，面对现实，勇敢抛弃幻想，将自己的情感进行转移。"天涯何处无芳草，何必单恋一枝花"，用理智主宰感情，你才有可能遇到真爱，而不是为一些虚幻的感觉辗转反侧。

单恋苦，换一个角度来说，若你被别人"单恋"怎么办？在现实生活中，与单恋者接触时，一定要谨慎有度才行，如果不爱对方，一定要明确告诉对方，态度上不要暧昧不清。因为这样只会加重对方的被爱幻想心理，最终害人家空欢喜一场，伤了心。

爱情"你我他"，如何选择啊

三角恋是一种异常的爱情关系，在偶像剧中我们已经司空见惯了。所谓三角恋，是指两个人同时爱上一个人，或者一个人同时爱两个人，或者是A爱B，B爱C，C却又爱A……在现实生活中，你是否遭遇过三角恋呢？你该怎么做呢？

"不求天长地久，但求曾经拥有。"常有人洒脱地这么说。但也有人哭着喊着要"天长地久"。三角恋，谁都不肯放手，谁都不甘退出，结果爱得十分痛苦。这，就是爱情中的独占心理惹的祸。

独占心理是指以自我为中心，独自占有所重视和喜欢的一切，不肯与别人分享的一种心理。而爱情是人与人之间强烈的依恋、亲近、向往，以及无私专一的一种情感。在爱情中，不论男女，若真心爱着一个人，内心必然希望自己是对方的唯一，决不愿与他人分享。

这是很正常的，因为只有当你觉得这个人很重要时，你才会有强烈的占有欲望……也可以这么说，爱情都是自私的，属于自己的东西当然不想和他人分享。试想，当你很爱一个男人时，你会心甘情愿地看他今天跟这个女人打情骂俏，明天跟另一个女人结伴出游吗？

向阳在朋友眼里是个乖乖女。可是这个乖乖女，居然拉着朋友到酒吧喝得酩酊大醉。

都说女人买醉，多与情感有关，向阳也不例外。在朋友耐心地询问之下，她将情伤娓娓道来。

向阳有一个谈了三年的男朋友小杨，两人是从同事发展成恋人的。其实在最初的时候，向阳对小杨并没有特别的感觉，后来，有感于小杨对她不停地嘘寒问暖，她才答应了他的交往请求。就这样，这场恋爱一谈就是三年。

向阳原本以为，他们会走进婚姻的殿堂，突然有一天，她才发现这只是她的一厢情愿。仔细想想，他们的这段感情是多么滑稽可笑。

那天，向阳的男朋友小杨来她家吃饭，小杨吃完饭回家后，手机不小心落在了她家的沙发上。她拿起手机准备送过去，手机忽然一阵震动，一个陌生的号码发来了一条短信。

"晚上来我家吃饭吗？"

向阳和小杨是同事，对方的交际圈她非常清楚，她实在想不到这条短信是谁发来的。她皱着眉头回复："小杨人不在，我帮你转告他。请问您是？"

没过几秒，对方就回复了一句："好的，我是小杨的女朋友。"

就是这条短信，顿时让向阳的脑袋混乱起来，她想，对方自称是小杨的女朋友，那自己算什么？向阳没再多想，立马拨打了这个号码，在她表明自己是小杨女朋友的身份后，对方也愣住了。但随后，对方表示不相信，并表明小杨和她已经到了谈婚论嫁的地步，连婚纱照都拍好了。

向阳尽管心里乱糟糟的，但还是冷静地询问对方和小杨谈了多久恋爱。当对方表示和小杨谈了七年后，向阳才知道，在这场三角恋里，自己是彻头彻尾的"第三者"。

后来，向阳和小杨大吵了一架，尽管对方说要给她一个交代，但不管

这个交代是好是坏，向阳都不打算将这段感情再继续下去了。但这段感情毕竟持续了三年之久，她对小杨也不舍。因为情伤，向阳才会找朋友去酒吧里买醉。

很多成为第三者的人和向阳一样，是不自知的，是遭受了恋人的欺骗。而人的情感丰富，朝夕相处后，难免会日久生情。等到三角恋被掀开了遮羞布，却发现自己早已深陷其中、难以自拔。

鲜少有第三者会像向阳一样抽身离开，因为在绝大多数第三者心中，他们也是受害的一方，又因为对感情的占有欲，以至于不甘心放手，甚至有的人还会振振有词："我爱他，才这么想和他在一起。""我想独占她，是因为太在乎她。"……

即使第三者的情是真的，心是诚的，也往往会因占有欲的驱使，最终导致爱不再纯洁和高尚。毕竟，恋爱中的第三者，爱上一个有夫之妇或有妇之夫，以摧毁他人的家庭来换取自己的爱情不是善举，将自己的幸福建立在他人的痛苦之上的行为，本身就是一种恶行。

爱情不能分享，二人恋爱易成功，三角恋爱起纷争。所以，一旦你不小心陷入了三角恋，一定要当机立断，理智潇洒地放手，过清清白白的人生，爽爽朗朗的日子，这才是真的好！

你只有认真爱，才能是我的"菜"

生活中有一类人，他们非常渴望被爱，一旦有人向他们表白，他们就会轻易地答应对方的交往请求，从来不会考虑对方是否适合自己，自己对对方有没有爱情。

这是恋爱中的一种通病——缺爱症，它源自情感饥渴心理。情感饥渴心理是一种对爱情极度渴望的心理，一旦这种渴望无法获得满足，人就会陷入空虚、焦虑、不满、失落等情绪中。为了求得心理上的平衡，人就会没完没了地追逐被爱的感觉。

如果你还不明白情感饥渴心理是怎么回事，那么请问你的肚子挨过饿吗？肚子饿得"咕噜咕噜"地叫，你会浑身没劲，而且注意力涣散，脑子一片空白，这时候，如果有人送你一个馒头你都会觉得胜过山珍海味，即便原来自己不喜欢吃，现在也会狼吞虎咽。

所以，当"情感饥饿"时，只要有人爱，谁都可以，是吧？

也许有人要问了，我们为何会有情感饥渴心理呢？

心理学家认为，这大多是由幼年经历引起的。每个人从出生开始就需要一种安全感，需要情感的支持和安慰。如果这种情感在幼年时期没有得到合理满足，那么成年后就会渴望获得某种病态的补偿，对被爱、被关注产生无尽地向往，并逐渐演化成类似强迫症的情感饥渴心理，不论得到多少爱，都会觉得不够。

由此可见，那些有着情感饥渴心理的人，一有人追就会心动，一有人爱就会去爱，从表面上看似乎很正常，但仔细分析，就不难发现，很多时候他们并不是真心地喜欢上了那个人，仅是为了满足幼年缺失的情感罢了。也就是说，他们追求的是一种满足感而不是爱情。

这不是对待爱情的正确态度，而且有着情感饥渴心理的人内心永远存在一种饥渴感，这种得不到满足的饥渴感，会变成一种疯狂的情感需要，无休无止地想谈情说爱。就像口渴的人喝海水一样，越喝越渴，越渴越喝！

林月出生在单亲家庭，父母在她很小的时候就离婚了，她一直跟着母

亲生活。

不久前，林月过二十四岁生日，几个朋友来帮她庆祝。闲聊时，几个朋友好奇地问林月对未来的伴侣有什么要求。林月有些不好意思，她说，自己从来没有被人追求过，对未来的伴侣没有什么要求。如果非要说要求，她希望对方和她年龄相当，希望能对她好。

没过多久，林月遇到了一个疯狂追求她的男士，这位男士是一家咖啡店的老板，两人是喝咖啡时认识的。他比林月大了二十多岁，离过婚，有两个小孩，目前是单身状态。按理说，对方年纪那么大，与林月的要求很不符合，可当对方展开轰轰烈烈的追求时，林月立马就沦陷了。

这位男士会时常接林月下班，会不时地给她送花，更会亲手做午餐送去给她吃。在天气转冷时，他会叮嘱她多穿件衣服，天气炎热时，又会叮嘱她不要贪凉。在对方的嘘寒问暖之下，林月心动了，很快就答应了对方的追求。更离谱的是，她和对方快速地步入了婚姻的殿堂，让一众亲朋好友诧异不已。

恋爱的过程让林月感到幸福，但结婚后，她的幸福感逐渐被消磨殆尽。因为她和男方的两个孩子相处得很不愉快，每每有矛盾时，她的丈夫都会站在两个孩子那边，并且她感觉到丈夫不像结婚前对她那么好了。

林月为什么会爱上一个在年龄上足够当她父亲的男人？有这样一些原因：首先，林月出生在单亲家庭，跟着母亲生活的她从小缺少父爱，致使她对与父亲年纪相仿的男人有一股孺慕之情；其次，她从来没有被人追求过，当有一个男人忽然追求她时，她会不知所措。所以，当对方对她嘘寒问暖，展开热烈的追求时，她又怎么会不沦陷呢？这就表明，林月的爱情是在情感饥渴的心理下诞生的。

当这种心理渐渐不起作用时，爱情就会被生活中鸡毛蒜皮的小事拉下神坛，最终破碎。可见，受情感饥渴心理影响而诞生的爱情，是经不起生活的磨炼的。为避免日后受伤，就要及时解决情感饥渴心理对自己的误导。那么，究竟该如何解决呢？

第一，人有了空虚、寂寞感，便容易产生情感的渴求。所以，对付情感饥渴心理最好的办法在于充实自己。尽量多与亲朋好友在一起，感受来自他们的关爱和关注，温暖和鼓励。当感到无所事事时，不妨看看电视、读读书，或听听音乐，生活丰富多彩了，哪儿还会有情感上的饥渴呢？

第二，要树立一种正确的爱情观，要明白爱情是两个人的互敬互爱，彼此忠诚和专一，而不是单单为了满足自己内心的欲望。这就需要你平时培养自己的独立性，学着关爱自己、满足自己。心里有了爱，那时你每一天都会是愉悦的，你会变得神采奕奕，再不会在情感饥渴中苦苦挣扎了。

他说的话，你为什么要那么在意

在生活中，我们时常会看到，当一个人无可救药地爱上另一个人后，会逐渐地失去自我。为了得到爱、守住爱，往往会做出很多匪夷所思的事，比如对自己爱的那个人言听计从，对方说往东就往东，对方说往西就往西。

在爱情的世界里，为什么他说的话，你会格外在意呢？这是因为爱得太深，爱到了卑微的地步。

爱一个人，尤其是深爱一个人时，会心里眼里都是他，会格外留意他的一言一行，哪怕是对方的一个眼神，也会不由自主地去揣摩其中的深意，反复检讨自己哪里没有做好。也因为太想获得他的好感，太想经营好感情，才会对他言听计从，才会拼命地想要做到对方的要求。

可是，很多时候，明明他说的只是一句玩笑话，或是不经意说出的话，但你因为太过在意对方，也会将其当真，不管付出多大的代价，也一定要做到。因此，在爱情里，爱得越深的一方，往往是承受伤痛越多的一方。

李想是个性格开朗、长相帅气的大男孩，尤其是打篮球的时候，特别有吸引力，私下很多女生都称他是"校草"。

赵芳长相一般，身材有些微胖，性格也很沉闷，亮点是成绩非常好。赵芳在看到阳光开朗的李想后，一颗芳心就落在了他的身上。但是，令她意想不到的是，李想忽然有一天向她表白了。

赵芳怎么也想不明白，自己这么普通，怎么会被李想看上？但是，当李想问她愿不愿意和他交往时，她本能地同意了。就在赵芳激动不已的时候，李想接下来的话仿佛一盆冷水，将她泼了个透心凉。

李想说："我们的恋爱关系先不公开，等过一段时间再告诉大家。"李想说这话的初衷是，他在学校里的被关注度很高，而赵芳是个喜欢安静的人，如果他们公开了恋爱关系，赵芳肯定会因此受到关注，而他不希望赵芳的生活受到影响。

但是，赵芳却误认为，李想不想告诉大家他们恋爱了，是因为觉得她很普通，觉得将她介绍出去很没面子。赵芳心里很难过，但她还是选择不问李想不愿公开的原因，因为她怕李想不开心。

就这样，两个人相处了一段时间，赵芳对李想的感情更深了，李想决定将他们的关系告诉他的室友们。那天，他们约在了一家饭馆内见面，当赵芳紧张地走进他们吃饭的饭馆后，就看到李想笑着走到她面前，并对他的室友们说："这个小胖妞就是我女朋友了，给大家介绍一下，她叫赵芳。"

李想的话说得很随意，但是赵芳却将他的话放在了心上。她觉得，李想称呼她为"小胖妞"，是不是打心里嫌她有些胖呢？

这次聚餐之后，赵芳回到宿舍，一直对李想的话耿耿于怀，她询问她的爸妈、朋友和室友们，自己是不是真的胖。尽管大家说她不胖，她还是不相信。因为李想不经意的一句话，她开始疯狂地节食减肥，甚至有一次晕倒在校园里。

对于李想的话，赵芳为什么会那么在意呢？仔细分析，会发现有两个主要原因：一个是赵芳太爱李想，一个是她太过自卑。爱和自卑使得赵芳的内心十分敏感，使她将平平常常的一句话，想出了千百种含义。然而，想得越多，执念就越深，也越发纠结。

爱情是神奇的，当喜欢上一个人时，再高傲的人也会放低姿态，变得谦卑，再倔强的人也会妥协。但是，爱并不是我们失去自我的理由。

我们爱一个人时，可以在意对方，但是也要保持理智。对于他说的那些令人在意的话，首先要判断，他说这些话的时候是有意的还是无意的，如果是无意的，那么就不要放在心上，如果是有意的，那么就要去判断他的话给自己带来的影响是好的还是坏的。如果他的话会给自己带来好的影响，可以听取；如果会给自己带来不好的影响，就要告诫自己不要在意。

与此同时，我们也要提升自己的信心，让自己的内心变得强大。只有足够强大，才会对他人说的话，不过分在意。那么如何才能让自己变得有自信呢？很简单，就是让自己变得优秀，内外兼修。

真正的爱情，给人带来的是甜蜜和温暖，如果你感受到的爱情是苦涩的、冰冷的、沉重的，那么就需要思考，这段感情是不是你想要的爱情。

明明很爱他，怎么总跟他唱反调

　　对待爱情，每个人的态度和方式都是不同的。在没有确定恋爱关系时，有的人会用顺从的态度来对待暗恋的人，有的人则会用唱反调的态度来对待暗恋的人。虽然两种态度都因爱而生，但是所产生的效果截然不同。

　　当一个女人暗恋一个男人，且事事顺从他时，会令男人快速察觉她对他是有好感的。在正常情况下，如果男人对女人心存好感，就会主动寻求关系上的突破，进而发展为恋人。反之，如果男人对女人没有好感，要么会选择保持眼下的关系，要么会委婉地暗示"我们不适合"。总之，用顺从的态度来对待暗恋的人，不管结果是好是坏，都很明朗。

　　当一个女人暗恋一个男人，但事事不顺从他，且总爱和他唱反调时，不仅会令男人无法察觉她对自己的好感，甚至还会让男人误以为她对自己是心存恶意的。如此，女人便很难得到对方在感情上的回应。可见，用唱反调的态度来对待暗恋的人，这棵"爱情树"将难以开花结果。

　　在已经确定的恋爱关系中，顺从和唱反调的态度带来的结果也有很大的不同。用顺从的态度对待所爱的男人，会令男人身心愉悦，并认为对方很爱自己；如果用唱反调的态度来对待所爱的男人，则会令男人非常郁闷，甚至会怀疑对方对自己有没有爱，不然为何总跟自己作对呢？

　　总而言之，明明很爱一个男人，却总爱和他唱反调，最终结果只会将他越推越远，而这样的结果，是我们不愿意见到的。

李璐有一个秘密，就是她很喜欢自己的同事张俊。张俊气质儒雅，很有学识，个头也很高，和他交谈了几次，李璐就对他芳心暗许了。但是，张俊在公司里太受欢迎了，每每李璐想找他聊一聊时，他的身边都会有其他人。她虽然有张俊的联系电话，也加了他的微信，但她每一次跟他聊天，他的回复都非常客套。就这样，大半年过去了，她和他还是维持着普通的同事关系。

有一回，公司组织旅游，领导询问大家有什么好的建议。张俊建议去桂林，他说这个时节去桂林能够看到最美的山水。与此同时，他还给出了旅途中的安排建议。他的安排很周到，好多同事都同意。

在这个过程中，张俊的目光始终没有落到李璐的身上。就在领导准备决定去桂林时，李璐鬼使神差地提出了反对意见。

这时候，同事们的目光都落在了李璐身上，其中一道目光就是张俊的。李璐心里有些紧张，但还是平静地说出了自己的建议和想法。她建议去的地方是三亚，三亚是购物和休闲的好地方，好多爱购物的女同事都赞同她。

最后，大家用投票的方式决定还是去桂林。李璐的建议虽然没有被采纳，但她却意外地发现，她跟张俊唱反调时，张俊会将注意力放在她的身上。为了让张俊更多地关注她，此后只要有机会，李璐都会跟张俊唱反调。

在工作中，李璐会反对张俊的计划，在生活中，她会反对张俊的观点。如李璐预想的那般，张俊投注在她身上的目光和注意力越来越多。但是，张俊不再对她保持礼貌和笑意，每一次看到她时都表现得很冷漠。而她组织的同事聚餐，张俊起初会用一些理由委婉拒绝，最后干脆直接拒绝。

后来，张俊跳槽去了别的公司。这个消息他告诉了所有同事，唯独

没有告诉李璐。李璐伤心难过之余，发微信想询问张俊为什么不告诉她跳槽的事，哪想到，信息根本发送不出去。原来，张俊已删除了她的微信。

李璐想不明白，她明明只是想拉近与张俊之间的距离，怎么却将他越推越远了呢？

有些人在对爱情懵懂之际，当喜欢一个人时，总喜欢做一些哗众取宠的事，目的是吸引喜欢的人的注意。故事中的李璐，她会处处和张俊唱反调，是因为她喜欢张俊，想要借此吸引他的注意。

我们喜欢一个人，想吸引他的注意，这一点无可厚非。因为，只有当他的注意力落在我们的身上，才会去留心我们身上的优点，继而萌生爱情。但是，用唱反调的方式来吸引对方的注意力，这显然是不明智的。因为，在对方每说一个观点、每提一个意见时，我们都提出反对，只会令对方怀疑我们对他有意见，在这样的怀疑下，又怎么会产生爱情呢？最终的结果，只会引起对方的厌恶。

其实，吸引一个人的注意有很多种方式，比如：

第一，在装扮上与众不同。在百花争艳的时候，因为每一朵花都很漂亮，会让人看迷了眼，反倒是百花丛中的一点绿，格外吸引人的注意。所以，当你想要吸引喜欢的人的注意时，可以在装扮上花点心思。但这里说的与众不同，不是说要装扮得很另类、吓人，而是指在令人赏心悦目的基础上与他人有很大的不同。

第二，在想法上独树一帜。你不能跟喜欢的人作对、唱反调，但是在其他人发表想法的时候，却可以提出不同的建议。只要你的想法足够优秀，独树一帜，就可以轻松吸引到喜欢的人的注意。

第三，展现自己优秀的一面。当一个人表现得足够优秀时，别人的目光会不自觉地投过来。此外，在喜欢的人面前展现自己优秀的一面，还能够让他对你产生好感。

当喜欢一个人时，必须让他知道你的心意，只有这样，才能得到他的回应。如果他的回应是他也喜欢你，那么结局皆大欢喜，如果他的回应是不喜欢你，那么你可以转移目标，也可以再做出努力，而和对方作对、唱反调，是怎么都得不到他的爱的。所以，在和喜欢的人相处时，一定要注意自己的言行，切不要总跟他唱反调。

CHAPTER 10

"虐心" 夜曲

—— 当初甜蜜蜜，如今冷清清

　　不是所有感情都是甜甜蜜蜜的，也有情侣在相处中不断折磨对方，关系剑拔弩张。这样的感情谁也看不懂，如果双方没有了善良的呵护，只剩互相的怨怼，倒不如好好道个别。否则因爱生恨，得不偿失。

面对爱情不盲目，理性对待他的甜言蜜语

女人天生比男人感性，所以在爱情里，当一段感情发展到一定程度时，女人很爱问男人这样一些话：你爱不爱我？你有多爱我？我是不是你心里最重要的？

当男人听到这些问题时，他们的嘴巴仿佛是抹上了蜜糖，会给予你极想听到的答案：我当然爱你；我爱你比天高，我爱你比海深；你在我心里最重要。

当女人听到这样的回答时，会觉得比吃了蜜糖还要甜，令其在爱情里更加迷失自我。但事实上，男人的这些回答是浮夸的，是不切合实际的，甚至在结束一段恋情，开展下一段恋情时，他还会说同样的话。而女人之所以选择相信，无非是自欺欺人，无非是这些肯定和夸赞的话语能够满足其虚荣心。

当你的他说出这些欺骗性极强的甜言蜜语时，你需要保持理智，需要思考他说这些话的真心实意有几分。

李依向来是个乖巧的姑娘，但大学毕业没多久，她就给了父母一个暴击，她要嫁给一个离婚且带着一个孩子的男人。

毫无疑问，李依的父母极力反对，因为他们实在想不明白，女儿为什么会爱上一个结过婚的男人。李依却告诉父母，她执意要嫁的男人非常爱她。

李依和男方是同事，在工作期间，男方给了她很多帮助，这让她对男

方颇有好感。后来，两人交换了联系方式，李依会和男方聊一聊心里话，会诉说自己的缺点，譬如她会和对方说自己有些胖，会说自己不会做家务。而男方回复她的话语仿佛抹了蜜糖，他会说胖一点才好看，会说女人不需要做家务，家务活都应该男人来做，等等。这些话语让李依对对方的好感直线上升，最后两人发展成了情侣，即便后来得知男方离过婚，她也坚信是男方前妻的问题。

随着感情的升温，两人聊到的事情更多，男方说了许多深爱李依的话，而李依也对男人的爱深信不疑，最后更是不顾父母的反对，执意嫁给了对方。

李依本以为迎接自己的将会是幸福的婚后生活，但事实上，她面对的是痛苦的深渊。结婚不到半年，男方就常常夜不归宿，或是很晚才回家，回到家后，会在深夜里和人用手机聊天。当李依发现男方和女性聊一些暧昧的话时，他会为自己辩解，并对李依说一些甜言蜜语，说他最爱的是她，最终哄得李依依旧相信对方是爱她的。

直到男方提出离婚时，李依才知道，对方说的甜言蜜语是包裹了蜜糖的砒霜，全都是骗人的。

在李依的这段感情里，男人爱李依吗？显然是爱的。只是男人的爱太过短暂，太过不真诚。如果要问他真正爱着的是谁，无疑是"下一位"。而李依最终会尝到苦果，无非是她太过相信男人的话，无非是她在爱情里迷失了自我。

每个女人都需要明白，一段爱情就是一个爱情故事。在故事里，你是女主角，他是男主角。在每段爱情故事里，你最爱对方，对方也最爱你。一旦这段恋情结束，展开一个新的爱情故事时，你又会最爱另外一个男人，而那个男人也会忘记旧爱，最爱你。所以，当男人对你说他最心心念念的人是你时，千万不要当真。

当然，想要判断男人爱不爱你也很简单，就是多观察男人的言行举止。

通常来说，当一个男人精神或身体出轨时，他会有这样一些表现：

第一，他对你的态度越来越不耐烦。一个人爱不爱你，从他的言谈举止上就能感受出来。因为爱一个人时，他永远是包容的，是耐心十足的，一旦他不爱了，态度就会散漫起来，会对你越来越不耐烦。因此，当你的恋人对你露出不耐烦的表情，拒绝与你接触，抗拒与你交谈时，那么就要好好观察，他或许心里有别人了。

第二，他不回家的借口越来越多。一个真正爱你的人，会将家当作港湾，会极其恋家，无论多忙，都会回家，即使不回家，也会跟你说明情况。当一个人不爱你时，会将家当作深渊，会抗拒回家，会找各种理由不回家。这时候，就要注意，他是否在外已经找到了新家。

第三，他跟女性玩暧昧。爱一个人是一心一意的，会保持精神和身体上的忠诚，一旦不爱你了，会先从精神上出轨，再从身体上出轨。所以，当你发现他和其他女性玩暧昧时，就要意识到，他已经不再爱你，对你失去了最基本的忠诚。

当你发现你的他有这些举动时，就要警惕，你与他的爱情已经敲响了警钟。

爱情有时令人幸福，有时会令人痛苦，在感到痛苦时，有人便惧怕爱情。其实，你不需要害怕，因为每段感情都是未知的，没有人能够笃定地说会陪伴对方到人生的尽头。所以，在面对爱情时，你需要把握爱情，当这段爱情破碎了，要重拾自信，去寻找新的爱情，因为总有一个人会陪着你到白头。

我虽然失恋了，但也要好好生活

有一句流行的话："恋爱有风险，相爱须谨慎。"这是在调侃一对陌生男女从相识到相爱既要讲缘又要讲分，有缘无分的恋爱结果就是分手的现象。那么，当失恋的事实摆在面前，尤其是它完全出乎你的意料之外时，你会怎样呢？恐怕不少人会陷入失落、忧愁、迷惘、绝望等不良的心理状态吧。

这些反应是人之常情，却也是很幼稚的。因为这些反应会将自己弄得像"弃夫弃妇"，也容易将自己丑化，不但无法引起对方的同情，反而会招来对方鄙视的眼光，觉得："还好我走得快！"

那么，当遭遇失恋危机时，我们该如何走出阴影呢？这里有一个非常有意思的方法，值得我们一试——"甜柠檬心理"。众所周知柠檬是酸的，所谓"甜柠檬心理"就是认为自己的柠檬是甜的，也就是说在心理上接纳自己所拥有的或所遭遇的，又摆脱不掉的东西，并且认定它们是好的。

"甜柠檬心理"和"酸葡萄心理"很相似，那就是当我们内心受到外界刺激时，通过心理上的合理化调节，让自己安于现状，获得一种心理上的平衡，保护自己那颗既脆弱又高傲的自尊心。不同的是，"酸葡萄心理"是把所追求的目标价值变低，而"甜柠檬心理"是把已实现的目标价值提高。

无论"甜柠檬心理"，还是"酸葡萄心理"，其实都是一种自我安慰的心理机制，即依靠自我调节、自我解脱来实现心理平衡。有时，这种自我安慰虽然有一点类似于阿Q的精神胜利法，但往往真的能起到宽慰自己、自得其乐的作用，比垂头丧气，痛不欲生等不知要好上多少倍呢。

认识许可的人都知道，许可有一个相恋多年的男朋友。他们的恋情从青涩，渐渐走到现今的成熟。当所有人都认为许可会和她的男朋友结婚时，现实却击碎了他们对爱情的美好幻想。是的，许可和男朋友分手了，原因是她发现对方和另外一个女孩子玩暧昧。

很多人以为，许可会陷入失恋的阴霾里无法自拔，毕竟她对这段感情付出了太多的时间和精力，但现实却是，许可的脸上没有一点悲伤，甚至脸上洋溢的笑容比没分手时还要多。一个还在失恋的泥泞中无法脱身的朋友询问许可，她为什么会这么快走出失恋？许可将自己的秘诀娓娓道来。

许可告诉朋友，不要去想失恋的痛苦，要多想一想失恋带来的好处。譬如她，她会想她前男友的妈妈是一个很不好相处的人，未来结婚了，肯定会有数不清的矛盾，到时候肯定会受很多委屈，现在分手了，那就不会再受气了；她的前男朋友身上有一堆的坏习惯，在恋爱时对方尚能收敛一下，一旦结婚，这些坏习惯必定会暴露无遗，而这些坏习惯必然会令他们的婚姻触礁，所以分手意味着她可以找寻一个更好的人；更重要的一点是，她的前男友在和她恋爱期间，跟其他女性玩暧昧，这也能看出，他事实上是个对爱情不忠诚的人，与其未来被他背叛，不如及早分手，这也是及时止损。

当许可想到的失恋的好处越来越多时，她的内心就没有那么难受了。此外，她也会找一些能够分散她注意力的事情去做，当她的注意力不在失恋这件事情上，就感受不到失恋带给她的痛楚了。

其实，不难看出，许可能够这么快走出失恋的阴影，恰好是运用了"甜柠檬心理"。因为按照一般人的想法，失恋了，会想恋爱时的种种甜蜜，会想对方的种种优点，然而越想，就会越心酸，而许可恰恰相反，她在失恋后，想的

是前男友的种种缺点，以及结束这段恋情后带给自己的种种益处。当她获得的益处越多，对走出失恋就越有用。这正是"甜柠檬心理"的精髓之处。

失恋了，好难过，好痛苦，你固然可以寻一二亲朋好友谈心解闷，然而并非时刻有人能陪伴你，更何况消除烦闷主要还得靠自己，这时候运用一下"甜柠檬心理"，寻找一些令自己信服的理由，对失恋的原因做出合理解释，从而使得自己"心安理得"，不失为自我调适的好方法。

以下几个方法，不妨一试：

第一，谁说失恋就一定是坏事，它也可以是好事。是啊，感情的挫折也是一种挫折，挫折使人受伤，也使人进步，我们可以总结经验，可以磨炼意志，可以坚强自我。更何况，分手很多时候是因为两个人不合适，不必勉强地在一起，难道不值得庆幸吗？这样也才能遇到真正对的人。有了这样的心态，你还会烦恼吗？还会痛苦吗？

第二，想象一下恢复单身的快乐，你可以尽情在朋友间穿梭，到处玩乐，再也不必担心对方说你重友轻色；你可以想做什么就做什么，喜欢什么就买什么，再也不用考虑对方愿不愿意，喜不喜欢；不必操心对方吃好了没有，睡好了没有，你可以更好地照顾自己，关爱自己……这样的自由多快乐，干吗不欢喜，干吗不高兴？即便一时情绪好不起来，你也很快就会心平气和了。

这个世界上没有谁离开谁活不下去，一段感情的结束不代表一切的失去，依然要好好生活。你若能运用"甜柠檬心理"，调整内心期望的落差，便能接受柠檬虽酸，却也别有滋味的事实，也就能拥有恰如其分的自尊与自信，走出心情低谷，变得平静、开朗起来。让自己多点快乐，少些烦恼，何乐不为？

与其伤心难过，不如想想为什么会失恋

婚恋关系中有一种奇怪的现象，当一个人追求你时，你可能对他一点感觉也没有，勉强和他在一起时，你也感受不到激情，甚至觉得他很烦人，可一旦哪一天他主动离开你，你就会突然觉得，原来他是那么好，那么重要，而他离开你，你会疯掉，会自暴自弃，会生不如死。

分手了，失恋了，对对方的爱不仅没有减弱，反而不断地加强，为了让对方回心转意，会不停地打电话、发电子邮件、说乞求的话……你是不是也有这样的心态？这是为什么呢？这种行为看似让人不能理解，却也是有依据的，这就是挫折吸引力心理的力量。

挫折吸引力心理可以这样理解，当别人持续表现出爱慕之意后，被追求的人就会形成"自我中心"的自信心理状态，感觉自己非常出色并陶醉其中，一旦恋人突然离开，这种心理状态被打破了，人就会感觉到受挫了，便想找回那种"自我中心"的状态。

简单一点说，在恋爱中，恋爱双方总是被对方关心、照顾和宠爱的。当人处于一个时时被关心照顾的环境中时，会感觉很舒服，习惯于这种舒服之后，就会觉得是理所应当的，而一旦失去就会非常不适应，认定自己要摆脱痛苦，唯一的出路就是使恋人回心转意，重新爱上自己。

赵沁有一个出色的男朋友。她的男朋友不仅长相帅气，而且还是个十

足的大暖男。

他们的恋情是在上大学时确定的，大学几年，男朋友对赵沁嘘寒问暖，将她照顾得无微不至。这表现为，他会每天打电话喊赵沁起床，会早早去图书馆帮赵沁占位置，会买好饭送去赵沁的楼下，会帮赵沁打水，等等。

这样优质的男朋友，让很多女孩羡慕不已，而赵沁每每看到大家羡慕的眼神时，也会虚荣心倍增，这就导致她明明没什么大事，却偏偏要使唤男朋友。有时候男朋友有重要的事，她也会勒令对方中断事情，立马来她身边。

可见，赵沁被宠出了"公主病"，并且还对自己的"公主病"不自知。在她无数次的无理取闹之下，她的男朋友实在受不了，最终提出了分手。最初，赵沁对分手并没有多伤心，反而还赌气地同意了。可一段时间之后，她发现她的生活、学习一团糟，她会常常迟到，每次去图书馆都没有位置可坐，她还会常常忘记这忘记那……

人都会有这样一种心理，等到失去了，才发现对方值得珍惜。赵沁也意识到，她的前男友特别优秀，对她也格外好，如果分手，她再也找不到另外一个对她如此好的男朋友了。所以，她采取了一系列行动，以求挽回前男友对她的感情。

赵沁给前男友发短信，给对方打电话，她说了很多挽回感情的话，但对方不为所动，怎么也不肯复合，甚至还删除了赵沁的联系方式。在别无他法之下，她去了前男友的宿舍楼楼下等他，对方却对她视若无睹，甚至不愿多说话，态度极其冷淡。后来，赵沁的前男友过生日，她送去了一个大蛋糕，但被对方无情地打翻了，并且还警告她不要再缠着他，他们已经分手了。

赵沁的同学见状，纷纷劝说她不要再对这段感情执迷不悟了，毕竟痛苦的是她自己，但赵沁没有放弃，依然想方设法地挽回自己的恋情。

赵沁爱她的男朋友吗？肯定是爱的。倘若要说是深爱，那么肯定不是，因为在这段感情里，赵沁一直处在被动的位置，一直享受着男朋友对她的宠爱。而她分手后想要挽回，无非是因为男朋友的离去让她无法适应当前的生活，让她的内心产生了强烈的落差，最后演变成挫折吸引力心理。

当你了解到挫折吸引力心理之后，你就会明白，当你失恋了或者被抛弃后，你会感觉十分痛苦，爱得更深了，但这种爱其实并不算真正意义上的痛苦和爱，更多的是失去了以前舒服的心理状态罢了。或者说，你只是舍不得过往的那些甜言蜜语，舍不得那些柔情绵绵的关爱，你习惯了那份爱。

在婚恋里，挫折吸引力的心理作用是让人愈挫愈勇。愈挫愈勇原本是一种积极的态度，但是有的人你再喜欢也不会属于你，有的人你再留恋也注定要放弃。千万不能为了挽回舒服的心理状态，而迟迟不肯放手，难以放手，结果使自己进入挫折吸引力陷阱，伤人伤己。

失恋了，被抛弃了，其实最应该做的是吸取经验教训，平静理智地对待这件事，认真思考一下自己为什么失恋了，自己哪里做得不好，以后应该怎样对待感情，等等。提醒自己以后不要再犯同样的错误，潇洒地放手，拍拍身上的灰尘，重整旗鼓，再次去爱，这样才能让爱再次新生。

再想起初恋，你心里是否已淡然

你有过初恋吗？别不好意思了，谈谈嘛。

说到初恋，绝大多数人认为，这是一件非常美好、难忘的事情。初恋往往

是无果而终的，但它会久久激荡我们的心灵，甚至在经历了很多的感情之后，我们仍旧觉得只有它才是最真切、最坦然的。而记忆中的那个人，便成为一个他人永远也无法取代的人了，让人念念不忘，魂牵梦绕。

初恋的旧情难断，使多少夫妻闹啊、吵啊。

我们不禁要问，是什么原因使初恋有这样的魔力呢？对此，很多人可能会认为，这是因为初恋是第一次恋爱，几乎每个人都是用一颗最完整的心、用最纯粹的心灵去爱的，没有人会要什么心机，不设防，很单纯，去相信，去付出，自然是美好的。

但你知道吗？更多的时候，初恋最美不过是一种心理假象罢了。这样的答案或许有些残酷，却是事实，这就是蔡格尼克记忆效应的影响。蔡格尼克记忆效应是苏联心理学家蔡格尼克提出来的，指的是一般人对已完成的、已有结果的事情极易忘怀，而对中断了的、未完成的、不成功的事情却总是记忆犹新的现象。

也许是因为年轻，也许是因为任性，也许是因为初恋时不懂爱……很多人的初恋并未能开花结果，往往会成为上面所说的"中断了的""未能完成的""不成功的"的事情，这种"未果性"深深印入我们的脑海，初恋便成了记忆中最美好也最深刻的爱情，令人终生难以忘却。

除了爱情，关于蔡格尼克记忆效应，你在其他方面也应该有过体验。例如，学习中，如果某一道题你做不出来，后来终于知道了答案，那么这道题会在你脑中留下深刻的印象，以后怎么考也不会错；工作中，如果某一件事情做了一半就被打断，往往这一天你都会不知不觉想起那件事，甚至影响工作效率。

知道了蔡格尼克记忆效应的心理"奥秘"，你也就该明白了，初恋之所以难忘，不是因为它有多美好，那个人有多优秀，多难忘，而是因为未完成。你该适时地学会放下才是，不必久久怀念那些人和事，而忽略了眼前的他。"世间最美的不是得不到或已失去，而是现在能把握的幸福"，说的就是这个道理。

林晓晓是个性格温柔的女孩，有一个谈了好几年的男朋友。在今年年初时，双方父母已经见过面，不久就会商议两人结婚的事宜。林晓晓对结婚没有异议，相反，她非常愿意步入婚姻的殿堂，因为她的男朋友不仅出色，而且对她也非常好。

但是最近，林晓晓突然抗拒起婚姻，因为她见到了多年未见的初恋男友。而且她怎么也没想到，她的初恋男友会进入她所在的企业，虽然两人不在一个部门。

林晓晓清晰地记得，再见到初恋男友的那一刻，她的心跳是失衡的，跳得非常快。看着他已经成熟的脸庞，她想到了他们青葱的过去。而她的初恋男友也显然没有想到，会在这个企业里看到她。在接下来的一段时间里，他们互相交换了联系方式。白天，初恋男友会时常来找林晓晓聊天，夜深人静的时候，初恋男友也会发短信找她聊天，会问她的感情状况，而她也不知道是怎么想的，居然跟初恋男友说谎，说她目前是单身。

随着和初恋男友相处得越多，林晓晓的内心越发纠结和愧疚，她纠结的是，不知道自己对初恋男友的感情到底是爱情，还是当初的求而不得，愧疚的是对现任男友的不公平和不忠诚。就在林晓晓摇摆不定时，现任男友发现了她和初恋男友的事，他是从林晓晓的手机短信中发现不对的。当然，他并没有刻意去翻看林晓晓的手机，而是无意中看到的。

林晓晓以为，迎接她的会是现任男友的愤怒，甚至是分手，但令她诧异的是，现任男友没有愤怒，也没有提出分手，他平静地告诉林晓晓，对初恋恋人难忘是件很正常的事，无论她最终的选择是什么，他都会接受，也会祝愿她幸福。

面对不吵不闹的现任男友，林晓晓为自己的不忠诚感到羞愧，她花了

数个晚上去思考，她发现自己是爱现任男友的，而对初恋男友的不舍，不过是当初的求而不得。后来，为了避免跟初恋男友见面，她主动辞去了自己的工作，而这也算是对现任男友的一个交代。

生活中，有些人一旦遇到了初恋情人，就恨不得使曾经的纯真爱情复燃，这是一个多么幼稚的决定啊。你想过没有？如果你真的跟现任分手，和初恋情人在一起，那你现在的恋情不就变成"中断了的""未能完成的""不成功的"了吗？在蔡格尼克记忆效应作用下，或许那时你难忘的就是现在恋爱中的他了。

如果你是一个明白人，你的爱人却总会情不自禁地提起他的初恋，惦记那份情，这时你不必太惊慌，也不必太悲伤，要知道这是蔡格尼克记忆效应在"搞鬼"，为此你不妨和他好好沟通一下，最好是用蔡格尼克记忆效应开导开导他，使他认识这种心理，走出初恋情结的困扰。

你还可以想办法让他重遇初恋，别怕，这不是让他们重续前情，死灰复燃，而是断了他的念想。在蔡格尼克记忆效应的影响下，一般人会美化初恋情人，但现实往往是很残酷的，很多人不能保留那份曾经的感觉。

既然感情名存实亡，为何还要在一起

生活中有这样一种令人"纠结"的情况，那就是夫妻双方明明感情早已破裂了，一方就是拖着不愿意离婚，无论是协商也好，诉讼也罢，就是不离，结果使另一方陷入长时间的焦虑和麻烦之中。

明明没感情了，为什么却不离婚呢？

这虽然不可思议，但又是有迹可寻的——这是一种典型的路径依赖心理。路径依赖心理，是指当人一旦进入某种状态或者做出某种选择时，就会对这种思维方式产生依赖心理，就会按照过去的行为方式和规律去做事情。这一心理的原理很简单，类似于物理学中的"冲力"和"惯性"。

这么说如果你还不能完全理解，那就再简单一点说。路径依赖心理就好比一个人在一条路上走了很久很久，即使发现这条路走起来不舒服，不平坦，也不愿意退回去再重新选一条路。走得越远，惰性越强，后退的可能性越低，最后就演变成了得过且过，不知不觉就走上了"不归路"。

婚姻不单单是两个人的事情，除了你和你的另一半，还有你们双方的家人，双方的工作，共同的生活习惯，等等，这些不是说割舍就能割舍掉的。经常有这样的情况，女人不喜欢男人打呼噜，忍无可忍想到了离婚。可是呢？婚倒是如愿离了，可没有了他的呼噜声，自己反而睡不着了。

李纯是一名业务能力很强的职场精英，但最近，她的工作却频频出错，整个人精神状态也很差。她的好朋友兼上司担忧之余，便询问她是否遇到了麻烦。或许是李纯内心太苦，又或许是她压抑了太久，她将自己遭遇的糟心事一股脑儿地倾诉了出来。

原来，李纯结婚多年的丈夫在不久前向她提出了离婚。李纯怎么也没想到，她一直以为会陪自己到老的丈夫有一天会离开自己。她问丈夫为什么要和她离婚，丈夫给她的答案是性格不合。

李纯不是二十来岁的小姑娘，她认为丈夫说的性格不合完全是借口，因为他们的这段婚姻已经持续了十几年，早些年不说性格不合，现在却说，显然是在说谎。所以，李纯没有答应离婚，并且，她还留意起丈夫的行踪。这一跟踪才发现，她的丈夫出轨了。

李纯在发现丈夫出轨的事实后，和对方大吵了一架，但这次争吵更加

让丈夫坚定了离开她的决心。后来，她又用怀柔政策，但依然没能拉回丈夫的心。现今一回到家中，面对的就是丈夫催促离婚的情况，这让她饱受精神折磨，无心工作。

李纯的好友在了解到事情始末后，无疑很气愤，并催促李纯立马离婚，但李纯却拒绝了。她拒绝的原因有这样几个：

首先是孩子。李纯和丈夫育有两个孩子，她一直认为，离婚会对孩子的心理健康带来影响，她想选择忍气吞声，想为孩子塑造一个良好的生活环境。

其次是她心里不甘心。李纯和丈夫结婚时，丈夫是个穷小子，在她的支持之下，他才会将事业做得红红火火。如果她离婚，就会让别的女人坐享清福，这让她很不甘。

最后是她对丈夫的依赖心很强。以前，每天下班回家后，丈夫会煮好饭菜，将家里打扫得干干净净，什么都不需要她烦神，一旦离婚，就意味着她将面对数不清的琐碎事。

李纯思考得越多，就越不想离婚，而如今这么拖着，她的身心也极为疲惫和受伤。哪怕是对丈夫的爱日渐减少，她也不想离婚。

可见，那些不爱了却始终无法洒脱离婚的夫妻，他们不是优柔寡断，也不是懦弱胆小，而是受了路径依赖心理的误导。有路径依赖心理的人，一旦遭遇婚姻危机，他们首先想到的不是离婚，而是会为了继续维持婚姻的状况，完全将就。"真爱的婚姻有几个，很多夫妻都是将就着在过日子的。""将就吧，多少人不都这样过吗？"……这些话，你是否经常听到呢？

无所谓爱与不爱，只要生活能继续，婚姻就可继续。从这一角度来看，路径依赖心理是很可悲的，也是对婚姻的一种不负责任。婚姻是什么？是夫妻双方的责任，需要用心去经营，用爱去呵护，用情去浇灌，用意去维护。若爱情走了，婚姻成了一潭死水，令人乏味，还要它做什么呢？

　　除了路径依赖心理之外，有些明明不爱的夫妻之所以不愿意离婚，是一方不想就这么放过想离婚的另一方，想恶意地拖延时间，也就是"我不好过，你也不要好过"的动机作怪。这种情况的心理根源是泄愤，是报复，是为了让对方产生抱歉与后悔之意。但你想过没有？你曾经爱过的那个人，现在真的就一丝一毫不再爱了吗？何必苦苦相逼呢？就算你们一点也不爱了，念及过去爱过的情分是不是也该放过对方呢？是的，明明相爱的人不爱了，是谁都会觉得不公平，会气愤，但不早点放下，不尽快平息，受害的是自己，何必呢？！

　　要么爱得长长久久、白头到老，要么洒脱果断，不爱了就分手。

选吧！工作和我谁更重要

　　在爱情中，当一个男人先爱上一个女人，在追求这个女人的时候，以及在爱情初阶段和热恋期的时候，他会格外黏人，恨不得二十四小时和心爱的她在一起。不过，一旦度过了热恋期，他的重心就会转移到其他事情上。

　　与男人不同的是，女人对待爱情的态度恰恰相反，在还没有彻底爱上一个男人前，会表现得很淡定，也不会多么黏人，一旦彻底爱上一个男人之后，就会很黏人，恨不得每分每秒在一起，希望他的世界里只有她一人。

　　因此，当一对恋人度过了热恋期后，往往会爆发种种矛盾。女人会经常问男人"工作和我谁更重要"这类二选一的问题。

　　这种问题对男人来说，很难回答，因为不管他说出什么答案，女人都不会满意。当男人说"你更重要"时，女人会觉得男人是在敷衍自己，会质疑——

如果觉得我比工作重要，为什么不多陪陪我？当男人说"工作重要"时，女人又会觉得男人不爱自己了。一旦陷入了死胡同中走不出来，这段感情极有可能会破灭。

在热恋之后，为什么男人会将自己的重心转移呢？

首先，他认为自己和女朋友之间的爱情关系已经足够牢靠了。

很多时候，男人对女人表现得很殷勤，是因为这段感情还没有那么牢固，不表现得积极一点，就会失去爱情。所以，这个阶段，男人的神经都是紧绷的。当男人觉得他与恋人的爱情关系足够牢靠时，绷紧的神经会放松下来，生活也会转换到寻常状态，该工作时工作，该娱乐时娱乐。

其次，爱情令男人产生了责任感，为了给心爱的她创造一个美好的生活，更要努力去工作。因为，爱情有令人成长的魔力，在爱情中，男人的注意力会逐渐从"当下"转移到"地久天长"之上，会认为只有牛奶和面包足够多，这段感情才会长长久久。

其实，女人会质问男人"工作和我谁更重要"这类二选一的问题是很正常的，因为在女人看来，她最初享受到的是无微不至的呵护，后来感受到的却是平淡，这会令女人产生巨大的落差，在落差感的唆使下，才会"胡搅蛮缠"。

只不过，当这样的问题问得多了，男人会心生烦闷。久而久之，他会认为女人很不懂事，继而考虑这段感情还有没有继续下去的必要。

刘翰和张沁是大学同学，张沁人长得漂亮，性格也很温柔，让刘翰一下子就喜欢上了。当刘翰向张沁表白时，张沁没有答应，她以"学习为重"的理由拒绝了刘翰。不过，刘翰没有放弃，他说他愿意等到张沁答应的那一天。

在大学期间，刘翰就像是一个骑士一般，只要张沁遇到了困难，他都会主动去帮她解决；当张沁遇到了伤心难过的事情时，他也会做一个贴心的聆听者。甚至有一回，在寒假期间，张沁开玩笑说想见他，刘翰当真立刻买了火车票，去了张沁所在的城市。

这些点点滴滴的小事，渐渐焐热了张沁的心，在大三这一年，她答应了刘翰的交往请求，两人从好朋友成了恋人。令张沁欣慰的是，在她和刘翰成为恋人后，刘翰对她一如既往，当她需要他的时候，他总会放下手上的事过来陪她。

不过，在毕业工作之后，张沁发现，刘翰对她的态度发生了改变，让她觉得自己对刘翰来说，不再是最重要的了。因为，以往她给刘翰打电话时，刘翰仿佛对她有说不完的话，可是现在，他没说两句，就会以工作忙为由，挂断她的电话；以往不管什么时候，她喊刘翰来陪她，刘翰都会随喊随到，但是现在喊他，他会以有应酬为由拒绝她。诸如这样的事情有很多。

张沁觉得，刘翰现在对她的态度很平淡，令她再也感受不到他满腔的爱意了。她会不自觉地怀疑，他还爱不爱自己。于是，她会时常询问刘翰"工作和我谁更重要"这种问题。不管刘翰的回答是什么，她都不满意。也因此，她会控制不住地和刘翰争吵。每一次争吵之后，张沁都会找自己的闺蜜倾诉。尽管闺蜜告诉张沁，刘翰努力工作是为了给她一个好的生活，张沁是能够理解的，但就是无法释怀。

终于有一天，刘翰再也承受不了这样无止境的争吵了，他觉得自己无比疲惫。因为，他一方面要承受来自职场的压力，一方面还要承受来自女朋友的压力。他无法理解，自己明明和女朋友解释过，他努力工作是为了给她一个好的生活，她怎么总不明白呢？所以，他向张沁提出了分手。

大学时期的爱情是纯粹的，不需要为经济状况而烦恼，可以全身心投入其中。但是大学毕业之后，将会考虑很多问题，因为只有有一个好的经济条件，才能很好地生活。也因此，爱情不再是生活的重心，有担当、有责任感的男人，都会将重心转移到职场之中。因为他们认为，给心爱的恋人最好的经济条

件，才是爱她的表现。

但是，女人在对待感情的时候，往往情感大于理智。如果将道理说给她们听，她们也能够理解，但就是很难做到不去纠结。

那么，如何才能做到不胡搅蛮缠地质问男人"工作和我谁更重要"呢？很简单，可以从两个方面来改变自己。

第一，试着换种角度看待爱情。爱情会令人不平静，但亲情会让人平静。当懂得将爱情看作亲情时，便不会过分看重当下一时一刻的陪伴，因为，亲情会使人注重心灵上的陪伴，注重长久。

第二，试着转移自己的生活重心。男人可以将重心转移到工作或其他方面，女人也可以。当把重心不再放在爱情之上了，你就不会再问你爱的他"工作和我谁更重要"了。

值得爱的人太多了，谁离开谁还不能活了

你，有没有这样的时候？很爱一个人，以他为中心。他在身边的时候，他就是一切。他不在身边的时候，一切都是他。你总担心有一天他会离你而去，如果没有了他，你甚至不知道日子将要怎么过，越想越害怕。当这样的事情发生时，"感觉自己不会再爱了"。你是否说过这句话？

可他真那么重要吗？你真非他不可吗？其实不然，你只是很可能被臣服心理忽悠了。臣服心理是指某些人一旦与别人发生了亲密关系，便对这个人产生高度依赖与顺服的一种心理。臣服心理有时会达到极端程度，使人不能独立自主，甚至情愿为对方牺牲自己最大的利益。

我们为何会产生臣服心理呢？这是因为，当在心理上认定某一个人时，我们会感觉心有寄托，身有依靠，自己可免于生活中的失落、悲痛与愤怒等。一旦这种格局被打破，我们会担心一切将会失控而无法掌握，故会对变局表现出一种抗拒的态度，非常珍惜与这个人的关系。

瞧，你只是认定了他的存在，并不是非他不可。

一个人臣服于另一个人，男人会如此，女人更会如此。生活中，有些男女不是自由恋爱，而是经父母之命媒妁之言结合的。按理说，这种没有爱情基础的婚姻是不牢靠的，可先结婚后恋爱的夫妻感情却十分稳定，离婚率比自由恋爱要低不少，这就是臣服心理的作用。这也正印证了一句俗语，"嫁鸡随鸡，嫁狗随狗"，既然选择了他，就不要有诸多要求，就要一辈子跟随。

然而这是真正的爱情吗？很显然，你更多的是他的服从者、追随者，而不是他的爱人。毕竟爱情中不管是谁对谁臣服，都违背爱情与人格所认可的原理，将会大大丧失自身的价值和魅力。这样，共同生活中的另一半价值失衡，必然会损害整个情感生活的幸福。

赵芳出生在偏远的山村，她和丈夫是典型的包办婚姻。当时，两人由几个长辈牵线见面，见彼此印象不错，就步入了婚姻的殿堂。

在赵芳的家乡，向来是男主外女主内，赵芳嫁过去后，便以丈夫为天，照顾着丈夫一家老小的起居。没过多久，赵芳怀孕了，一个年后生下了一个男孩，就这样和丈夫一过就是十多年。

后来，村里的年轻人都外出打工，有的在外干上一两年，回来后就盖上了新房子。赵芳的丈夫很心动，便跟着村里的年轻人一道出了村。起初，赵芳也想跟丈夫一起出去，但丈夫以照顾老人、小孩为由，让赵芳留在了家里。

一开始，赵芳的丈夫赚到钱后，会往家里寄一些，人也会时不时回

来，但日子久了，丈夫就不再寄钱回家了，人也是连续两年没有回来过。后来，回村的年轻人告诉赵芳，她的丈夫在外出轨了，养了一个小老婆。赵芳得知后，大哭了一场，但没有选择离婚，更没有去丈夫工作的地方闹。她守着儿子在村子里一日一日过着。

与赵芳的懦弱不同，李娜在发现丈夫不值得爱后，选择果断离开。

李娜和丈夫是自由恋爱，她在和丈夫登记结婚后，就随丈夫回到了家乡。李娜不嫌弃丈夫家里穷，但她忍受不了的是，丈夫的母亲是个蛮不讲理的人，有时候一言不合就会打她。而每当她告诉丈夫自己被打后，丈夫不仅不会安慰她，反而会让她多多忍让，有时甚至还会对她发脾气，说她是个"挑事精"。

就这样，李娜对丈夫的爱日渐稀薄，哪怕两人有两个孩子，她依然选择与对方离婚。即使丈夫以离婚后两个孩子归她抚养来要挟，想迫使她向艰难的生活低头，她也不为所动。离婚后，她咬紧牙关重新建设自己的生活，努力给孩子好的教育、好的生活。

不难看出，赵芳对她的丈夫是存有臣服心理的，因为她在与丈夫一家的相处过程中，将自己放在了低的位置，甚至在丈夫出轨后，也不敢指责丈夫的不是，更别说是提出离婚了。但这样的选择，并没有给她带来幸福，带来的只是无止境的伤痛。反观李娜，她敢爱敢恨，不对爱情低头，不对爱情臣服，虽然离婚后的日子很艰难，但她破茧成蝶，活出了自我。

虽然臣服心理在某种程度上有助于感情和婚姻的稳定，但你若为了让自己免于伤痛，一味地臣服于另一半，反而会跌入更黑暗的痛苦深渊——因为臣服于对方，意味着对方一旦离开你，你就会感觉自己从一个自认安全的地点漂离，而未来的归处又茫然不清，那时你必定会感到孤寂、失落以及迷惘。

爱不是臣服。生活美好是因为你遇上了一个他，但不能因为他的离开就带走了你的美好生活。也许他的离开让你失意，让你黯然，让你消瘦，让你痛苦甚至失常，但有他的生活真的和没有他的生活不一样吗？不是这样的。

那么，我们该如何摆脱臣服心理呢？

现在就请你拿起笔记本和笔，开始进行以下的练习。

问自己下列几个问题，并且将答案写在笔记本上。

我正在抗拒什么？

没有了他，我的生活将发生什么改变？

没有了他，我最大的恐惧是什么？

没有了他，我该何去何从？

……

一条条列出与他分手后，所有令你不能接受的事情，想象当情况最糟时的可能结果。以上的练习目的在于辨识出你内心的恐惧，使你认清现实生活的原貌，认识到"无论外在环境如何变化，我都绝对不会孤独无依"。一旦体会到这一事实，你就能走出对他的臣服心理。

如果他不够爱你或者已经不再爱你，不停地伤害你，甚至冒犯了你做人的尊严和原则，你的这份爱已经失去了快乐，这时候你已经沦为爱情中的"难民"了。果断地和说他再见吧。你，不是非他不可。这是对真正的爱情的追求，也是提升自己人生品质的又一次开始。

暴力与爱不能共存，你值得更好对待

在现实生活中，女人最怕的事情就是嫁错人，尤其害怕嫁给一个暴力男。

所谓的暴力男，就是指经常跟人动手的男人，有些是被惹急了之后动手，有些则是动不动就动手。有些女人认为暴力男有一种男子汉气概，有个性，也许说的没错，但如果有一天，他的拳头伸到你面前来了呢？

据了解，30%的中国家庭存在家庭暴力，受害者有近75%是女人。当然，这里所说的暴力不仅限于对身体的伤害，精神伤害也是一种暴力，比如讥讽、嘲笑、辱骂等。我们不禁要问，男人为什么热衷于暴力呢？除了个人的品行、婚姻等各方面的不和谐会引起家暴外，这终究跟个人的心理问题脱不了干系。

第一，暴力男的捍卫心理强。"男尊女卑"的封建思想，使很多男人把妻子当作自己的私有财产。当他们感觉自己的爱情生活或势力范围受到威胁时，如看见或听到妻子对自己有异心或者对自己不忠时，为了捍卫自己的"既得利益"，他们就可能会诉诸暴力，来显示自己的力量，进而使一切受自己的控制。

第二，暴力男的自信心不足。有些男人性格内向，自信心不足，缺乏自我肯定的能力，这就会导致他们情绪上焦虑不安；而妻子比较优秀，也会给他们造成心理压力。他们不会控制自己的情绪，找不到解决问题的合适办法，就会寻求一种宣泄的途径，如对爱人施暴，以获得心理上的平衡。

总之，在暴力男"八面威风"的外表下，有着并不坚强的心和混乱的自我。

爱情是愉悦人心的一种情感，虽然说酸甜苦辣皆备，但如果其中的苦痛多过了甜蜜，那么，这样的爱情也就没有了意义可言。遗憾的是，对于这种暴行，大多数女人为了维护自己及家庭的名声会极力掩盖，会一次又一次地原谅对方，幻想对方会改邪归正，会回心转意，不再施暴。

但这是不可能的。暴力男往往有一就有二，出手一次比一次重。怎么还变本加厉了？很困惑吧？很不解吧？那是你不了解得寸进尺的心理。人总愿意把自己塑造成前后一贯、首尾一致的形象，当一些简单容易的要求让别人接受之后，为了维护形象的一贯性，人就会继续下去，希望别人接受自己更高的要求，这就是得寸进尺心理的表现。

季苟从来没有想过，家暴这件事会发生在自己身上。

季苟和丈夫是大学同学，当年，丈夫的家境很不好，她的父母极其反对他们在一起，是她执意坚持，两人才步入了婚姻的殿堂。这些年来，丈夫对她如珠似宝，很是照顾，她也感到幸福。但是，就在前不久，她才知道原来幸福是假象，因为她的丈夫居然对她动手。

那天，季苟的父亲过六十大寿，邀请了很多亲朋好友来庆祝。席间，一些长辈询问她丈夫的年薪是多少。

这些年来，季苟的丈夫在职场上并不得志，薪水也不高，这个家全靠季苟的父母在接济。因为季苟的父母有一个公司，而季苟则是他们唯一的女儿。季苟的丈夫在听到他人小声地嘲笑他吃软饭的话语后，心里非常气闷，不知不觉就喝了很多的酒，最后更是醉倒在桌子上不省人事。

季苟见状，便扶着丈夫先回了家。哪知道丈夫一回到家，就对她发起了酒疯。丈夫说的话语很难听，说她父母太过强势，一直看不起他，询问她是不是打心眼里也看低他。起初，她还能耐着性子解释一二，但随着丈夫喋喋不休地追问，她烦极了就说"是"，也因此点燃了丈夫心中的导火索，被狠狠打了一顿。

季苟被打得鼻青脸肿，隔天丈夫在看到她的模样后，后悔不已，一个劲地道歉说自己不对，还打自己的耳光。季苟想到对方的暴力行为是在醉酒之后，最终选择了原谅。但令季苟意想不到的是，此后丈夫每每在外应酬，都会喝得酩酊大醉，一回到家，就会对她拳打脚踢，酒醒后又赔礼道歉。

季苟知道，是自己第一次的纵容和原谅，才导致丈夫对她一次又一次地暴力虐待，而醉酒也成了他施暴的理由。季苟认为，丈夫会暴力对待她，无非是因为他不够自信，是因为他认为这段婚姻里是他高攀。如果这

样的想法不扭转，那么暴力将永远不会停止。季荀尝试过几次扭转丈夫的想法，但都没用，最后选择了离婚。

就家暴而言，有了第一次，就有第N次。几乎所有的家暴，都是从一次偶然的暴力而来的。所以，如果一个男人对你实施了暴力，你就要勇敢地对他说"不"，表明你的反对态度，和他真诚地沟通、坦诚地交流，化解彼此间的误会或矛盾，获得对方对你的尊重和信任，避免发生更多的不幸事件。

如果对方屡教不改，这从本质上讲，他对你没有任何尊重和在乎，他根本不在乎你的情感，只要自己活得痛快就行了，这时，你就要赶紧离开了。你的忍气吞声，委曲求全，逆来顺受，只会助长他的暴力倾向，他的心理会越来越扭曲，情况只会越来越严重。

暴力与爱不能同生，你值得更好的对待。

放下、看开，我们才能自在

一生只爱一人是每个人心中的美好愿望，可这个愿望实现的概率很小。现实生活中，不管我们愿意还是不愿意，都难免遭遇一两次分手，不可避免地就有了旧情人。对于旧情人，你是什么态度呢？想必很多人会念念不忘吧。即使是曾经被深深地伤害过，也可以冰释前嫌，回忆一遍又一遍。

这种表现反映出了一种情况，即大多数人都是有恋旧心理的，尤其是女人。恋旧心理源于占有欲，是纯粹不想失去。因为爱情，两个人互相珍惜，互相爱护，互相体贴，这是令人心理上很满足的一件事情。恋旧的人之所以恋旧正是舍不得那种感觉，即使分手了，仍然希望对方的心属于自己，希望在对方的内心占有一定的位置，希望对方能够对自己继续关爱，继续体贴。

值得一提的是，人总是会比较的，而这种比较经常都是难以自禁的。如果现在的爱人有些方面比不上以前的爱人，这时回忆起旧爱也就自然而然了。当新的感情出现问题时，就总会不自觉地联想到旧恋人的许多优点，更愿意把旧恋人当成是知己，更愿意向旧恋人倾诉心事和烦恼。

唐宇今年二十八岁，是个帅气的小伙子。当公司里热心的同事询问唐宇是不是单身，得到的答案是"是"时，便热情地要给他介绍对象。不过，他们热情的火花很快就被个别同事的冷水给浇灭了，因为那些同事偷偷告诉他们，年纪轻轻的唐宇已经离过三次婚了。

唐宇的初恋是大学同学，那是一个温柔漂亮的姑娘。她对唐宇特别好，会帮他洗衣服，会买好饭送到他宿舍，特别是唐宇父亲生病时，那个家境极好的姑娘还拿钱给他父亲看病，这让唐宇特别感动，发誓要和那个女孩在一起一辈子。然而，爱情终究没有经住岁月的磨炼，大学毕业后，女孩因为要出国读研，唐宇一气之下，就选择了分手。

分手之后，唐宇在亲戚的张罗之下，认识了第一任妻子。两人是相识不久后结的婚。结婚之后，唐宇发现，他的妻子很不擅长照顾人，尤其是还要等着他晚上下班回家后来做饭。这不禁让他想起了前女友，更是在妻子面前说起了前女友的种种优点。妻子愤怒之下，和他离了婚。

唐宇的第二任妻子是朋友介绍的，这一次，两人谈了半年的恋爱才结的婚。在婚前，他的妻子很温柔，但结婚后，鸡毛蒜皮的小事磨灭了她的温柔，她经常会大声对唐宇说教。每当她说教时，唐宇又会想起第一任女

友的好，最终他选择了离婚。

　　唐宇的第三任妻子是自己找的，这任妻子温柔贤惠，与他的第一任女朋友相比，有过之而无不及。而最终也以离婚收场的原因，是有一次唐宇急需用钱，却发现他的妻子娘家无力帮他。当唐宇在这任妻子的面前念叨第一任女朋友的家境如何如何好时，这任妻子果断地选择了离婚。

　　一段恋情是需要磨合的，但磨合绝不是拿恋人的言行举止来和前任比较，因为你需要知道，每个人都是独立的，每个人都有属于自己的优点和缺点。唐宇的三任妻子有长处，也有短处，而他每一段婚姻都不得善终，就是因为他对第一任女朋友念念不忘。倘若他不改变"前任就是最好的"这种思想，那么他的情感之路注定要一辈子坎坷。

　　最大的情敌是恋人的前任，这句话真是不假。恋旧的人一般都是很重感情的，恋旧心理没什么不好，但如果长期处于这种怀旧、留恋过去的心理状态，就很傻了。谁会永恒不变在原地等一个人回来？那人走了就是走了，你若念念不忘，纠缠不清，人家也许还会在心里嘀咕：这个人够烦的……与此同时，你还有可能错失真爱。

　　你是一个恋旧的人吗？喜欢听老歌，舍不得丢弃旧日的纪念品，身上总是带着过时的小饰物，尤其是对过去的爱恋总是忘不了、放不下，会情不自禁地回忆那一段过去的时光……没错，你就是一个恋旧的人。记住，这样的事情偶尔做一做就够了，千万不要沉迷其中，丧失理智。

　　为此，你可以试着让自己忙碌起来，平时多做一些自己感兴趣的事情，如唱歌、跳舞、看电影，适当转移注意力，少一点时间去回忆；你还可以销毁旧爱留下的烙印，删除他的QQ号、手机号以及所有跟他有关的东西。总之，只要你从内心放下过去，你就有可能开始新的爱情，遇见真正的幸福。

　　反过来说，如果你的他总是对旧爱念念不忘，你或许会觉得受到了伤害，会难过，会生气，但也要理解这种恋旧心理。以前的事情不可能说忘就忘，恋旧正说明了他很重感情。爱他就好好地对他，给他一点时间，让他知道你才是最爱他、关心他的人，还怕他会恋旧吗？

还有一种情况是，有的人新恋情很甜蜜，过得也很好，却还会回忆旧爱，甚至会主动联系对方。这时，你也不要愤怒，他的目的可能不是想复合那么简单，只是想让旧爱明白自己过得很好，暗指对方当初是有眼无珠，这样会让他的虚荣心得到极大满足。

CHAPTER 11

私密诊疗室

——两性心理偏差，其实没你想的那么可怕

感情是纯洁美好的，但也不乏一些难言之痛。要一直回避吗？为何不能勇敢面对最真实的自己？不要害怕，不要认为会被责骂或被歧视。两性心理偏差，没你想的可怕，早治早好早幸福。

天哪，我竟然爱上了丝袜——恋物癖不是性变态

一个人无法控制自己的欲望冲动，便会成为对某样东西"上瘾"的人。烟瘾、酒瘾、网瘾……生活中，我们遇见过很多"有瘾"的人。当一个人对某样东西出现极度偏好的行为，就是我们所说的成瘾行为。

有人觉得自己特别可怕，突然间发现自己对异性的东西疯狂地迷恋，比如头发、内衣、丝袜。喜欢丝袜的人会不受控制地关注别人穿了什么样的丝袜，内心产生一种触摸和拥有的冲动。他们在激动的同时也会产生恐惧。他们会不断地怀疑自己的道德底线，甚至会质疑自己的人格。丝袜是什么？一种女性用的物品。一个男人不敢用光明正大的方法表达内心的情感，只能通过看似龌龊的行为来满足私欲，这种行为在大多数人眼中都是不正常的，他们被人称作"流氓"，或者"变态"，还有人叫他们"恋物癖"。

王力是个普通的大学生。他长相帅气，擅长交际，成绩不错，偶尔还能拿奖学金。总之在大家看来，他是个再普通不过的男孩子，但是只有他知道自己内心有个巨大的秘密，无法告诉任何人。他爱看女生穿丝袜，自己也会买丝袜。他甚至会等在女生宿舍楼楼下，等待着捡一两双飘落下来的丝袜，然后如获至宝地藏起来。

本来他是有女朋友的，名字叫作小倩。王力刚入大学便认识了她，两个人性格都安安静静的，虽然没有产生激烈的火花，但在一起还是很开

心。没多久，小倩就感觉王力的要求有点怪怪的。因为她喜欢运动或者休闲的打扮，所以很少会穿丝袜。突然有一天，王力问她："别的女生都喜欢穿长丝袜，你怎么不穿呢？"小倩愣了一下，随即笑道："穿短裙才需要穿丝袜呢。我很少穿裙子，也很少穿丝袜，感觉不太舒服。"王力点了点头，没有再说话，但是小倩注意到他的眼里有一丝失望。

后来，小倩的生日到了。王力送了她几份礼物，有可爱的毛毛熊，有玫瑰花，还有一盒包装精美的丝袜。前两个礼物，小倩都特别喜欢，但是她打开第三个礼物时，觉得怪怪的，便埋怨道："你知道的，我不喜欢穿丝袜，你买这个不是浪费钱吗？"谁知王力脸红了，他吞吞吐吐地说："你穿上吧，就穿一次，你不喜欢就还给我，不用你洗。"

听到这话，小倩觉得特别恶心，又有点恐惧。她终于知道了，自己这个看起来没有任何毛病的男朋友，其实是个喜欢丝袜的恋物癖。这不就是心理变态吗？越想越害怕的她，没隔几天就随便找了个理由，跟王力提出了分手。

至于那盒丝袜，也被小倩原封不动地扔到了垃圾桶里。从那以后，王力愈加放纵自己。他坐在路边看着大街上穿丝袜的女人，觉得她们无比性感；他还从二手物品网站上，买来别人穿过的丝袜。百无聊赖的时候，他就会拿出那些丝袜，细细地看着，摩挲着，仿佛那是世界上最美好的东西。

直到后来，他最好的一个朋友无意中发现了他的秘密。他们两个人平日里无话不谈，在这件事情上也没有隐瞒。王力坦诚地跟朋友说了自己的喜好，也表达了自己的苦恼。因为他也觉得自己活得不够君子，整天小心翼翼，心底有个巨大的阴影。他为自己的行为感到可耻，认为自己是个"变态"。

好在朋友并没有像前女友小倩一样离开他，而是带他来到了学校的心理咨询室。在那里，王力向老师吐露了自己的秘密。当老师问他为什么会有这样的癖好时，他告诉老师自己在单亲家庭长大。在他很小的时候，母亲就离开了他。他身边没有亲密的女性，他对女性的所有幻想和感情，都压抑在了丝袜上。

所有的结果都有原因，所有的故事都有头有尾。王力的心结不是凭空而生的，他在青春期的感情没有得到合理的倾听与宣泄，只能通过丝袜来寄托自己的情感。压抑—释放—刺激，这种死循环会让恋物癖的行为越来越严重。

当事人是苦恼的，并因此产生了严重的心理障碍。这种心理上的疾病，不应该被歧视，他们应该得到理解与帮助。不管是家长还是朋友，都不要因此责备他们，而要通过科学的方式去引导。恋物癖不是性变态，不过确实跟性有关系，它是因为性方面被压抑而造成的。青春期的孩子，应该得到科学合理的指导。正确对待性知识，全方面地培养青少年的兴趣爱好，分散注意力，能有效避免形成恋物癖。

如果你发觉自己有恋物癖的倾向，可以寻求心理咨询，在专业人员的指导下，戒掉这种所谓的"瘾"。正确对待两性关系，丰富自己的业余生活，都是有效的办法。要对自己有信心，烟瘾与酒瘾尚可以戒掉，恋物癖无非是一种心理暗示与加强的过程，只要有意识地控制自己的欲望，就能成功戒掉。

内心回归平静与正常，就能祛除不良习惯，成为一个身心健康的人。

好羞羞，好怕怕——异性恐惧好尬人啊

爱美之心，人皆有之。走在大街上看到长相好看的异性，大部分人都会不自觉地停下自己的脚步去看看，甚至还会评论一番。有的人会因为出门看见美貌的人，一整天的心情都会变好。但是，你想信吗？竟然有人会对异性避之不及。对方越是长得好看，他们越觉得自己手足无措，脸红心跳结巴得说不出话来，表现得十分尴尬。

对异性有恐惧感的人，其实不是因为害羞或者内向，而是因为他们的内心存在缺陷。也就是说，看到异性跟看到同性产生完全不同的心理，其实是一种病。对着同性侃侃而谈，对着异性却百般逃避，表现得敏感而又自卑，这种症状不仅会影响个人的感情生活，还会影响事业的发展，甚至影响到人的一生。

看过《生活大爆炸》的人可还记得，里面有一位男性科学家，名字叫作拉杰什·库斯拉帕里。他跟宅男朋友们在一起的时候，总是幽默风趣、妙语连珠，整个人的状态特别放松。一旦他的周围出现女性，他就一句话也说不出来，连眼神都躲躲闪闪，不敢直视于人。越是面对漂亮的女孩，他的沉默表现就越强烈。

他没有女朋友，还因此被父母怀疑是个同性恋。他的社交圈子只有男性，生活和工作中也是如此。但是，他有个特殊法宝，能缓解这种障碍，那就是喝酒。不管是什么样的酒，包括含酒精的饮料，只要喝下去，都能让他瞬间成为社交高手。

好在后来他通过种种方法克服了自己的这一社交障碍，他对异性的恐惧感逐渐消失，过上了正常人的生活。

艺术来源于生活。我们生活中也有不少人，面对异性犹如面对凶猛的动物，内心充满了恐惧。还没张口说话，先开始脸红心跳，紧张得就像犯错的小学生。

或许在其他人看来，这只是他们害羞或者性格太内向，因为这些症状的确很像。不过，性格内向与异性恐惧有本质的区别。患有异性恐惧的人，内心并不抗拒接近异性，他们内心比正常人有更强烈的交际欲望。但是，正因为驱动力过于强大，他们心理承受的压力太大，内心产生无比强烈的焦虑感。当行为和设想出现反差时，一个人的表现就会不受控制了，所以我们会知道异性恐惧的危害究竟有多大。

年轻的小宇发现自己越来越不爱跟异性相处了，因为他"害怕"。究竟害怕什么，他自己也不知道。只知道看见美女时，他就会失去控制力，自己的表现那叫一个"囧"。虽然他跟家里的女性亲戚相处很正常，但是面对别的异性，他会变得没有安全感。

女同学邀请他一起去吃饭，他想了想答应了。但是真的坐到对方的面前，他感受到了什么叫作如坐针毡。同学跟他说话，他结结巴巴地答不上来，只能说些"哦""嗯""好吧"这种语气词来敷衍。本来对方看着他的眼睛说话，是想表示自己的礼貌，但是他以为对方对他有意思，眼神东躲西藏，像是心怀鬼胎。他一会儿整理整理头发，一会儿又拽拽衣角，老是觉得自己的形象出了问题，给对方留下了不好的印象。

可想而知，那位本来落落大方的女同学，被他的表情弄得莫名其妙。两个人尴尬地相处了一会儿，就匆匆分开了。

小宇一开始认为那是个意外，可能自己喜欢对方，才会做出那么奇怪

的反应。为了验证自己的想法，他主动来到人多的地方，看看自己是不是对女性太"过敏"。一会儿，前面过来个气质很好的女孩，穿着简单的衣裙，长发飘飘，特别清纯。小宇喜欢这样的女孩，就一直默默地跟着。

突然，那个女孩手里拎的东西掉了一地。这可是个搭讪的好机会。小宇赶紧上前帮忙收拾。在这期间，他心跳加快，没敢正视对方的眼睛。直到东西都收拾好了，他递给女孩，还是一言不发。"谢谢你帮我捡东西。"耳边响起了女孩清脆的声音。"不，不客气。"小宇只说出了这句话，女孩笑笑就走了。

女孩不知道，说出这四个字，已用尽了小宇的勇气。看似高冷的他，实际上脸红得像云，心跳得像鼓，手指在轻微地颤抖。其实他还想说更多："不客气，我叫小宇，你叫什么？你去哪里？我在闲逛，不如我帮你拎一段路，女孩子拿着这些赶路太沉了。"这些是他早就打好的草稿，从他的心里蹦到了嗓子眼，却生生说不出来。

对异性的恐惧，让小宇慢慢丧失了对生活的信心。他也想恋爱结婚生子，奈何他得了异性恐惧症，只有先把病治好才能实现自己的美好愿望。

人类有各种各样的社交障碍，而异性恐惧症就是其中的一种，这种病症对当事人的困扰和压力都是非常大的。他们幻想着自己能够跟喜欢的人在一起谈天说地，一见面却紧张得要命，不得已推开身边的异性朋友、同事或者同学，只为了保护自己的小秘密。

凡是心病，都需要心药来医治。发觉自己患上了异性恐惧症，首先要调节好自己的心情，既不要强迫自己跟异性接触，也不要放纵自己一再地逃避。不断地鼓励自己，一点点地消除心理阴影，才能让自己克服弱点。找到害怕与异性交往的原因，对症下药，一切问题都能顺利解决。

你的爱我承受不来——爱情妄想，害人害己没商量

爱情本是非常美好的事情，它能改变人的性情，改变人的气质，甚至改变人的相貌。爱情不分年龄，不分国界。"于千万人之中遇见你所遇见的人，于千万年之中，时间的无涯的荒野里，没有早一步，也没有晚一步，刚巧赶上了，那也没有别的话可说，唯有轻轻地问一声：'噢，你也在这里吗？'"张爱玲用最清丽最浪漫的语言，描述了爱情和缘分这件事的妙不可言，替我们表达出感情的玄妙。

但是有一种爱情，我们应该注意，它不是真正的爱情，因为它不仅不会带给当事人幸福与甜蜜，反而会害人害己。这种爱情是病态的，是臆想出来的，我们称之为爱情妄想。妄想的表现是偏执，可以说是精神病症的一种。患有爱情妄想的人，平时并不会发病，看起来跟正常人一样。但在某一个时刻，他们看到了某个人，符合内心的设定，便会爆发出可怕的纠缠力和幻想力。

生活中追星族很常见，从有明星的那一天起，便存在追星族。

有一个有钱人家的女儿，还没有订婚。她第一次看戏，就迷上了戏台上的一个演员。她认定那是她的终身托付，是她梦想过无数次的会踩着七彩云霞来迎娶她的人。于是，她向对方表白，她告诉那个演员"我非你不嫁"！可是她对那个人一无所知，仅仅是因为看了他在台上的精湛演出，就说自己爱上了他。

那位演员见多了追星的人，不以为意。更何况，他已经有未婚妻了，来年两个人就会结婚。但是富家小姐像魔怔了一般，不在意对方的拒绝，每天什么事情都不做，专门在台下盯着他唱戏，欣赏他的才艺。演出完毕，她就带着值钱物件来到后台，把这些东西都塞到他手里。

那位演员只能直白地告诉她自己已有婚约，是不会跟她在一起的。而她并不在意，只是告诉他自己的心意，一定要嫁给他。没有办法，演员只好找到富家小姐的家人，告诉他们这种情况。无论她的家人怎么劝她，她都不听，最后，她的家人只能把她关在家里，不许她出门。

等她出来之后，她的偶像为了躲避她的纠缠，早已结了婚。她依然没有放弃。她每天待在他的门前，堵住夫妻俩的出路，诉说自己所谓的爱情。为了躲避她，那对夫妻屡次搬家。最终，夫妻俩因为她而闹僵，那个演员一气之下毁了自己的嗓子，再也不登台演戏了。

把一个本来温文尔雅的人逼得暴躁异常，甚至不惜毁掉自己谋生的资本，这真的是爱情吗？一见钟情是很美好的感情，双方在第一眼就认定对方是自己要找的人，从而在一起互诉衷肠，幸福生活一辈子，这是正常的爱情。

但是不顾对方的想法，单方面地表白，并且无视这种压力会毁掉正常人的生活的行为，不是爱情，而是悲情。感情是两个人的事情。少女时期，谁没有期待过白马王子？少男时期，谁不希望自己的另一半是个温柔的小仙女？我们会在脑海里勾勒出理想爱人的样子，或者设定对方的气质。对方或者是一个帅气的人，或者是一个成熟的人，或者是一个幽默的人，当我们在生活中遇到这样的异性，会不由自主地开展行动。

人人都有表白的权利，但想要在一起，绝不能靠一意孤行地表白和付出，也不能靠所谓的死缠烂打。爱情是真实的，自己的感觉重要，对方的态度同样不能忽视。我们不能因为自己喜欢，认定那就是爱情，而忽略了对方的情况和感受。

如果对方已婚已育，你会因为喜欢他，而拆散人家幸福的一家人吗？

如果对方明确拒绝，表示自己不想跟你交往，你会装作不知情继续拼命追求吗？

正常的人都不会这么做！爱情的酸甜苦辣咸，是两个人的共同选择，不能靠内心的冲动和脑子里的幻想，而影响别人的正常生活。采取各种极端手段争取到的爱情，不是正常的爱情。我们可以跟自己喜欢的人恋爱，前提是双方自愿在一起，共同投入一段感情。千万不要因为自己喜欢一个人，就把自己全部的"好"强加于人，要知道，对对方来说，那绝对不是爱，而是一种无法言说的压力！

爱情的主角，嘴角都挂着幸福的微笑。情爱妄想要不得，它会让好事变成坏事。如果对方不接受你的心意，不妨大度地说保重，前面还有更好更适合你的爱情在等着你呢。

爱人爱人，你在哪里——婚恋焦虑，急也没用

曾经有一首特别好听的歌，名叫《因为爱情》，这首歌还是电影《将爱情进行到底》的主题曲。不管是故事还是歌曲，都传递给人温馨甜蜜的感觉。有爱人陪伴的生活，即使苦累心也甜。人人向往爱情，有人轻松拥有，年纪轻轻便找到理想爱人，组成家庭携手面对人生；有人苦于求而不得，一次次地遇见却又失去，最终还是孤家寡人。

有很多人是不愿意当单身男女的，只不过他们错过了一次，便心灰意冷。

迟迟遇不到对的人，就放纵自己过看似自由的单身生活。这样做的结果，便是恶性循环，没有办法再次投入一段新的感情，只能将单身进行到底。

大学毕业那年，王茹与宋健不顾双方父母的反对，两个人来到北京工作，希望靠两个人的努力，在北京拼出自己的天地。年轻人无所畏惧，带着大大的行李箱来到了北京。然而，现实跟梦想差距太远，两个年轻人从找房子到找工作，都历经坎坷。

虽然两人在学校已经是多年的恋人，感情磨合得不错，但是走入社会，碰壁的时候很多，双方心情很差，经常发生争吵。终于有一次，王茹跟宋健大吵一架之后果断拿起行李箱说了分手。她本是父母掌心里的小公主，何时受过这么多的委屈和苦楚？加上父母多番催促她回老家，她早就心动了。

王茹离开之后，宋健全身心地投入工作。虽然其间有女性有意跟他相处，但是伤心的他完全寄托于工作，不领会别人的好意。时间飞逝，转眼宋健毕业十年，事业有成的他已经成了某公司的中层领导，但是他依然孤身一人。这些年他参加了身边很多人的婚礼，就连前女友也都结婚生子。好多人都以为他是为情所伤，心里放不下前女友，其实不然，他知道自己也渴望爱情的到来。他听从亲人的安排去相亲，无果；他参加公司举办的相亲大会，无果。多次无功而返，他心里很受伤。

但是他内心对婚恋和家庭的向往，从来没有消失过，这种想法甚至越来越强烈。谁不希望在深夜下班回家的时候，迎接自己的是暖暖的灯光和爱人留下的晚饭？谁不希望休息日带着爱人游山玩水，共度人生的美好时光？他也不愿意一个人在家吃外卖食品，喝闷酒，慢慢地把自己的身体都搞垮了。

宋健是个大男人，男儿有泪不轻弹。但在那些孤单寂寞的夜晚，他醒来后看着空旷的房间，内心十分痛苦。最惨的一次是他独自在家发高烧，全身无力，站不起来，也没人帮他拿药帮他倒水。那一刻，他尤其想找一个人谈恋爱，携手走入婚姻的殿堂。这种焦急的心情，让他时常陷入幻想，经常走神，精神恍惚。

宋健有帅气的外形、光鲜的职位、丰厚的收入，是大家眼中优秀的"钻石王老五"。但他真的没那么潇洒，他的独身生活看似自由，实际上非常不快乐。他空虚的灵魂无人慰藉，对异性伴侣的向往比一般人还要强烈。他拜佛求签算命都干了，可见，他承受的压力非常大。

人是群居动物，一个人待的时间久了，会产生各种各样的压力与负面情绪。开朗的人会变得压抑，内向的人会变得孤僻。朋友的陪伴，那只是暂时的；事业上的荣耀，也无法弥补心理上对伴侣的渴求。

追求感情是一件好事，相信爱情会给人期待和幸福感。但是为了找爱人而过度着急焦虑，则是一种心理疾病。毕竟，感情的事是强求不来的，我们需要耐心地等待，在此期间找到自己的不足，才能正确追求自己的幸福。正视自己的问题，是解决焦虑的第一步。单身并不是过错，我们无须因为别人的催促而觉得内疚，加重焦虑情绪。生活是自己的，感情也是自己的，多多地参加交友活动，扩大自己的社交圈子，即便一时找不到心仪的对象，也能通过跟别人的沟通，释放内心的苦闷情绪，给自己的感情宣泄找个出口。

爱情的美好，就在于茫茫人海中的惊鸿一瞥和怦然心动。作为有感情的动物，我们需要有人陪伴，体验亲密无间的关系，但千万别因为一时的孤单而感到焦虑。因为我们只是一时的孤单，而不是一辈子的孤单。大方交友，真心对待感情，爱人就会在不知不觉中来到身边。

根本停不下来——戒了吧！恋爱成瘾

说起上瘾，除了我们熟知的烟酒成瘾，有的人零食不停嘴，有的人手机不离手，有的人疯狂爱上网，还有的人对爱情上瘾。爱上了那种热恋的感觉，对爱情有一种不能失去的依赖，然后一直不断地追求，没有疲惫，没有停歇。一段感情结束之后，就迫不及待地投入一段新感情。

是什么让人变得那么离不开感情？变得那么迫不及待，甚至有点饥不择食？

对此心理学上有一种说法，叫作"关系成瘾"，这是由成瘾心理所造成的成瘾行为。

成瘾心理，指的是当人喜欢或者热爱某一事物的时候，就会有一种不由自主的意愿去做这件事，也就是说这件事此时已经进入了自己的潜意识中，好像生命中再没有其他什么重要或者有意义的事了。

也许你会疑惑，爱情怎么可能上瘾呢？

为此，我们可以从生理上解释这一现象。恋爱会使人体内的荷尔蒙和内啡肽(一种体内镇痛物质)的含量大大提高，这时我们会有一种前所未有的快感，感受到激情和狂喜，这种感觉一次次强化，就会促使我们不停地恋爱。从这种意义上来说，恋爱会让人上瘾，千真万确！

你身边有这样的"瘾君子"吗？只要一个人让他感觉良好，他就会爱上对方，激动得如同小鹿撞怀，并且幻想与对方共度余生！一旦分手，他就会心神不宁，坐立不安，总觉得生活里少了点什么。但很快他又会迫不及待地再次恋爱，然后再分手，再恋爱，如此循环下去……

小丽的舍友小静，就是一个恋爱成瘾的人。

小丽和小静是同班同学。刚入学的时候，清纯可爱的小静给班里的男生留下了非常好的印象。刚入大学的男女生，正值情窦初开。没过几天，就有人通过小丽转给小静表白的信件或者礼物。每当这时，小丽都很想告诉对方："换个对象吧，小静有男朋友了！"

没错，小静有个青梅竹马的男朋友。只不过两人在不同的省份上大学，只能异地恋。两人每天晚上都会煲电话粥，发短信，看起来非常恩爱。令人奇怪的是，小静有男朋友，却不拒绝其他男生的示爱。她害羞地接过对方的礼物，告诉了对方她的电话号码。从此，她的电话簿上又多了一个联系人，她又多了一个暧昧对象。

小丽对此非常不解，她直接问小静："你都有男朋友了，为什么还要跟其他人来往呢？这不是脚踏两只船吗？这样不太好吧。万一你的男朋友知道了，他肯定会很生气的。"

小静想了半天才回答："我也不知道怎么了，男朋友对我很好，但是他不在我身边，没有人陪我，我就感觉自己跟没有男朋友一样，缺少被人关心和关爱的感觉，特别没有安全感。我也没想跟他分手，只是想一直谈恋爱。"

年轻人的感情不稳定，没多久小静就告诉小丽，她的男朋友"劈腿"了，于是他们和平分手了。小丽以为小静会难过，便留意她的情绪，谁知才过去两天，小静就带着新男朋友来跟闺蜜吃饭，两个人甜蜜的样子，显示正在热恋。

对于小静的表现，小丽过了很久才知道，这是一种恋爱成瘾的表现。只要有不讨厌的男孩子向她示爱，她就会积极地投入这一段恋爱中。她从来不主动提分手，但分手之后她不会允许自己存在空档期，会开心地投入下一段恋爱。

在爱情场上，屡战屡败又屡败屡战，这是值得鼓励的。但是这样频繁不断地恋爱，一味追求快感，还算是爱情吗？这样，只会让人不由自主地陷入恋爱游戏罢了，并不能让人成长，只会让人联想到"花心""幼稚""不懂爱""不自爱"等词语。

更何况，把心中愉快的感觉和外界事物结合起来，认为这种感觉正是来自眼前的这个人，这样会让人无法判别真正的爱情，很容易爱错了人，爱得盲目，自然，新的恋情也持续不了太长时间。持续的分手—恋爱—分手，最后只会把自己弄得伤痕累累。

如果这看起来像是你的现状，你该做些什么呢？

简单来说，爱情成瘾是一种心理病，得治。

第一，认识到什么是上瘾。就像其他成瘾一样，这是关键的一步。

第二，频繁追求爱情的人总会说"我是不能离开爱情的"，其实很大程度上是不能离开爱情带来的美妙体验，而不是爱情本身。这时候，你要明白，爱不仅代表暂时的浪漫和激情，还有生活的承诺、责任感等，你准备好了吗？一旦认识到这些，你就会摒弃无谓的爱情浪漫和依赖，慎重对待爱情。

第三，爱情有时是一场冲动的开始，带来的很可能是一场冲动的结束。在开始一段爱情之前，你一定要深思熟虑，平时尽量多多接触，从各个方面了解对方。当真正地了解了对方后，问问自己的心，你是否真的爱他，你是否愿意与他共度一生。如果答案是肯定的，那就开始吧。

相信解决了这些问题，真正属于你的爱情也就随之而来了！

就这样……结婚了吗？——婚前恐惧不止一个你

"你爱我吗？"

"爱！"

"那我们结婚吧，好吗？"

"不好！"

……

这是电影《落跑新娘》中的一段对话。你有过类似的想法吗？双方正在热恋，谁都离不开谁，而且都到了适婚年龄，你却没有走进婚姻的思想准备，甚至一提到"结婚"二字，心里就直打小鼓，以致落荒而逃。

为什么会出现这种现象呢？

这时候，你得检查一下，自己是否患上了恐婚症。恐婚症是由恐婚心理所引起的一种现象。恐婚心理是在如今未婚人群中普遍存在的一种心理现象，是一种害怕、拒绝结婚的心理，"死了都要爱"，但就是"死活不结婚"。它多发生于25—30岁这个年龄段，30岁上下且收入较高、恋爱时间较长的白领恐婚尤为严重，有人戏称这类人为"恐婚一族"。

晓琳与大志相恋十年了，可是两人最终还是选择分手，没有迈入婚姻的殿堂。其实两个人是自由恋爱，性格合得来，兴趣爱好也都一致，在一起相处也轻松愉快，经过十年的相处，也培养出了相同的价值观。但是有

一点，晓琳觉得永远不能跟大志达成共识，那就是结婚的问题。

晓琳并非传统的乖乖女，父母催她结婚时，她觉得自己还小，并不着急。她甚至希望自己与大志一起享受更多的二人世界，晚一点结婚生宝宝，都没有什么影响。但是眼看自己的年龄越来越大，晓琳在自己三十岁的生日会上许了个愿，就是希望这一年能结婚生子，组成幸福圆满的家庭。

她许完愿，大志好奇地问她："你许了什么愿望？这么认真。"晓琳有点不好意思地说："我希望今年我们能够领证结婚，成为法定夫妻，顺利地生个宝宝。你觉得怎么样？我的愿望能不能实现？"

她期待地看着大志的眼睛，等来的却不是她想要的答案。"我觉得不结婚在一起也挺好的，你看咱俩在一起多舒服。我不是不爱你，也不是不喜欢孩子，我只是觉得没有必要结婚，反正就是一个形式，无所谓。我会一直对你好，好好地爱你照顾你。这个你尽管放心，我用我的人格发誓。"

晓琳听完这番话，突然觉得自己谈了十年的男朋友是如此陌生。她再三跟他确认了他的意思，最后才明白自己原来遇到了一个不婚主义者。大志是那种只想谈恋爱，却不愿意结婚的人啊！

毫无悬念，他们分手了。晓琳最终找到一个愿意跟她结婚生子的人，过上了幸福的生活。

为什么宁愿只恋爱不结婚？为什么对婚姻心生恐惧呢？对此，心理学家做了如下分析，理由林林总总，一起来看看。

第一，结婚成本太高。现今，结个婚真的很不容易，成本太高了，结婚对很多年轻人来说是一道很高的门槛。结婚不能使他们过得更好，反而有可能使他们面临经济困境，加重自身压力。

第二，对婚姻没有安全感。婚姻失败的例子太多，使得越来越多的人对婚姻失去信心，没有安全感，认为与其结婚后痛苦万分还不如不结婚。

第三，责任感太低。目前面临结婚的人群主要是"80后""90后"，而这些年轻人大多为独生子女，追求自由、依赖性强、责任感低。恋爱时不用负担太多，可是结婚后不一样，得肩负起整个家庭的责任。养家糊口，赡养老人，养育子女，还要兼顾事业，这可是一副重担子啊，压力太大了。

而且，结婚意味着承诺，意味着你要对这个人好，要好好待对方，跟他一辈子在一起，责任感低的人会打退堂鼓。

第四，对婚前自由生活过于适应。恋爱就像孙悟空在花果山当"齐天大圣"，你想怎么着就怎么着；婚姻则像孙悟空被唐僧戴上了"紧箍咒"，只有没完没了的条条框框。那些已习惯于自由生活的人，担心婚后丧失自己的独立性、自由度，因而可能不自觉地产生一种恐惧感，压抑结婚的欲望。

第五，如果以上都不是他不愿意结婚的理由，那么只有一个，就是他根本就不爱你。请不要逃避这个话题，现在有些人对感情是抱着玩玩的态度，根本没有结婚的打算，如果你不幸遇到了，劝你早早分手另寻自己的幸福。虽然这样的抉择很痛苦，可是比起浪费自己的青春要靠谱得多。

人不管因为什么恐婚都可以理解，但因为一时的惧怕和逃避而放弃婚姻是不可取的。无论如何，婚姻目前仍然是人类社会最安全的制度之一，同时也是对爱情的一种保护。如果每个人都不敢尝试，那么又怎么能体验到婚姻带来的所谓"执子之手，与子偕老"的快乐呢？

如果你有恐婚症，不要过分担心，正好可以借此机会理清自己内心的想法。如果有什么困惑和疑虑，你可以向恋人或亲友诉说，或者向心理专家求助；如果你的另一半有恐婚症，不妨展示给他看——如果和我结婚，未来有多美好，消除他内心的种种疑虑，让他对婚姻生活充满期待。